本书是全国教育科学“十一五”规划教育部重点课题《创新型地方高校发展研究》(DIA09226)的研究成果

创新型地方高校发展研究

Study on the Development of Innovative Local Universities

周清明 等/著

经济管理出版社
ECONOMY & MANAGEMENT PUBLISHING HOUSE

图书在版编目（CIP）数据

创新型地方高校发展研究/周清明等著．—北京：经济管理出版社，2013.5

ISBN 978－7－5096－2427－2

Ⅰ.①创…　Ⅱ.①周…　Ⅲ.①地方高校－发展－研究－中国　Ⅳ.①G649.21

中国版本图书馆 CIP 数据核字（2013）第 080495 号

组稿编辑：郭丽娟
责任编辑：郭丽娟
责任印制：杨国强
责任校对：超　凡

出版发行：经济管理出版社
（北京市海淀区北蜂窝 8 号中雅大厦 A 座 11 层　100038）
网　　址：www.E-mp.com.cn
电　　话：（010）51915602
印　　刷：保定金石印刷有限公司
经　　销：新华书店
开　　本：720mm×1000mm/16
印　　张：17.5
字　　数：333 千字
版　　次：2013 年 5 月第 1 版　2013 年 5 月第 1 次印刷
书　　号：ISBN 978－7－5096－2427－2
定　　价：39.00 元

前言

地方高校一般指由地方政府投资和主管的高等学校。在我国，地方高校的发展得益于我国高等教育发展中的两次重大转型：一是20世纪80年代开始的高等教育管理体制改革推行的“权力下放”，通过下放中央部委所属院校，加大省级政府发展管理本地区教育的权力以及统筹力度，确立了中央和地方政府两级管理、以地方政府管理为主的新型高等教育管理体制。二是肇始于20世纪末的高等教育扩招政策推动的大众化进程，在连续几年的扩招过程中，地方高校在学校数量、总体规模和校均规模等方面都得到了迅猛发展。可以说，地方高校的出现和发展是我国高等教育转型的重要部分和表现方式。

然而，中国高等教育转型带来的大学的本质和特性不断地裂变，使地方高校在发展中面临诸多矛盾和问题。自20世纪90年代以来，中国高等教育面临世界范围内高等教育共同面对的现实问题——问责制、私营化、市场化。高等学校短时间内的急速扩张和政府公共财政投入额度的下降，使资源不足和经费短缺成为地方高校面临的严峻挑战。大学的持续发展受到资源匮乏和大学僵化的内部结构的限制，这种内部结构是在精英高等教育时期形成的。对于作为我国大众化进程中高等教育系统主体的地方高校而言，一方面，我国高等教育实施的一系列重点建设工程使地方高校相较于部属高校而言处于明显的弱势地位，地方政府有限的经费投入造成地方高校发展的“贫血”；另一方面，地方高校原有的规模较小，办学层次较低，适用于精英高等教育时期的集中管理，在面对越来越庞大的入学学生和院系规模扩张时会产生各种新的问题。因此，如何在经费短缺的条件下突破传统学校管理的固化模式，通过明确学校办学定位，优化学校内部治理结构，完善学校内部管理制度，积极应对学校发展过程中的各种挑战，保证地方大学的可持续发展，已经成为中国大众化高等教育健康发展的关键问题。

事实上，中国地方高校面临的问题也是国际高等教育面临的普遍问题。美国学者伯顿·R. 克拉克通过对欧洲5所高校发展历程的描述性分析，于1998年出版的《建立创业型大学：组织上转型的途径》在世界高等教育领域引起广泛反响，其对创业型高校组织特征的总结归纳和对中国高校的发展具有一定的借鉴意义。然而，中国高等教育有中国的特殊性。地方高校的变革与创新既根植于具体的高等教育现实，反映特定环境的特殊历史背景，又基于各高校的不同情况表现出不同的问题形式。概而述之，在地方高校发展转型的过程中，由于牵涉变量的复杂性，其问题纷繁复杂，但从制度层面上看，大都可以归结为政策性决策、程序性规范和操作性实施三个方面。政策性决策是在长期的办学实践中，根据大学环境的变迁和内部组织结构的调整，以及在复杂的交互影响的过程中逐步形成的共识，主要表现为学校的办学理念、办学定位和战略规划等；程序性规范则为大学管理决策和管理行为提供重要的“游戏规则”，大学的治理结构是其主要的表现形态；而操作性实施是由大学管理机构的一线专业管理者和决策者以具体或个案信息为基础的具体的制度安排，主要表现为大学的内部管理制度。

办学定位是一所高等学校的办学者希望把学校办成什么样子大学的一种宏观教育理念，是他们持有的具有强烈主观色彩的，关于所在学校办学方向选择、角色定位、特色体现的办学理想和价值追求。一所高校要办好，首先要明确自身在高等教育体系中的相对位置、发展空间、发展方向，使学校获得理性的指引，使全体教职员工都朝着明确的目标努力，促进学校的可持续发展。地方高校大都是教学研究型或者教学型高校，国内一些研究型大学提出的“世界一流大学”或者“国际知名高校”的目标显然不适用于地方高校，地方高校只有充分挖掘和利用现有办学资源，强化办学特色，坚持“有所为、有所不为”，才能准确寻找自己的发展定位。湖南农业大学在认真总结学校多年办学经验、客观分析学校发展面临的困难和问题的基础上，对学校的办学理念和农大精神进行凝练，提出了“坚持以本科教育为主、积极发展研究生教育，立足湖南、面向全国，服务‘三农’、服务社会，以农科为特色、多学科协调发展，努力把学校建设成为位居全国同类院校先进行列的高水平教学研究型大学”的办学定位。围绕着学校定位，学校先后制定了“十五”、“十一五”和“十二五”发展规划，以及各个时期的教学、科研、学科专业、校园基本建设、人才队伍、后勤社会化改革等各方面的配套分规划，明确了各个时期学校的战略发展方向和思路，凝聚了共识，成为学校办学行为的航向标。

大学治理结构是现代大学制度建设的重要内容，包括外部治理结构和内部治理结构。外部治理结构主要解决的是政府和高校的关系问题。在我国目前高等教育管理方式从国家控制型向国家监督型转变的过程中，进一步转变政府职能，让地方高校拥有充分的办学自主权是外部治理结构的关键。为此，中央政府和地方政府必须努力改变传统管理思维，逐步放手让高校自主经营和管理，积极扶持市场、培育市场和引导市场，让市场机制在高等教育资源配置中发挥作用。同时，除行政手段外，还应利用规划、拨款、法律法规、服务等多种手段对高等教育实施宏观调控，并且把一些教学和科研的评估权和监督权放手委托给独立的社会中介机构，让市场和社会共同监督和规范高校的运作。在目前地方政府对地方高校投入有限的情况下，应通过相关法律明确中央政府和地方政府的职权划分，充分保证各自权力的有效行使和责任的有效承担。

内部治理结构主要解决的是学校内部的权力结构和运行机制问题。在高校的权力结构中，主要有三种权力类型：以科层制管理体现的行政权力、以教授治学体现的学术权力和以教职工民主参与管理体现的民主权力。在中国大学组织中，由于历史和体制的原因，"行政权力主导"的高校管理理念根深蒂固，学术权力弱化、民主权力不彰成为我国地方高校管理体制改革面对的一个痼疾。湖南农业大学为了强化学术权力、彰显民主权力，在学术组织、教代会制度的组织制度建设和运行程序上做了大量积极有益的尝试和探索。学校率先在湖南省内高校制定了《湖南农业大学章程》，并建立了校院两级教授委员会，学校和各学院的重大学术事项事先交由教授委员会讨论决定，并在成员构成、产生程序上保证专职学术人员占主导地位，充分发挥了教授在学校教学、科研和人才培养中的作用，实现了教授治学。学校也建立了校院两级教代会制度，对事关学校改革建设发展全局和师生切身利益的重大问题，广泛听取师生意见，尽可能通过科学民主的决策机制，保障每一项决策充分反映利益相关的师生的诉求。

伯顿·R. 克拉克在总结欧洲创业型高校成功经验时指出，学校有一个强有力的领导是学校变革的重要一步。地方高校在复杂多变的环境中要实现跨越式发展，没有一个能凝聚共识、果断决策、相互配合的领导班子，则很难推动学校的每一步重要战略变革。在党委领导下的校长负责制下，学校党委书记和校长关系的处理，在中国当下高等教育的环境中是极具挑战又极其考验智慧的治理环节，也是学校能否有一个强有力领导的核心要素。除了个人性情、经历和视野外，如何通过制度约束和机制保障推动领导班子的建设和和谐关系的构建是关键。湖南农业大学在领导决策上，健全了党委会、党政联席会、党务专题会、校长办公会、校长专题办公会和学院党政联席会等党政议事决策机制，实行集体领导和个人分工负责相结合的制度，校长在党委的统一领导下，独立自主地开展工作。这些制度和机制为学校各项工作的开展和推进奠定了坚实的基础和保障。

在大学内部管理制度上，遵循教育的自身发展规律和作为“学者共同体”的高等学校的办学规律，在各项具体制度安排中确立“以学生为中心，以教师为主导”的办学理念，解除制约学术生产力提高的桎梏，营造有利于创造性人才生存、发展的环境，激发师生的创造力，是现代大学制度建设的内在要求。地方高校应认真分析办学中存在的问题，根据学校的办学实际情况，充分利用和拓展各种资源，系统思考，整体规划，稳步推进学校各项管理制度改革。湖南农业大学近年来根据学校的发展规划，推动和深化各项管理制度改革，提升了学校发展的质量内涵。如在教学管理制度上推动基层教学组织建设，实行弹性学分制，在2001年和2008年两次教育部组织的本科教学水平评估中均获得“优秀”；在科技创新和社会服务上坚持产学研结合，创造性地提出并实施了“双百”科技富民工程，为湖南经济与社会发展做出了重大贡献；在师资队伍建设上，根据学校提出的“人才强校战略”，按照“充实数量、提高素质、优化结构、稳定队伍、造就名师”的建设思路，适时推出“1515”人才建设实施方案，在本校培养的院士、长江学者等拔尖人才上实现了零的突破；在管理机制上分阶段逐步推进校院两级管理体制改革，将人、财、物的管理权限逐步下移，对校属各二级单位实行年度目标管理与考核，实现了学校从“具体指挥”到“宏观控制”的管理模式的转变；在后勤上成立了后勤服务集团，全面实施后勤社会化改革等。这些改革激发了学校的办学活力，促进了学校各项工作快速健康发展，提升了学校的办学实力和办学水平。同时，学校还通过近八年的艰苦努力，在地方政府的支持下，拆除了校区内720栋民房，将校区内842座坟墓迁出校外，把学校建设成了花园式校园，为广大师生员工创造了学习、工作、生活的优美环境。

在实施和推进这些改革的过程中，有些改革会触动一部分教职工的利益，改革中也会产生一部分利益受损者，也存在一些不理解和质疑的声音。然而，学校在办学中始终坚持把教职工的利益摆在第一位，从学校发展大局出发，在各项政策措施上切实保障教职工的利益。如学校的收入分配制度向教学科研第一线的教师倾斜，在学校财政极为紧张的情况下先后建成两期教师经济适用房11.34万平方米共1020套，解决了教师关于住房的后顾之忧。伯顿·R. 克拉克曾指出，许多自上而下的改革过早夭折的一个重大原因是这些改革没有触动从事实际操作的底层结构，没有获得下层利益集团的支持。学校只有在保障教职工利益的基础上，把教职工的利益和改革愿景结合起来，获得绝大部分教职员工的认同和理解，学校的各项改革才能稳步地实施和推进。

地方高校的创新和发展是一个不断摸索尝试的过程。然而，地方高校发展中有一些问题并非地方高校本身能够解决的，它需要良好的公共治理环境和公平的政策。如地方高校规模扩张过程中由于政府经费投入的有限而背负沉重债务的问题，学校办社会引起的基础设施和人员负担问题，不同地区或同一地区不同类型学校生均教育经费投入不均衡的问题等，这些都需要政府、学校、社会以及各个利益相关者共同关注和解决。

本书是全国教育科学“十一五”规划教育部重点课题《创新型地方高校发展研究》(DIA09226) 的研究成果，课题主持人为校长周清明教授，课题参与人包括郭丽君、高志强、丁彦、翁波、袁光敏、曹十芙、肖化柱等。本书吸收了课题组成员前期发表的一些研究成果。

目录

第一章 地方高校发展概述

高等学校的发展问题近年来备受关注，但对地方高校的专门研究却相对较少。随着高等教育管理体制改革的不断深入，地方高校在我国高等教育体系中所占据的位置越来越显重要，加强对地方高校发展的研究具有非常重要的战略意义。

第一节 地方高校及其时空状态

一、地方高校的概念界定

地方高校是从行政管理出发形成的集合概念。实际上，在我国目前的高等学校中，除了中央部委属的 111 所高校以外，其余高等学校都属于地方高校的范畴。由此可见，在地方高校中，除少数省属国家“211 工程”或“985 工程”重点大学、省部共建大学以外，大部分为地方性直属高校。既有公立大学，也有民办高校和独立学院；既有省属高校和省级教育行政部门管理的高校（主要是民办高校），也有地州市盟所属高等学校；按高考录取批次划分，有第一批（重点本科）、第二批（一般本科）、第三批（民办高校和独立学院）、第四批（专科层次）。因此，可以将地方高校界定为：由地方政府或社会力量投资举办，归属地方政府管理，主要服务于地方经济发展和社会进步的高等学校。

地方高校是与中央直属高校相对应的，主要说明高校的隶属关系。潘懋元指出，高等教育地方化包括两层含义：其一是高等教育要适应地方经济发展，为地方发展服务，使之成为地方文化科技中心；其二是高等教育管理权属于地方，并以地方财政拨款作为办学的资金主要来源。① 把地方高校作为独立的研究对象，来探讨它们在全面建成小康社会中所肩负的历史使命和应发挥的作用，有利于中央部委属高校与地方高校之间建立合理的教育分工与协作关系，同时也有利于我国整个高等教育体系的可持续发展，有利于把我国建设成高等教育强国。

在我国全面建成小康社会的征程中，中央部委属高校和地方高校肩负着不同的历史使命。中央部委属高校要从国家整体利益出发，着重解决我国科技、经济、社会发展中带全局性的、前瞻性的重大问题，跟踪世界学术前沿，培养大师级、领袖级的各种精英人才，成为我国知识创新的发源地，代表国家的最高科技水平。地方高校则肩负着为区域经济、社会发展提供人才和智力支撑，为地方经济发展提供科技创新支持和技术支撑，促进区域经济社会的健康可持续发展。城乡差别、区域发展不平衡已成为制约我国全面建成小康社会的瓶颈，地方高校应在构建和谐社会、促进区域经济相对均衡发展中发挥先导作用。劳动者素质的普遍提高、人的全面发展、国民素质的整体提升是建成小康社会的基本要素，也是经济增长、社会进步的先决条件，地方高校还肩负着构建终身教育体系、促进人的全面发展、形成学习型社会的历史使命。

进入 21 世纪，世界正在进入以网络信息技术为标志的高科技时代，并将逐步进入以高科技和高新技术产业为核心的知识经济时代。大学作为科技创造源、人才支撑库、文化的传播者和知识型产业的孵化器，是我国知识经济形成与发展的基础和源动力。知识经济时代悄然迫近，把大学从经济社会的边缘推向经济社会的核心，进入经济运行过程，直接参与经济活动，在实现大学自身变革的过程中，推动社会经济的发展。② 从全球经济社会发展格局来看，高等教育与越来越多的个人和家庭的前途命运，与各个民族、种族和其他社会群体的利益息息相关，与一个国家的政治、经济、文化的发展，乃至于与一个国家的兴衰成败休戚与共。地方高校作为我国高等教育的重要组成部分或主体，如何主动适应经济社会发展的需要，如何更好地为地方经济社会培养高素质人才，更好地服务区域经济社会发展，使各级各类地方高校办好特色，办出水

① 潘懋元．关于中国高等教育地方化的理论探讨［A］．潘懋元高等教育论文集［C］．北京：新华出版社，1991：223.

② 田建国，韩延民．大学教育现代化［M］．济南：山东教育出版社，1999：4—5.

平，提升自身的核心竞争力，实现自身的内涵式发展，既是高等教育学和高等教育管理开展实证研究的重要方面，也是高等教育院校研究的重要内容，从而为地方高校的发展提供理论支持。

二、地方高校的发展轨迹

（一）地方高校的产生与发展历程

中国古代没有现代意义上的高等教育，但有大学教育的雏形。早在公元前15—16世纪的殷商时代就有了大学，“右学”就是中国最早的大学。西周时期的大学分为三种类型：第一类为“辟雍”，是天子设立的大学，可以说是我国国立大学的开端，主要培养执政者；第二类为“泮宫”，是诸侯建立的大学，可以说开创了地方高校的先河，主要培养各级政务官员；第三类为“畴学”，是负责天文、水利、建筑、制造等各种技术部门官吏们父子相传的教育形式，相当于私立大学，主要培养技术事务官员。自秦至清中叶，中国实行中央集权的封建统治，其大学教育可以分为四种形式：以培养封建国家行政官吏为主要任务的中央官学，称为“太学”，是国立大学的延续和发展；以训练法律、科技和艺术专门人才为主要任务的中央专科学校，属于国立大学的范畴；以培养学术人才和行政官员为主要任务的书院，属于地方高校的范畴；以传递经学、科技和文化艺术为主要任务的私人授徒和家学，也是一种地方办学。[①]“官学”作为我国古代高等教育的萌芽，其培养目标是相对单一的，即“学而优则仕”，主要表现为单一地为统治阶级培养统治人才、管理人才，尽管也培养过一些社会需要的技术人才（如唐代的书、算、天文等），但其数量比例偏向十分明显。唐宋以后，全国出现了大量的书院，可以看做是地方高校的“胚胎”，与政府的“官学”不同，书院在教育思想和教育方法上均注重培养学生的学术能力，健全学生的人格，但实际上大多脱离社会实际，还存在着官学化和追求功名利禄的倾向。在“道成而上，艺成而下”的思想影响下，人们认为科学技术是“奇技淫巧”，使封建时代的教育极度重视儒家学术研究，忽视科技人才培养，造成了科技人才匮乏，自然科学人才奇缺，这也正是中国近代科学技术落后于西方国家的根本原因。[②]

近代中国高等教育是在政治动荡、社会动乱、国家贫弱的背景下，伴随着“洋务运动”的开展和“洋务学堂”的兴办而不断发展的，始于“洋务运动”

① 吴松，沈紫金．WTO与中国高等教育发展［M］．北京：北京理工大学出版社，2002：160．

② 张传燧，朱璋龙．中国高等教育发展史上四次重大变革及其启示［J］．交通高教研究，2003（2）．

和“戊戌维新运动”，1862年京师同文馆的建立是近代高等教育萌芽的标志，1898年京师大学堂的建立是近代大学教育正式诞生的标志。① 伴随着西方列强对中国的文化扩张，西方各国为了传播西方文化，实施文化侵略，开办了一批教会大学，成为西学东渐的重要推动力量，如圣约翰大学、震旦大学、燕京大学等；与此同时，为了抵御西方列强的侵略，一批洋务运动者在主张“借才异域”的过程中，积极兴办教育，创办了一批高等实业学堂，主要服务当地经济，这类社会力量办学应属于近代民办高等教育的先行者。1927年7月，南京政府颁布了《大学组织法》和《专科学校组织法》，明确了大学和专科学校的归属，根据设立者的不同，将大学和专科学校分为国立、省立、市立和私立四大类，并规定其“设立变更及停办，须经教育部核准”，首次明确了高等学校有国立高校和地方高校（含省立、市立和私立）之分。②

新中国成立以后，为了与当时高度集中的计划经济体制相适应，国家在对旧中国遗留下来的高等教育接受和改造的基础上，对高等教育实行“集中管理、统一领导”，大力发展公办高校，并于1950年7月28日通过了《关于高等学校领导关系的决定》，强调“全国高等学校以由中央人民政府教育部统一领导为原则”，“中央人民政府教育部对全国高等学校（军事院校除外）均负有领导责任”，并于1951年将全部教会大学收归国有。1951年，中央人民政府政务院公布《关于改革学制的决定》，明确高等教育作为中等教育基础上的更高层次教育，它包括高等专科学校、大学和专门学院、研究生部三个层次；并明确了劳动人民和工农干部的教育在各级各类学校中的地位，因而使工农业余学校及工农干部文化补习学校的学生都有可能进入高等学校，从根本上改变了旧中国高等学校的办学性质。1952—1953年，我国进行全局性的院系调整，将全部私立高校通过合并、调整或改制转为公办高校，并在全国范围内进行高等学校的教育资源重组，建立了一批新的文理综合大学，将国家建设所迫切需要的学科或专业予以分别集中和独立，使之成为新型的工、农、医、政法、财政、艺术、体育等专门学院。由此开始，我国高校由国家举办，但分属中央各部委和地方的条块体系也基本形成。在“院系调整”过程中，贯彻“集中管理、统一领导”的方针，全国高等学校基本上归属高教部和中央有关业务部委管理，形成了中国高等教育史上的两个断层：1953—1957年的地方高校断层和1953年至20世纪80年代的民办高校断层。

---

① 范倩．地方高校社会服务职能研究［D］．山东经济学院硕士学位论文，2011：14.

② 国家高级教育行政学院．中国高等教育体制改革［M］．北京：人民教育出版社，2001：55—56.

1956年6月，全国人大一届三次会议讨论了高校办学体制问题，认为中央管理过于集中，影响了地方办学的积极性，开始逐步下放办学权力。到1958年，把中央有关部门领导管理的187所高校下放到地方政府管理，这是“院系调整”以后重新明确地方高校的独立地位。高等教育权力下放，对改变高等教育管理过于集中的局面发挥了重要作用。但是，由于没有相应的法律法规，加上当时“大跃进”的特殊社会环境，也造成了接下来的高等教育的盲目“大跃进”，1958—1960年，全国全日制高校由229所猛增到1289所，不仅超越了国民经济的承受能力，也违背了教育本身的发展规律。1961年，中央按照“调整、巩固、充实、提高”的方针，着手对高等学校进行调整、整顿，并于1963年5月颁发了《关于加强高等学校统一领导、分级管理的决定（实施草案）》，明确“对高等学校实行统一领导，中央和省、直辖市、自治区两级管理的制度”，到1965年，全国高等学校缩减为434所（其中教育部直接管理34所，其他部委管理149所，地方高校251所），并基本形成了我国高等教育“条”（中央部委）、“块”（地方政府）分别办学、分级管理的模式和格局，这可以说是新中国成立后中国地方高校的第一次大发展。

“文化大革命”期间，中国高等教育脱离了正常的轨道，原有办学体制被破坏，全国绝大部分高校下放给地方管理。在“文化大革命”后期，响应毛泽东“教育要革命，学制要缩短”的教育思想，为了解决当时人才紧缺的现实矛盾，全国各地陆续兴办高等专科学校，不少大学都开办了分校，使高等学校数量有所增长，招生规模有所扩张，但“社来社去”① 的人才培养模式导致生源质量下降（单指文化素质），加上政治运动所带来的教学过程管理混乱，导致人才培养质量明显下降。

改革开放以后，随着我国经济、政治、科技体制的改革和高等教育事业的全面发展，高等教育体制改革也在恢复、发展中进行。1978年，全国高校598所，其中教育部所属38所，其他部委所属217所，地方高校343所。1985年5月27日中共中央发布了《中共中央关于教育体制改革的决定》，1986年3月12日国务院发布《高等教育管理职责暂行规定》，进一步明确了高等教育管理体制改革的内容和任务，强化了高等学校的办学自主权和地方政府办学的责任。1993年2月13日，中共中央、国务院颁布了《中国教育改革与发展纲

---

① “社来社去”是“文化大革命”期间的一种特殊招生模式，采取工厂、农村等第一线生产单位推荐优秀青年、劳动模范上大学的方式录取新生，由于忽视了学生的文化基础，导致大学新生的文化功底个体差异很大，影响教学活动的正常进行，导致人才培养质量下降。

要》，提出要深化教育体制改革，解决政府与高等学校、中央与地方、国家教育委员会与中央各业务部门之间的关系。1998 年，国务院所属中央机构改革启动，给高等教育办学体制改革带来了前所未有的机遇，国务院作出了《关于调整撤并部门所属学校管理体制的决定》，对国务院九部委所属的 165 所高校，除北京科技大学、北京化工大学、东北大学、吉林工业大学、湖南大学、中南工业大学、武汉工业大学、中国纺织大学、无锡轻工业大学、合肥工业大学归入中央办学体制、以教育部为主管理外，其余全部下放地方政府。1999 年 1 月，国务院下发了《关于调整五个军工总公司所属学校管理体制实施意见的通知》，对航空、航天、兵器、船舶、核工业五个军工总公司直属的 25 所高校实行中央与地方共建，其中北京航空航天大学等 7 所高校以地方管理为主，重大事项以国防科工委管理为主，其余 18 所高校归入地方高校。1999 年 12 月，国务院作出了《关于进一步调整国务院部门（单位）所属学校管理体制和布局结构的决定》，决定除教育部以及外交部、国防科工委、国家民委、公安部、安全部、海关总署、民航总局、体育总局、侨办、中科院、地震局等部门和单位继续管理学校外，其他部门和单位不再管理学校。2000 年 2 月国务院办公厅转发教育部等部门《关于进一步调整国务院部门（单位）所属学校管理体制和布局结构实施意见的通知》，对 49 个部门所属的 258 所高校的办学管理体制和布局结构进行了调整，形成了近十多年来稳定在 111 所中央部委属高校的新格局，大大充实了地方高校阵容，使地方高校成为中国高等教育的生力军，可以说这是新中国成立后中国地方高校的第二次大发展。

20 世纪 80 年代开始，国家鼓励社会力量办学，重新催生了中国民办高等教育，但直到 20 世纪 90 年代中期，中国民办高等教育发展仍然十分缓慢。1997 年 10 月 1 日开始施行《社会力量办学条例》（国务院令第 226 号），2002 年 12 月 28 日通过了《中华人民共和国民办教育促进法》，使民办高等教育进入规范发展阶段，为重构中国高等教育新格局提供了良好的立法基础，促进了中国民办高校的迅速发展。为了满足日益增长的高等教育需求，20 世纪 90 年代开始出现的公有民办二级学院，国家教育部于 2003 年 4 月印发的《关于规范并加强普通高校以新的机制和模式试办独立学院管理的若干意见》（教发[2003] 8 号）将其规范为独立学院，作为中国特色的新兴办学形式，呈现“井喷”式发展趋势，数年内发展至 300 多所，2008 年 2 月 28 日颁布的《独立学院设置与管理办法》（教育部第 26 号令）将其纳入中国民办高校范畴，从而使中国民办高等学校数量急剧增加。民办高校作为地方高校的重要组成部分，受到全社会的高度关注。到 2011 年，全国有民办高校 696 所，其中，本科高校 388 所（独立学院 309 所）、专科学校 308 所（职业技术学院 301 所），可以说是新中国成立后中国地方高校的第三次大发展。

（二）新中国成立后地方高校的数量变化

从中国高等学校的数量变化来看（见表 1—1），新中国成立后至改革开放前虽是几度浮沉，但总体上处于缓慢发展状态，高等学校的数量虽有一定变化，但其中的历史原因是复杂的：既有 1952—1953 年间的“院系调整”导致的民办高校断层和地方高校断层，导致高等学校数量减少；也有“文革”前“大跃进”式盲目发展及其后的稳步发展，基本体现了精英教育时期的高等教育特点；还有“文革”后至改革开放前所带来的高等教育机构数量增长、招生规模扩张和人才培养质量下降；但“文革”后至改革开放前所创建的大批中等专业学校（中专），虽然不能纳入高等教育范畴，却为中国职业教育的发展打下了良好的基础①。

表 1—1　全国高等学校数量变化情况　　单位：所

年份	总数	中央部委属高校	地方高校
1949	205		
1953	181	181	
1958	229	42	187
1965	434	183	251
1978	598	255	343
1981	704	264	440
1985	1016	303	713
1990	1075	354	721
1994	1080	367	713
1996	1032	346	686
1998	1022	263	759
1999	1071	248	823
2000	1041	145	896
2001	1225	111	1114

① “中专”是源于苏联教育模式和体现毛泽东教育思想的特殊历史产物，招收初中毕业生或高中毕业生，学制 2—3 年，毕业后的身份为国家干部，20 世纪 90 年代后陆续合并或独立升格为职业技术学院。

续表

年份	总数	中央部委属高校	地方高校
2002	1396	111	1285
2003	1552	111	1441
2004	1731	111	1620
2005	1792	111	1681
2006	1867	111	1756
2007	1908	111	1797
2008	2263	111	2152
2009	2305	111	2194
2010	2358	111	2247
2011	2409	111	2298
2012	2438	111	2327

资料来源：根据历年《中国教育年鉴》和《中国统计年鉴》整理。

改革开放以后，中国高等教育迅速规范，高等学校数量也迅速增长。20世纪80年代，为了满足经济社会发展对人才的需求，面对高等教育资源稀缺和公民受教育需求迫切的现实矛盾，各地迅速发展广播电视大学、职工大学、成人教育、自学考试、函授教育等，从而形成了高等教育机构迅速增长的格局。从历史的观点来看，虽然当时的高等教育机构数量增长很快，但全日制普通高等教育却发展缓慢，全日制大学成为典型的精英教育，大批有志青年只能通过非全日制大学来圆其“大学梦”，从而形成了延续30多年的中国高考现象①。

进入20世纪90年代，一方面，大批中等专业学校或成人高等学校合并或独立升格为职业技术学院，成为中国高等职业教育的主力军，从而使高等学校数量剧增；另一方面，原有高等学校（包括高等专科学校和本科高校）的合并潮，使老牌高等学校数量减少，从而使中国高等学校总量表现为变化不大，但事实上中国高等教育的整体办学实力显著提升，招生规模呈稳步扩张趋势。20世纪末至21世纪的民办教育迅速发展，以独立学院和民办职业技术学院为主的民办高等学校逐渐占据了中国高等教育的一席之地，使地方高校阵容又增添了新的力量。

自1998年开始扩招以来，中国地方高校数量迅速增加，使地方高校成为

① 中国高考现象牵动全民，使参加高考成为考生家庭乃至亲友关心的头等大事，国家、地方政府和社会为此而必须付出高昂的成本。

实现中国高等教育大众化的主力军。近 15 年来，中国地方高校迅速发展，重构了中国高等教育新格局，明确了中国高等教育体系中地方高校的主体地位，构建了相对合理的公办高校和民办高校比例结构。截至 2012 年 4 月 24 日，全国共有地方高校 2327 所，其中：地方公办本专科学校 1621 所，占地方高校总数的 69.66%，表明目前中国高等教育领域中，地方政府举办的高等学校占有绝对优势；地方民办本专科高校 403 所，占地方高校总数的 17.32%；独立学院 303 所，占地方高校总数的 13.02%。也就是说，目前中国地方高校中，公办高校与民办高校的比例约为 7∶3。

三、地方高校的地域分布

（一）地方高校数量的省际分布

地方高校是以服务地方经济发展为主要任务，某个行政区内地方高校的数量多少和地方高校的核心竞争力，直接影响着地方经济或区域经济的发展。表 1—2 列出了目前全国地方高校的省际数量分析情况，从表中可以看出，在总量上，地方高校超过 100 所的有江苏、山东、广东、河南、湖南、安徽、湖北、河北、辽宁、浙江，低于 50 所的有内蒙古、海南、贵州、西藏、甘肃、青海、宁夏、新疆。虽然决定地方高校的数量多少的原因是复杂的，既有高等教育前期发展的积累因素，也有省级行政区的面积大小和人口数量因素，但总体说来，地方高校数量较少的省级行政区，都是经济相对落后的地区。

表 1—2 2012 年全国各省（市）的地方高校数量分布 单位：所

地区	地方高校数量				地区	地方高校数量			
	总数	公办高校	民办高校	独立学院		总数	公办高校	民办高校	独立学院
北 京	54	39	10	5	湖 北	114	71	17	26
天 津	52	41	1	10	湖 南	118	87	16	15
河 北	111	77	16	18	广 东	133	84	32	17
山 西	75	60	7	8	广 西	70	49	12	9
内蒙古	48	38	8	2	海 南	24	10	7	7
辽 宁	108	73	17	18	重 庆	51	36	15	0
吉 林	55	40	6	9	四 川	93	65	15	13
黑龙江	76	58	16	2	贵 州	49	38	3	8
上 海	57	37	16	4	云 南	66	46	13	7
江 苏	143	93	25	25	西 藏	6	6	0	0

续表

地区	地方高校数量				地区	地方高校数量			
	总数	公办高校	民办高校	独立学院		总数	公办高校	民办高校	独立学院
浙　江	100	65	13	22	陕　西	85	55	18	12
安　徽	116	85	20	11	甘　肃	40	34	1	5
福　建	84	49	26	9	青　海	9	8	0	1
江　西	88	59	16	13	宁　夏	15	11	2	2
山　东	134	96	26	12	新　疆	34	26	3	5
河　南	119	85	26	8	合计	2327	1621	403	303

资料来源：根据教育部门户网站相关数据整理，数据截止时间为 2012 年 4 月 24 日。

从目前中国高等教育的办学实力来说，地方高校中的决定性因素仍然是公办本专科学校，在地方本专科学校中，从对科技创新的贡献角度考虑，则地方本科院校更重要，地方本科高校尤其是综合性大学的科技创新能力和社会服务能力具有明显的优势；从对地方产业发展的角度来看，职业技术学院将会起到越来越重要的作用，职业技术学院主要培养高级工程技术人才和高素质劳动者，是发展地方经济和区域经济的重要有生力量。从全国情况来看，目前地方公办本专科学校超过 80 所的有山东、江苏、湖南、河南、安徽、广东，这与地方高校总数的规律基本一致。同时，长江三角洲和珠江三角洲的经济发展水平较高，与其地方高校相对较多也存在明显的关系。

虽然我国在 20 世纪 80 年代开始鼓励社会力量办学，但民办高等教育真正起步仍是 20 世纪 90 年代中期以后，尤其是高校扩招以来，中国民办高校的发展遇到了前所未有的机遇，从而形成了目前的民办本专科学校体系。从民办本专科学校的数量来看，广东、山东、河南、福建、江苏、安徽的民办高等教育发展水平较高。

（二）地方高校的地域中心城市分布

城市化导致城市空间扩大和城市对外辐射能力加强，同时也在不断地强化城市与周边地区之间的依存关系，当这种依存关系发展到一定程度以后，城市与其周边地区就会形成一个经济、社会、生活等方面都高度关联的整体，在这个整体中，城市就成为特定地域的政治中心、经济中心、文化中心乃至通信和交通运输中心。城市作为文化中心的一个重要体现，就是表现在高等学校主要集中在地域中心城市。这一特征的形成原因是多方面的，从高校自身发展角度来讲，选址中心城市有利于与外界交流，促进自身的发展；从社会经济发展角度看，高校在地域中心城市落户，能够更好地服务地方经济，更好地发挥高校的作用和功能。

随着我国高等教育的快速发展，高等院校数量的区域分布表现出了显著性的不均衡。同时，区域间的非均衡发展，使得高等院校所在地区的高等教育资源竞争力每况愈下，呈现出较为明显的“马太效应”。从表 1—3 可以看出，北京、上海、天津和江苏等东部沿海地区是我国高等院校主要聚集的区域，高校数量占到了全国高校总数的 1/3 以上，而中西部地区的高等院校除了数量偏少以外，还存在着高等院校主要集中分布在少数几个经济较为发达的省份和城市的问题，这使得中西部地区高等教育的引领和示范作用不明显。

表 1—3　2012 年地方高校在地域中心城市的分布情况　　单位：所

城市	数量	城市	数量	城市	数量
广州市	67	南昌市	42	长春市	26
上海市	53	成都市	39	呼和浩特市	21
武汉市	53	太原市	38	贵阳市	19
重庆市	51	济南市	36	兰州市	18
北京市	49	石家庄市	36	乌鲁木齐市	16
合肥市	48	杭州市	35	海口市	10
郑州市	48	昆明市	35	银川市	10
长沙市	44	南京市	35	西宁市	8
哈尔滨市	44	沈阳市	34	拉萨市	5
西安市	44	福州市	28		
天津市	43	南宁市	27	合计	1062

资料来源：根据教育部门户网站数据整理，截止时间为 2012 年 4 月 24 日，数据不含独立学院。

从地方高校所在地域中心城市分布情况来看，广州市的地方高校数量最多，超过了四大直辖市的地方高校分布数量。总体来讲，全国地域中心城市的地方高校数量主要集中在东部地区和中部地区，西部地区的地方高校发展水平明显偏低。

（三）地市州盟的地方高校分布

地市州盟为中华人民共和国行政区划中的二级行政区名称，广义为县级以上、省级以下单位，狭义高于副地级市，接受省级行政单位领导，行政区名称包括地区、市、自治州、盟，一般管辖区、县、自治县、旗、自治旗，代管县级市。目前全国有318个地市州盟（地区17个、市268个、州30个、盟3个）共有地方高校580所（不含独立学院），分布在全国311个地市州盟，也就是说，全国尚有7个地市州盟没有高等学校的分布，表明中国地方高校在二级行政区的分布极不平衡。

全国地市州盟的地方高校分布情况如下：

（1）有10所及以上高校的12个地级市：大连市22所，苏州市18所，青岛市16所，泉州市15所，潍坊市13所，厦门市13所，咸阳市12所，宁波市11所，无锡市11所，湘潭市11所，烟台市10所，株洲市10所。

（2）有7—9所地方高校的14个地级市：保定市9所，常州市9所，衡阳市9所，芜湖市9所，桂林市8所，吉林市8所，牡丹江市8所，徐州市8所，淄博市8所，锦州市7所，廊坊市7所，柳州市7所，唐山市7所，新乡市7所。

（3）有6所地方高校的12个地级市：沧州市、济宁市、绵阳市、南通市、齐齐哈尔市、绍兴市、泰安市、温州市、盐城市、运城市、漳州市、九江市。

（4）有5所地方高校的25个地级市：安庆市、安阳市、蚌埠市、包头市、长治市、承德市、大庆市、东莞市、佛山市、赣州市、邯郸市、淮南市、金华市、荆州市、六安市、泸州市、洛阳市、南阳市、秦皇岛市、商丘市、深圳市、新余市、扬州市、镇江市、遵义市。

（5）有4所地方高校的29个地级市：百色市、常德市、赤峰市、滁州市、德阳市、德州市、阜阳市、焦作市、晋中市、开封市、临汾市、南充市、南平市、平顶山市、三亚市、十堰市、台州市、天水市、铁岭市、信阳市、邢台市、许昌市、宜昌市、益阳市、岳阳市、湛江市、张家口市、肇庆市、崇左市。

（6）有3所地方高校的37个地级市：白城市、滨州市、昌吉市、丹东市、东营市、都匀市、抚顺市、抚州市、汉中市、菏泽市、怀化市、淮安市、淮北市、黄冈市、黄石市、惠州市、嘉兴市、江门市、景德镇、凯里市、连云港市、辽阳市、临沂市、娄底市、漯河市、马鞍山市、萍乡市、曲靖市、日照市、三明市、邵阳市、泰州市、铜陵市、渭南市、永州市、枣庄市、周口市。

（7）有2所地方高校的77个市州：安康市、安顺市、鞍山市、宝鸡市、保山市、北海市、本溪市、毕节市、亳州市、郴州市、池州市、楚雄州、大同市、德宏州、鄂州市、恩施市、阜新市、广元市、和田市、鹤壁市、衡水市、红河州、湖州市、葫芦岛市、淮阴市、黄山市、揭阳市、乐山市、丽水市、聊城市、六盘水市、龙岩市、茂名市、内江市、宁德市、攀枝花市、盘锦市、莆田市、普洱市、钦州市、衢州市、汕头市、上饶市、韶关市、四平市、宿迁市、宿州市、绥化市、通辽市、铜仁市、威海市、文山州、乌兰察布市、梧州市、武威市、咸宁市、襄樊市、孝感市、忻州市、兴义市、雅安市、延安市、延吉市、阳泉市、伊宁市、宜宾市、宜春市、营口市、榆林市、玉溪市、张掖市、中山市、舟山市、珠海市、驻马店市、自贡市、佳木斯市。

(8) 有1所地方高校的105个地市州盟：阿克苏市、阿拉善盟、巴彦淖尔市、巴中市、白山市、白银市、巢湖市、朝阳市、潮州市、陇南市、楚雄市、达川市、达州市、大理州、大兴安岭地区、登封市、定西市、鄂尔多斯市、甘南州、甘孜州、高州市、公主岭市、巩义市、固原市、广安市、贵港市、海拉尔、河池市、河源市、贺州市、鹤岗市、黑河市、红河市、呼伦贝尔市、鸡西市、吉安市、吉首市、集宁市、济源市、嘉峪关市、金昌市、晋城市、荆门市、景德镇市、酒泉市、喀什市、科尔沁市、克拉玛依市、奎屯市、昆山市、莱芜市、丽江市、辽源市、临沧市、临河市、潞江市、吕梁市、罗定市、满洲里市、眉山市、梅州市、南海市、平凉市、濮阳市、七台河市、黔南州、清远市、琼海市、三门峡市、汕尾市、商州市、石嘴山市、双鸭山市、朔州市、松原市、随州市、遂宁市、太谷县、天门市、通化市、铜川市、文昌市、阿坝州、乌海市、乌兰浩特市、吴忠市、五指山市、西昌市、西峰市、西双版纳州、锡林郭勒盟、仙桃市、湘西自治州、襄阳市、宣城市、阳江市、伊春市、宜州市、鹰潭市、永城市、玉林市、张家港市、张家界市、樟树市、昭通市。

第二节　地方高校的发展定位

在新的形势下，地方高校要找准自己的发展空间，明确自己的发展方向，确定自己的发展战略和战术，做到准确定位。目前全国有地方高校2327所，既有“985工程”和“211工程”的研究型大学，大部分是普通本专科学校和职业技术学院，还有民办本专科学校和独立学院，每个学校如何找准自己的发展方向，成为学校管理者和教育科学研究者们关注的重大课题。

一、地方高校定位的现实意义

高等学校定位是一所高等学校的办学者希望把学校办成什么样子的一种宏观教育理念，是他们持有的具有强烈主观色彩的关于所在学校办学方向选择、角色定位、特色体现的办学理想和价值追求。也就是说，高等学校定位是一种目标导向，不同的人出于不同的目的可以对自己的学校进行不同的定位。同时，高等学校定位也只是一种相对选择，不同的研究者或利益相关者从不同的角度对高等学校进行的定位都是为他们的目的服务的，能够满足他们需要的定位就是他们所认可的最合适的定位。高等学校的定位具有一定的时代特征，随着社会经济形势的发展和所处特定环境的变化以及自身的发展水平，高等学校的定位可能发生变化。

高等教育体系是社会经济系统的一个子系统，每一所高校都是高等教育体系中的一个成员或构成要素，办好高等学校的前提首先是确定自己的定位，即明确自身在高等教育体系的相对位置、发展空间、发展方向，从而促进自身的内涵式发展。地方高校是中国高等教育体系的重要组成部分，是中国高校中占绝对优势的群体，地方高校发展的准确定位，不仅能够促进地方高校自身的发展，而且对中国高等教育的整体发展具有十分重要的现实意义。

（1）地方高校的发展航标。地方高校定位要明确学校的责任和发展方向，使学校获得理性导向的指引，使其发展定位成为学校的发展航标。香港科技大学原校长吴家玮先生明确指出："一所学校最重要的是找到自己的位置，并在擅长的领域做到最好。""一所大学必须清楚学校在国家、地区和不同阶段发展的情况，比如属于哪种类型，与别的学校有什么区别等等，这些都应考虑在内，才会准确定位。"[①] 德国洪堡大学把科学研究确定为大学的本质属性之一，弘扬学术自由，改变了人们心目中对大学的认识和观念，对世界高等教育发展产生了积极的、深远的影响。美国芝加哥大学前校长罗伯特·赫钦斯曾说："大学需要有一个目的，一个最终的远景。如果它有一个远景，校长就必须认出这一远景；如果没有远景就是无目标性，就导致美国大学的终极混乱。"[②] 自"五四"时期蔡元培先生担任北京大学校长时提出著名的"兼容并包、思想自由"，到北京大学建校100周年时提出"建设世界一流大学"的定位，可以说学校发展定位对北京大学的发展起到了重要的导向作用。高等学校发展定位先进、准确、合理，可使学校获得理性的指引，使全体员工都朝着明确的目标努力，促进学校的可持续发展。相反，部分地方高校在发展定位上片面贪大求全，缺乏个性和特色，结果导致自己处于不利的、被动的办学局面。近年来，一些由"院系调整"后的专门学院发展起来的老牌地方高校片面追求多学科发

①② 吴家玮．世界一流大学要找准自己的定位［N］．中国青年报，2001—05—24．

展，向综合性大学看齐，反而逐步丢失了自己的特色和优势，某种程度上起到了反面教材的作用。

（2）地方高校的发展信念。管理科学认为，一个组织成员行动的一致性，来自于他们观念的一致性，而观念的一致性则来自于人们对组织所特有的性质的共同理解，以及由此而建立起来的共同信念。地方高校的发展定位，就是要使学校的全体员工从对现实过程的直观认识，上升到对学校发展定位的认同、崇拜，并根植于全体员工的观念深层。地方高校的定位，就是广大师生员工的共同信念，从而形成“众人划桨开大船”的凝聚力和战斗力。高等学校是精神产品生产部门，学校的管理不同于企业管理，学校运行过程中的很多管理实务并不能像企业一样进行量化管理，办好地方高校的关键是全体员工都具有共同的信念，自动地朝着学校的发展定位努力，贡献每个人的智慧和力量，推动学校朝着既定的方向前进。

（3）地方高校的自我规范。学校定位的表述并不是一般的概念表述，而是学校在一定发展阶段的办学过程中，矢志追求和执著践行的行动纲领。地方高校的发展定位明确以后，必须将其固化到办学指导思想或办学思路之中，写进中长期发展规划，落实到各职能部门和院系的具体工作之中，这样，学校定位必将对学校办学行为和管理措施起到规范、约束、引领和自我评估的作用，有利于提高办学过程中的自我监控能力和反馈调节能力，及时纠正办学实践中的失误和偏差，按照既定的目标和方面，把地方高校办好、办出特色，逐步提高地方高校的核心竞争力。

二、地方高校定位的基本原则

地方高校发展定位是一项复杂的行动决策方案，需要考虑的因素很多，必须遵循一定的原则来进行准确定位。

（1）分类定位原则。地方高校的层次和类型很多，不同类型或层次的地方高校，必须按照分类定位的原则，体现自己的优势，规避自己的劣势，形成自己的特色，实现自身对地方经济社会发展的优质服务。对于地方高校中现有的“985工程”、“211工程”的研究型大学，已具有较强的综合办学实力和核心竞争力，其发展定位无疑要高些，可朝世界一流大学迈进，必须在服务地方经济社会发展方面充分发挥其引领作用。对于大部分教学型本科高校而言，应强调为地方经济与社会发展培养高素质管理人才和技术人才，重视为地方经济建设和社会发展提供科技创新支持，解决区域经济发展中的各类实际问题；对于专科层次的地方高校和职业技术学院而言，应强调为地方经济社会发展培养高级工程技术人才和高素质劳动者，重视为地方经济建设和社会发展提供技术支撑和智力支撑，充分体现其在服务地方经济方面的价值。

（2）比较优势原则。任何一所高校都不可能办齐所有学科，也不可能在所有学科领域都保持一流水平，更何况中国地方高校相对实力较弱，办学历史相对较短。地方高校必须充分挖掘和利用现有办学资源，走出自己的特色之路，坚持“有所为、有所不为”的原则。在学科建设、人才培养、学校发展等基本目标上不宜盲目求大、求全、求高，要集中有限资源，瞄准区域经济建设和社会发展需求，在人才的知识结构和能力体系的某些方面有所突破，形成特色和品牌。

（3）市场导向原则。随着高等教育大众化水平的不断提高，办学规模的进一步扩大，高校之间的竞争也表现得越来越突出：高校招生正在由“卖方市场”转向“买方市场”，高校之间为优质生源而竞争；毕业生就业由“市场紧缺”转向“市场积压”，高校毕业生必须为优质的就业单位而竞争；地方高校不仅要注意培养自己的“大师”，同时也要积极从社会引进高素质人才和学术大师，这也导致了地方高校之间的竞争；政府和教育主管部门控制的教育资源和科技创新资源是地方高校学科建设的基础和动力，地方高校之间为争取这些资源而必须竞争。凡此种种，竞争是一种普遍现象，地方高校在这种竞争中如何取得有利地位，首先是通过内涵式发展积累实力，逐步形成自己的核心竞争力，同时，也要充分认识竞争的必要性，有竞争才有压力，有竞争才有发展，只有不断提高自身的办学水平和综合实力，才能进入竞争中的良性循环。

（4）协同合作原则。高校的协同合作是多维的：校企合作或产学研结合，不仅可以利用企业的教育教学资源，搭建双赢合作的科技创新平台和人才交流平台，还可以通过“订单式培养”、毕业实习等方式，为毕业生提供就业机会；校际合作是基于高校之间各有所长，相互合作，取长补短，通过经验交流、资源共享、“交换生”、访问学者等方式，实现双赢合作；伴随经济全球化趋势，地方高校的国际交流合作也越来越受到重视和关注，这将是地方高校的一个全新视野。

（5）特色强化原则。近30多年来我国高等教育的发展，国家和教育行政部门一直在努力“扩大高校办学自主权”，就是让中国高校各自形成自己的办学特色，避免“千人一面”的高校办学趋同局面。地方高校在以往的办学过程中，逐步形成了一定的办学特色，这些办学特色要注意总结和提炼，并且在进行发展定位时恰当强化，以形成特色鲜明的办学模式。

三、地方高校定位的依据

高等学校定位包括高等学校在整个社会大系统中的定位、一所学校在整个高等教育系统中的定位和学校内部各个要素在学校发展中的定位三个层面。

（一）自我判断

1. 明确学校在中国高等学校体系中的地位和作用

要对地方高校定位，首先要准确把握高等学校分类与高等学校定位之间的区别与联系。因此，要准确对地方高校定位，首先必须找准学校的分类依据。

根据目前中国高等教育现状，高等学校至少有以下分类体系，对于某一所具体的地方高校，必须找准自己的位置。①按照管理归属进行分类，可以分为中央部委属高校和地方高校。其中，地方高校按照其管理层次不同，又可以进一步分为省属行政区管理的高等学校和省级以下行政区（地、州、市、盟）管理的高校。②按高等教育性质分类，可以分为普通高等教育和高等职业教育。目前，中国高等职业教育的主体为职业技术学院。③按学科门类多少分类，可以分为综合性大学和专门学院。这一分类体系在“院系调整”至20世纪80年代体现较明显，但目前的“大学”与“学院”的区分，主要表现在综合办学实力方面。④按办学水平和科技创新能力分类，可以分为研究型大学、教学研究型大学和教学型大学。研究型大学主要指“985工程”和“211工程”大学，教学研究型大学一般是指具有研究生教育且具有硕士以上学位授予权的高校，其余为教学型大学。⑤按办学层次分类，可以分为本科高校和专科高校。本科高校是指主要承担本科及以上全日制学历教育，且具有学士以上学位授予权的高校；专科高校则包括高等专科学校和职业技术学院。⑥按照投资主体分类，可以分为公办高校和民办高校。公办高校是中央或地方政府举办的高等学校，基本办学条件建设和教育事业费主要依赖公共财政支持；民办高校是依托社会力量举办的高等学校，包括普通民办高校和独立学院。

2. 战略决策的SWOT分析法

明确地方高校自身在中国高等学校体系中的分类以后，可以使用SWOT分析来进行恰当的自我判断。SWOT分析法是一种综合性地考虑内部条件和外部环境各种因素，通过系统和全面的评价，从而选择最佳经营战略的方法。在这里，S表示企业或产业所拥有的优势（Strengths），W表示企业或产业所具有的劣势（Weaknesses），O表示外部环境的机会（Opportunities），T表示外部环境对企业或产业的威胁（Threats）。其中，优势和劣势分析主要着眼于企业或产业自身的实力及其与竞争对手的比较，而机会与威胁分析则将注意力放在外部环境的变化及对组织或企业的可能影响上。地方高校的发展定位研究实际上是一种战略分析，借用SWOT分析法可收到良好的效果。

（1）地方高校的自身优势分析。在某一具体的地方高校，在进行发展定位时，首先应明确自己的优势所在。在找准高校在高等教育体系中的准确位置以后，再与同类高校进行比较分析，发现和挖掘自己的优势资源，这类优势资源包括区位优势、历史积淀优势、行业背景优势、学科专业和课程资源优势、办学特色优势、管理资源优势等。

（2）地方高校的自身劣势分析。任何一所地方高校，既有自己的优势，当然也不可避免地存在劣势，决策者们必须客观地分析自身的各方面条件，准确找出所在高校的劣势或不可克服的限制因素。分析劣势并不是贬低自己，而是在进行地方高校发展定位时，如何真正做到"扬长避短"，找准自己的发展方向和发展目标。

（3）地方高校的外部环境机会分析。地方高校的外部环境，包括相关法律法规和宏观政策环境、区域经济社会环境、主管部门的相关政策环境等，地方高校外部环境机会分析主要是指准确找出所在学校的外部环境中的有利因素，地方高校的发展定位必须考虑充分利用这些有利因素，促进自身的内涵式发展。

（4）地方高校的外部环境挑战（威胁）分析。外部环境中既存在有利因素，也必然存在诸多的不利因素，决策者们应客观地分析所在学校外部环境中的不利因素，以期寻求对策或恰当规避。

3. 自我判断的多视角分析①

（1）原发性视角：类型判断。对某一具体的地方高校进行发展定位研究时，首先必须准确判断所研究的地方高校属于哪种类型哪种层次，这是地方高校发展定位需要考虑的最基本的要素。目前，中国正处在经济社会发展转型期，社会的发展对高校的原有类型定位提出了严峻的挑战，部分中央部委属高校已经转变为地方高校，使一些划转高校失去了从前的先赋性条件；民间资金和社会资源参与办学，使高等学校的办学开始向多元化转变，从而使其定位也必须重新考虑；许多单科性高校（专门学院）开始朝多学科、综合性高校迈进，定位必须重新矫正。

（2）引导性视角：资源配置。高等学校的资源按其存在形态，可分为有形资源和无形资源。有形资源是指客观存在的物质资源，可以进行量化判断，俗

① 叶凡．地方高校定位研究［D］．华中科技大学博士学位论文，2005：69—75.

称“硬条件”；无形资源主要是指智力资源、人力资源和历史积淀资源，俗称“软条件”。在进行地方高校发展定位时，必须分析自己的资源现状，无形资源是相对固定的，校级层面的资源配置主要是考虑经费状况。地方高校的经费来源通常有三条渠道：一是政府部门的制度化支持和常规性拨款，俗称事业性经费；二是政府、企事业单位和社会提供的竞争性合同经费，主要是指各类科研经费；三是高校自筹经费，包括学生缴的学杂费、校友或社会捐资等。地方高校的财务状况是进行发展定位必须考虑的重要因素，也就是说“有多少钱办多少事”。

（3）动力学视角：社会需求。地方高校的生存和发展与社会有着千丝万缕的联系，满足社会需要、服务地方经济是地方高校赖以存在的价值和理由。在满足社会需求的同时，地方高校也需要获得更多的社会能量，从而实现自己的内涵式发展。社会需求对地方高校的办学具有推动和促进作用，从而使社会需求成为地方高校发展的动力源泉。

（二）政府判断

政府判断是指利用政府行政权力对高等学校的办学条件、办学行为和办学水平进行综合性或单项性评价，并对评价结果实施一定的政策性导向，从而促进高等学校的健康、可持续发展。政府判断是高等学校发展定位研究的重要指标或依据，它明确了地方高校的政府界定地位，同时也明确了地方高校的优势、劣势、机遇和威胁，对地方高校定位近期目标和中长期发展规划具有重要意义，为地方高校准确定位提供了可靠的现实依据。

（1）地方高校资格准入。我国先后颁布了《普通高等学校设置暂行条例》、《民办高等学校设置暂行规定》和《高等职业学校设置标准（暂行）》，规定了不同类型和不同性质的高等学校所应达到的基本条件，对规范和指导我国高等学校的发展具有积极的作用。

在许多国家，高等学校设置是管理高等学校的重要宏观手段。高等学校设置对学校的发展具有导向和规范作用，它是政府鉴定一种类型的高等学校区别于其他类型学校的主要依据。在我国，称为“学院”的高校要升格为“大学”，必须达到《普通高等学校设置暂行条件》中的相关规定；专科层次的高校要升格为本科层次高校，必须达到《普通高等学校设置暂行条件》中的相关规定；中等专业学校、中等职业学校、成人高等教育机构等要单独或合并升格为职业技术学院，必须达到《高等职业学校设置标准（暂行）》；举办民办高校或各类民办学校升格为民办高校，必须达到《民办高等学校设置暂行规定》中的相关要求。

（2）地方高校合格评估。2011 年 12 月 23 日，教育部办公厅下发了《关于开展普通高等学校本科教学工作合格评估的通知》并附《普通高等学校本科教学工作合格评估实施办法》，明确了评估对象、评估条件、评估组织实施办法、评估程序及任务、评估纪律与监督，并提供了相应的指标体系，对于新升本科高校，只有“通过”合格评估的学校，才能进入下一轮的普通高等学校审核评估。

（3）专业评估和学位授权评估。对于新办的地方高校或新设的专业，由省级教育行政部门组织专业评估，其中本科高校和本科专业还必须通过省级学位委员会办公室组织的学位授权评估，从而实现政府对高等教育的把关。

（4）办学水平评估。教育部从 1994 年开始对高等学校进行本科教学工作评估，1998 年 5 月成立了“普通高等学校本科教学工作随机性水平评估课题组”，对有关工作进行研究，这对高等学校进一步深化教学改革、提高教学水平有很大的促进作用。2001—2009 年，完成了绝大部分本科高校办学水平评估。

（三）社会判断

社会判断的关键在于社会对于地方高校的认可以及地方高校对区域经济社会需求的满足度。社会判断包括主流媒体的宣传报道、网上排名和第三方认证。目前，我国已有的大学评估机构主要包括两类：一是以武汉大学评估中心为代表的半官方性质的评估机构。这类机构本身存在于政府举办的大学里面，它们拿着政府的俸禄，占用着政府的资源，享受着政府的补贴，信息发布也采用政府的媒体，很难说不是政府意志的另一种表达。二是以浙江杭州高等教育研究中心为代表的半民间机构。它们本身是职能部门工作人员，只不过不享受政府资源或者资源享受相对少些，所以称之为半民间机构。这些机构的大学评价存在的问题很大，由于政府大学信息的不透明，它们很难获得必要的相关信息，因此还曾经出现过一所大学本没有这个学科却被某评价机构想当然地进行了学科排名的笑话。在利益驱动下，部分评估机构甚至会与大学勾结进行利益交换，已经曝光的“大学出资、排名升级”就是例证。一旦出现这种情况，大学声誉扫地，评价机构也只能关门歇业了。因此，建立一种专业的、有社会公信力的社会中介组织来进行大学评价，是当今中国高等教育发展的迫切需求。

四、影响地方高校合理定位的因素

高校定位的实施主体是学校自身，但要真正做到合理定位，必须涉及政府、社会、高等教育系统、学校自身等不同层面，要做好这项工作，需要一些保障条件，这些保障条件中有些需要高校自身提供，有些需要政府或举办者、社会提供，还有些则需要多方面协作完成。

（一）内部因素

目前我国高校关于定位的描述，归纳起来有如下一些表述：在发展目标上，有世界一流、世界知名、全国一流、全国知名、同类一流或在一定范围内知名、特色鲜明、合格等区别；在办学类型上，有研究型、教学研究型、教学型之分；在办学层次上，有以培养研究生为主的，有以培养本科生为主的，还有以培养专科层次的高等工程技术人才为主的；在服务面向上，有面向世界的，有面向全国的，有面向省区的，也有面向特定行业的。这些指标，构成了高校系统的无形坐标图，每一所学校都必须位居其中的一个坐标点。怎样恰当地找到自己的坐标点，从而实现合理定位，是地方高校决策者需要认真考虑的现实问题。在进行地方高校发展定位时，首先必须考虑其现实基础，即地方高校发展的内部因素。

（1）学校的区位特征。任何学校都已定位于某一具体地段，同时也定位于这一地段的社会经济环境，这就是学校的区位特征。对于设置在大型中心城市的地方高校，无论是招生就业还是学校的发展，都具有其特殊的优势。

（2）学校目前的办学状况。学校现状是进行优势、劣势分析的基础，也是分析学校自身的比较优势的前提。学校现状的分析大部分是可以进行量化分析的，在量化分析的基础上与同类型、同行业的其他高校进行比较研究，可以为明确发展方向提供基础的数据和信息。

（3）学校的历史积淀。从大学发生学的角度来看，高等学校的发展过程始终是一个办学能量积累的过程，无论是办学资源、校园文化及其他历史性积淀，都是学校的特定资源优势所在。

（4）地方高校的主管部门和举办者。地方高校的主管部门分为三类：第一类是地方政府，学校发展与地方政府的财政状况有关，财政状况好的地区往往投入力度更大，有利于学校的发展；第二类是地方政府的教育行政部门，目前大部分民办高校都隶属于当地省级教育行政部门主管，对规范办学行为和促进学校健康发展具有特殊优势；第三类是地方政府的特定行业主管部门，虽然国家层面对行业办学进行了压缩，但地方高校仍有部分是属于地方政府的特定行业主管部门，这类学校的发展往往具有一定的行业背景，在招生就业和政策支持方面可能得到一些特殊政策的支持。

（二）外部条件

时代性、政策性和区域性因素是影响地方高校定位的外部因素。所谓时代性，是指社会发展中某一特定的历史时期内所表现出的主要社会特征；政策性是指与高等教育有关的国家路线、方针、政策；区域性是指地方高校为一定地域的经济和社会发展服务。

（1）地方高校发展定位要有一定的前瞻性。教育要面向现代化、面向世界、面向未来，“三个面向”的教育思想要求地方高校既要与时俱进、科学发展，同时要以前瞻性眼光和胸襟来合理定位自身，要坚持国际化视野，绝对不能固步自封。当然，国际化视野和前瞻性眼光也不能脱离实际，必须根据自身状况来合理定位。

（2）地方高校发展定位要以宏观政策环境为背景。《中华人民共和国高等教育法》对中国高校及其发展作了诸多具体要求，《中华人民共和国民办教育促进法》也对民办高校的相关重大事项做了明确界定，地方高校的定位必须在国家的法律法规框架下，根据党和国家有关教育的路线、方针、政策，合理定位自身的发展。

（3）地方高校的定位要考虑服务对象的需求。地方高校具有以下社会责任和目标：一是地方高校作为中国高等教育体系的主体部分，是为国家和地方培养高级专门人才的主力军，必须从数量和质量上满足社会对高等教育的公共需要，为地方经济发展提供人才支撑；二是地方高校服务地方经济，必须针对地方经济的发展需要，构建地方经济发展的科技创新支撑体系，为地方经济和产业发展提供相关理论支持和新品种、新产品、新技术、新工艺，促进地方经济的健康可持续发展；三是地方高校服务于地方经济社会发展，通过提供技术服务、提高公民素质、解决区域性社会问题和促进社区建设等多样化、多层次、多途径的社会服务，促进地方经济和社会发展；四是我国地方高校在社会主义文化大发展大繁荣中具有重要的地位和作用，尤其是在地方特色文化、乡土文化的传承和地方文化资源挖掘、整理、传播等方面具有其独特的历史使命。因此，地方高校的发展定位，必须充分考虑自身的社会责任和组织目标。

五、地方高校合理定位的评价标准

有什么样的路径选择，就有什么样的分析判断，就会得出什么样的结论，形成什么样的实践结果。地方高校定位的目的是为了促进自身的发展，发展模式的选择实际上就是定位路径的选择。功利性的发展模式可能会促进短期发展，但于长远发展不利，当然不是高校发展的选择模式。地方高校的发展，必须以科学发展观为引领，全面、系统分析地方高校的优势、劣势、机遇和挑战，准确把握自己在中国高等教育体系和地方经济社会发展中的地位和作用，坚持内涵式发展。

地方高校定位如何合理定位自身的发展，如何在新形势下找准自己的发展空间，明确自身的发展方向，确定自身的发展战略，必须在全面、充分的基础分析的基础上来逐步完善。判断定位是否合理可根据发展定位的各项具体内容来进行分析。

(1) 发展目标定位的合理性判断。在办学实力方面的发展定位，首先必须考虑学校自身现状，如果学校的现有层次处于国内领先地位，中长期发展目标可以在现有状态下提升一个层次，否则还只能在现有状态下继续积累办学能量和办学实力。从中国地方高校的总体情况来看，绝大部分学校还只能定位在教学型大学。

(2) 学科专业发展定位合理性判断。高等学校的发展过程，始终围绕学科建设、专业建设和课程建设这一主线，其前期积累集中反映在现状数据或状态之中，发展定位一般应在现状基础上有所进步或提升。需要注意的是，不少地方高校在发展过程中追求“大而全”，原来一些发展得很好的专科性大学，为了吸引考生，什么专业热就开办什么专业，从而使专业数量急剧增加。任何一所高校的办学资源都是有限的，盲目增加专业、扩大学科覆盖面的结果，必然导致教学质量下降。对于本科高校而言，更应注意集中财力、物力、人力加强学科建设，提升学科在整个高等教育领域中的相对地位，如果遍地开花，其结果只能使自己丧失特色，不可能形成自己的核心竞争力。

(3) 服务面向定位合理性判断。目前，不少地方高校都尽力争取拓展招生范围，“面向全国招生”似乎是高校实力的体现，这正是定位不准确的表现。地方高校的主要任务是服务地方经济和区域发展，人才培养、科技创新、社会服务、文化传承等高校职能都应体现在对地方的有效服务上，而不应片面追求“大而全”。在人才培养方面，应针对地方经济需求，培养能有效服务地方经济和社会发展的高素质应用型人才；在科技创新方面，应针对地方经济和社会发展需要，集中精力解决地方经济社会发展迫切需求的技术问题和管理问题；在社会服务方面，应立足地方社区建设和社会发展，为服务对象提供有效的服务。

第三节 地方高校发展的政策选择①

鉴于在我国目前的制度环境下高等教育发展受政策影响较深，在政策提供

① 本节内容原载于《现代大学教育》2009 年第 5 期和《中国高等教育》2009 年第 2 期，作者系项目组成员郭丽君教授。

的可能限度内，“中国现实的高等教育结构，是在政府与高校的博弈中形成与发展的”①，因而从政策的分析视角追寻地方高校发展困境的生成根源并提出相应的发展选择策略，具有一定的现实意义。

一、地方高校发展与高等教育政策

（一）高等教育地方化政策下的地方高校发展合法性的确立

高等教育地方化政策是和我国高等教育管理体制改革相伴相行的，准确地说，它并不是一个孤立的政策，而是政策取向引导下的高等教育管理范式的转型。从20世纪80年代开始，为了改变中央高度集权的管理体制，其政策改革取向是扩大和加强地方政府对教育的决策和管理权限，尤其是扩大省级政府对本地区高等教育的统筹权和决策权。1985年，《中共中央关于教育体制改革的决定》指出：“为了调动各级政府办学的积极性，实行中央、省（自治区、直辖市）、中心城市三级办学的体制。中央部门和地方办的高等学校，要优先满足主办部门和地方培养人才的需要，同时要发挥潜力，接受委托，为其他部门和单位培养学生，积极倡导部门、地方之间联合办学。”1993年，《中国教育改革和发展纲要》进一步指出，要“逐步形成以中央、省（市、自治区）两级政府办学为主、社会各界参与办学的新格局。中央直接管理一部分关系国家、社会发展全局并在高等教育中起示范作用的骨干学校和少数行业性强、地方举办但不便管理的学校。在中央大政方针和宏观规划指导下，对地方举办的高等教育的领导和管理，责任和权利都交给省（市、自治区）”，“在中央与地方的关系上，进一步确立中央与省（自治区、直辖市）分级管理、分级负责的教育管理体制……中央要进一步简政放权，扩大省（自治区、直辖市）的教育决策权和包括对中央部门所属学校的统筹权”。这是我国高等教育地方化政策形成的重要标志。② 1995年之后，随着部属院校管理体制改革的试点，尤其是1998年伴随着国务院机构改革的实施、部属院校改革的大规模展开，中央部委所属院校除了保留部分综合办学实力较强的高校和行业性十分明显的高校外，部属院校经过“瘦身”，大部分转交给地方管理。与此同时，1999年，经国务院授权，把发展高等职业教育和大部分本科教育的权力以及责任交给省级人民政府，省级人民政府依法管理职业技术学院和高等专科学校；进一步简政

① 冯向东．高等教育结构：博弈中的建构［J］．高等教育研究，2005（5）：1—5.

② 别敦荣，郝进仕．论我国高等教育地方化和地方高等教育发展战略［J］．高等工程教育研究，2008（1）：54—60.

放权，加大省级人民政府发展和管理本地区教育的权力以及统筹力度。到21世纪初，中央和地方政府两级管理、以地方政府管理为主的新高教管理体制基本确立。通过接收中央部委下放院校、升格和新建等途径，各省、市、区建立起了数量更多、类型更复杂、布局更广泛、功能更多样的高等教育体系。高等教育地方化的这一系列政策在现实中是沿着两个维度推进的，一个是高等学校管理权限的下放，另一个则是寻找高校与地方经济的结合，在这个过程中，地方高校存在和发展的合法性得以确立，并赢得了政策支持的发展空间。

（二）高校扩招政策下的地方高校规模扩张

肇始于1999年的“大规模扩大高等学校招生规模”的高校扩招政策促进了地方高等教育的发展，给地方高校带来了难得的发展机遇。从1999年高等教育的毛入学率达到9.8%到2006年的毛入学率超过22%，短短几年时间内中国高等教育完成了由精英到大众的转型。在这个过程中，地方高校承担了完成高等教育大众化的主力军的任务，其在学校数量、总体规模和校均规模等方面都得到了迅猛发展。在学校数量上，1998年地方高校759所，占全国高校总数的74.3%；到2006年地方高校2179所，占全国高校总数的95.3%。[①] 在总体规模上，1998年以来部属高校在校生总规模增长比较缓慢，地方高校则呈急剧增长态势，占在校生规模的比例越来越大，由1998年占全国普通高等学校学生人数的58%到2004年的84%。在校均规模上，在2003年被调查的省属（自治区、直辖市属）学校，扩招前万人以下的占92.2%，1.5万人以上的仅占3.3%；扩招以后，以1—1.5万人规模的为最多，占31.4%，1.5万人以上的也迅速提高到26.7%。[②] 在这种高校扩招政策推动的大众化进程中，地方高校为地方经济和社会发展提供着坚强的人才和智力的支撑，已经成为我国高等教育发展中不可或缺的重要力量。

二、地方高校发展中存在的现实问题

在我国，地方高校的发展得益于我国高等教育发展中的两次重大转型。一是从20世纪80年代开始的高等教育管理体制改革推行的“权力下放”，通过下放中央部委所属院校，加大省级政府发展管理本地区教育的权力以及统筹力度，确立了中央和地方政府两级管理、以地方政府管理为主的新高教管理体

---

① 刘尧．地方高校该奔向何方［N］．中国教育报，2007—05—21（4）．

② 张力，刘亚荣．2005中国高等教育管理：现实与理想［M］．北京：中国传媒大学出版社，2005：122．

制。二是肇始于20世纪末的高等教育扩招政策推动的大众化进程，在连续几年的扩招过程中，地方高校在学校数量、总体规模和校均规模等方面都得到了迅猛发展。可以说，地方高校的出现和发展是我国高等教育转型的重要部分和表现方式。然而，这种转型带来的大学的本质和特性不断地裂变，又使其处于“旧的业已失去，新的还未到来”的选择路口，更因其本身发展时间较短、学术实力薄弱，因而面临的矛盾更为突出。

教育经费短缺制约着地方高校的可持续发展。教育经费短缺是世界范围内高等教育面临的共同问题。在我国，尽管1993年中共中央、国务院颁布的《中国教育改革发展纲要》中就提出，逐步提高国家财政性教育经费支出占国民生产总值的比例，20世纪末达到4%。但迄今为止从来没有达到过，1993年为2.51%，1998年为2.55%，2004年为2.79%，远低于1998年世界5.5%的平均水平。各级政府对高等教育的投入未能随着大规模的扩招而同步增加。从地方高校的经费收入来看，尽管地方高校的数量在所有高等学校中的比例由1998年的74.27%增长到2004年的93.59%，但经费收入却明显低于部属院校。2002年，占全国普通高等学校数92%、学生人数85%的地方高校获得的教育经费仅占全国普通高等学校经费收入的57%，地方高校获得的预算内教育经费、校办产业和社会服务等收入以及社会捐资等的比例更低，很多地方高校的科研经费也极少。与此同时，中央财政对部属院校的生均投入这几年都保持在一个较高的水平，而地方财政的高等教育生均投入则从1997年起连年下跌。从生均财政性经费收入总量看，部属院校与地方高校的悬殊更突出，从2001年到2005年，两者的比例长期保持在2.3—2.5倍。为了保证教育质量与正常的教学秩序，弥补经费的缺口，许多地方高校出现了“超前投资”、“无限制透支”的现象，为此背上了沉重的负担，一些高校负债前行，举步维艰，严重影响了高等教育的可持续发展。

办学定位的游离造成地方高校的身份认同危机。一所大学在国家高等教育系统中的位置，即大学的“定位”，是统领大学发展战略的核心。不同类型的大学应该遵循不同的定位，以形成差异化的人才规格、科研成果和服务方式。作为地方高等学校，不同于部属院校的区别在于，应更多地面向地方，服务于地方经济社会的发展，以地方求生存和发展，适应劳动力市场的需要。然而，由于我国教育资源配置的政府垄断性控制，地方高校一直处于定位标准的“夹缝”中。一方面，它们既期待获得地方政府、社会、市场、市民的认同；另一方面，又期望在中央政府教育部、省级政府教育厅主办的各类评估中得到认同，希望在本科教育资源、硕士博士学位增设、学科建设的资源配置中分得一杯羹。这样，就出现了地方大学“身份认同”的危机：是按照地方政府要求和社会市场需求办出地方满意和欢迎的、具有本土特色的地方高校获得地方的认同，还是力图通过对部属大学的模仿甚至赶超获得教育主管部门和同行的认可？在我国高度集中统一的管理体制还未根本改变的制度环境下，大多数地方高校出于发展利益的考虑往往选择后者。于是，就出现了地方高校在办学过程中的办学模式趋同和攀升现象。在办学层次上，追求将学校由中专变成大专，大专升为本科，学院变成大学；在办学类型，高等职业院校想变成普通高等院校，教学型和教学研究型院校想变成研究型大学；在办学规模上，追求学校规模大，追求学科、专业门类齐全；在办学目标上，追求“高水平”、“研究型”、“综合性”，“国际化”、“世界知名”、“国际领先”等；在具体的人才培养和科学研究方面，不同类别、层次的高校，专业和课程体系差别小，教学大多是统一的“规划教材”，学生的知识结构几乎都是“宽口径、厚基础”。不顾主客观条件，互相攀比，定位不当，缺乏特色，发展方向似乎明确而实际模糊。人才市场需要的是多层次、多规格的专门人才，而众多高等学校追求的是单一的发展目标。

单一标准的评价制度造成地方高校之间的异化竞争。从世界高等教育发展的历史经验看，高等教育发展进入大众化阶段后会伴随出现高等学校的多样化，各种层次和各种类型的高等学校之间会形成多元化的有序竞争局面。在我国资源有限的条件下，政府一般会按照效率优先的原则，以规划、立项、审批、评估、发布政策等形式，将政府目标与资源分配捆绑在一起，而政府总是希望以一个统一的标准来规范所有的高等学校。政府教育主管部门成为高等学校评价的主体，不仅制定评价标准，而且具体参与到高等学校评价的全过程，并且把评价的结果作为政府经费拨款、学校办学好坏的一个重要尺度。高等学校本科教学工作水平评估实施的是基本上不分大学类型、办学历史的评估方案。大学的差异性、多样性、地方性被统一的评估标准所弱化，更可怕的是高等学校处于一种无序的竞争之中。设想一下，两所办学历史、定位、类型不同的大学同时参加教育部组织的本科教学工作水平评估，一所是办学实力较强的研究型大学，另一所是新办地方大学，它们都在不遗余力地追求评估结果的“优秀”，它们也都如愿以偿地得到了“优秀”，问题是它们真的同样“优秀”吗？它们“优秀”的内涵有何不同吗？政府评价标准的“学术导向型”倾向造成一些地方高校在学科实力较弱、没有学科点情况下争相在师资队伍建设上以重金引进两院院士、长江学者等，这种异化竞争在很大程度上扼杀了地方大学多样性发展的可能。

三、地方高校发展政策框架下的利益主体及其博弈

经济学家盛洪认为，制度是人们在多次博弈中形成的，人们遵循制度说明人们根据多次博弈的结果计算成本和收益，而不是根据一次博弈的结果计算。[①] 在中国，政策还不是一种法律意义上的制度，但是在高等教育领域发挥着甚至比制度还要大的作用。根据博弈理论，一个决策主体所作出的决策，将影响其他决策主体的决策及其所取得的结果，同时，反过来，这个决策主体的决策及其所得结果，也要受到其他决策主体的决策的影响，即各方博弈的总结果，都要受到各决策方的影响。地方高校的发展同样受制于政策牵涉的各决策主体的重复博弈结果。

在地方高校的发展过程中，主要牵涉到三个利益主体：中央政府、地方政府与地方高校。这三个利益主体都具有自己的动机和抱负，都是政策内生的参与人，政策制定的结果都是由这三个利益主体参与人策略互动决定的。对于中央政府来说，其所关注的目标和利益所在，是要通过理顺各级政府、中央业务部门和高校的关系，形成一个合理的高等教育结构，实现地方高校为地方经济发展和社会发展服务，保持高等教育与整个社会的协调发展。对于地方政府而言，其所关注的目标和利益所在，是通过发展本区域的高等教育为本地区提供人力和智力支持，促进和推动本地区的经济和社会发展，形成高校与区域经济和文化的良性互动。对于地方高校而言，其所关注的目标是通过获取和吸纳政府和社会各方面的办学资源，从而赢得最有利的发展空间，以实现办学效益的最大化。如果说政府与高校中间的联系纽带是对资源的分配和占有，那么由于教育政策作为一种分配和调整教育利益的政治措施，“教育利益格局和利益分配方式的变化最终会导致教育政策进行教育利益分配的行为范式和制度安排的变化”[②]，因此，三个利益主体围绕着资源的分配和占有进行的多次博弈就形成了约束地方高校发展的某种行为范式，地方高校的发展及其在发展过程中面临的问题和发展困境，可以在政策牵涉的各利益主体的博弈中得到合理的解释。

（一）政策执行中利益主体的“策略性”解读

我国高等教育管理体制改革是以政府主导为基本特征的，中央政府凭借其政治力量和资源配置权的优势自上而下、有步骤地强制推行改革，成为高等教

① 盛洪．为什么制度重要［M］.郑州：郑州大学出版社，2004：55.

② 刘复兴．教育政策的价值分析［M］.北京：教育科学出版社，2003：258.

育制度的主要提供者。由于这种自上而下的强制性制度变迁并非在地方政府和地方高校一致同意的前提下进行的，当它在某些方面违背了地方政府和地方高校的利益时，地方政府和地方高校往往会对中央政策进行“阉割”，通过政策细化和变相解读，“取其所需，弃其无用”，即所谓“上有政策、下有对策”。

从19世纪90年代开始，中央政府开始把绝大多数原中央部委所属高校下放给地方管理或实行与地方共建共管。这种“主动”放权的一个重要原因在于，从20世纪80年代中期开始，由于经济体制改革和国务院机构改革，使各部委的办学经费日益紧张。到1990年，中央37个部委对其所属高校的投资额与1986年相比，平均下降了26.6%，其中有1/3的部委下降幅度达50%。为了缓解财政窘迫的状况，中央开始大规模地向地方“主动”放权，在这个过程中，地方政府已不再是政策的完全被动遵守者，地方政府已可以同中央进行直接的讨价还价和公开的博弈。在这种博弈中，地方往往采取两个策略，一是积极主动，二是静观其变。前一个策略是针对共建前的，积极向中央摊牌或表达意愿与中央共建在本地区的部委所属高校，旨在尽可能多地争取中央的共建资金；后一个策略则是针对下放给地方管理的高校。地方政府支持发展地方高等教育的一个目的在于为本地区的经济社会发展提供人才支持，而原中央部委所属院校都是行业性较强、面向全国招生的高校，在毕业生自主择业的制度下，这些高校培养的人才在开放的劳动力市场中未必会成为本地区的人力资源，因而地方政府对这类高校就会进行成本与收益的度量。因此，地方政府往往看中央的态度和投入情况而决定自己的应对措施和战略。如果中央少投入或不再投入，地方也往往采取相同的做法。一些下放到地方的原部委高校在下放后遇到的经费紧张、地方政府投入不足或者不公平的差别性投入，并因此陷入发展困境，在很大程度上就是中央与地方政府博弈的结果。

在大众化的进程中，为了让各个高校有扩招的积极性，政府采取了“按招生规模拨款”的政策，对于办学经费捉襟见肘的地方高校无疑是一个福音。地方高校为了扩大招生规模，获得政府的经费投入，在规模扩张上，一是对已有专业进行极限扩充，二是新设社会“热门”专业，三是依托已有专业增设不用增加多少投入就能招生的“低成本专业”，至于这些专业是否符合劳动力就业市场的人才需求规律、是否与社会市场经济结构相适应、是否符合高等教育的结构要求，则不在地方高校的考虑范围内，它们更多考虑的是自身的“发展生计”。为了遏制扩招中的这种盲目性，政府又不得不出台一系列政策进行规范。

（二）政策意图与政策实施导向的背离

在地方高校的发展过程中，从政府部门的主观愿望来看，是想通过政策甚至制度来引导高等学校规范办学行为，调整价值取向，要面向地方，从社会其他领域争取更多的经费来源。但是，很多政策却又是在强烈地引导高等学校向中央政府要资源，这种政策意图和政策实施导向背离的两难困境制约着地方高校的发展。

在高校扩招能力的限度下，高校经费的最大来源依然是政府财政。对于自身获取资源能力相对低下的地方高校来说，政府的强影响力更为明显。近年来的“211工程”、“985工程”是中央政府重要的高等教育资源分配政策，在资源稀缺的条件下集中财力、重点建设、扶持精英符合国家战略发展需要，但却造成了高等教育等级差距的拉大和高等学校之间资源分配不均的极大冲突，地方高校由于先天的不足能够跻身其中的寥寥无几，与部属高校的差距越拉越大，也更处于弱势地位。在这种情况下，谁能挤进政府认可（有时就是直接指定）的重点行列，谁就能比非重点得到更多的资源，因此，也不难理解地方高校在办学过程中出现的各种攀升现象，大专要升为本科，学院要变成大学，高等职业院校想变成普通高等院校，教学型和教学研究型院校想变成研究型大学，这在一定程度上是政策导向的结果。

（三）政策与现存制度的不兼容性

依据制度经济学的观点，制度是稳定性的规范体系，而政策是一定时期人们为了调节某种利益关系所采取的个别行动方案，具有临时性和不稳定性。一项政策若与其他领域的现存制度不相耦合，或人才积累不足，均可能产生政治家意料之外的结果。[①] 从大学自身组织特性而言，正如伯顿·R. 克拉克所揭示的，成型的高等教育系统是高度定型的，一旦形成，它就为自身的延续和变化提供了源泉，成型的体制内充满着约束变革的力量。[②] 我国高等教育体制在计划经济时代长期处于国家权力的高度集中和严格控制之下，从学校设置、专业调整、招生、毕业生分配、教师调配到经费划拨等，都由中央政府安排，地方政府根据中央的决定进行工作，一切对上级机关负责。这种长期的高等教育管理运行特征已经成为地方政府管理高校的心理定势和行为范式。在中央权力下放和高等教育地方化发展的过程中，地方政府已掌握着许多教育资源配置权、计划权和管理权，然而这种政府对高校的直接管理方式仍然发挥着影响。地方政府对地方高校的管理与控制虽然与计划经济时代中央对高校的控制不同

① 青木彦昌．比较制度分析［M］. 周黎安译．上海：上海远东出版社，2002：22.

② ［美］伯顿·R. 克拉克．高等教育系统：学术组织的跨国研究［M］. 王承绪，等译．杭州：杭州大学出版社，1994：204.

（主要是高校已有了不少自主权），但其具体做法仍然带有很浓厚的计划色彩，突出表现在：地方所制定的计划、指标和规划等，都是在缺乏与高校进行足够协商的情况下做出的，带有很强的指令性或刚性色彩，而由于高校的许多资源配置权掌握在地方手中，高校也不得不听命于地方。同时，尽管《高等教育法》赋予了高校一系列自主办学权，但地方高校长期以来形成的被动发展模式仍然阻碍着地方高校主动积极地规划自身的发展。

（四）政策的制度性疏漏

在地方高校发展的过程中一直伴随着高等教育管理权力的转移，从高度集权型向地方分权型转化，但这种权力的转移在明确各自的权力问题上却缺乏合法的制度安排，这种制度性疏漏容易造成政府权力的滥用和责任的规避。1985年的《中共中央关于教育体制改革的决定》对于如何进行高等教育体制改革或创新、中央要把哪些权力下放给地方或高校和如何下放以及怎样建立起监督和评价机制等，都没有提出实质性的规定。1993年的《中国教育改革和发展纲要》提到了一些要下放给地方的具体权力，但这只是行政性法规，而不是由立法机关批准和颁发的法律，而且它也没有提到怎样放、何时放、中央和地方的责任和义务是什么以及对违背规定者如何处罚等内容。1998年的《高等教育法》对中央和地方的管理权限的规定则十分笼统，并没有具体规定权力的归属。因而，中央政府如何统筹管理全国高等教育、如何对地方政府的权力进行监督，地方政府如何对地方高校进行有效管理、如何科学统筹地方高等教育的发展，一直是我国高等教育政策中的盲点。① 同时，由于中央与地方的权力划分都是临时性的行政安排，这些权力不是永久性的，随时都可能发生变更，因此地方往往抱着“有权不用、过期作废”的心态，匆忙用权，基本不可能进行中长远规划，而且更重要的一点是，这种行政性权力划分，地方的权力只是受到临时协议的约束或来自中央的上下级行政约束，而根本不可能受到立法机关的约束或来自社会的监督。近年来，很多地区的地方政府对高等教育的投入有限，利用手中的权力降低设置标准批建新校，不顾高校条件增加招生指标，地方高校独立学院发展混乱等现象的出现，实质上也就是地方政府权力扩大后，在缺乏监督的情况下，与中央政府进行利益博弈的结果。

---

① 张应强，彭红玉．地方高校发展与高等教育政策调整［J］．高等教育研究，2008（9）：7—15.

四、地方高校科学发展的政策选择

（一）建立高等教育政策补偿机制，确保地方政府和地方高校的相关利益

在地方高校发展过程中一直伴随着的“权力下放”，在一定程度上是中央政府减轻财政负担的一步“棋”，其目的是让地方政府和社会承担其发展高等教育的一部分责任。与此同时，随着政府在高等教育领域一系列国家“重点工程”的推行，高等教育系统的分化现象越来越明显，中央部委所属高校和地方高校这两大部门在资源配置上形成巨大的反差。一方面，地方高校从政府获得的资源有限；另一方面，地方高校整体学术水平偏低，科研开发能力较弱，在我国目前高校“三三开”的高校整体经费来源格局中（三分之一国拨经费，三分之一学费，三分之一自筹），自筹经费部分极其有限。自 1999 年高校扩招以来，各高校开始寻求拓展办学空间以满足日益增长的办学需要，或进行大量的基本建设项目或异地选址建设新校园，在这个过程中，许多高校出现了“超前投资”、“无限制透支”的现象，债务压力和教育资源短缺问题使许多地方高校办学举步维艰。从世界高等教育大众化发展的经验来看，政府权力下放的同时并不意味着放弃自己应该承担的义务，中央政府应在更大范围、更深层面承担制定国家高等教育发展战略的责任，在鼓励地方政府发展高等教育的同时，应当制定更宽松、和谐的地方高等教育发展政策，积极促进地方高等教育可持续发展。当前，首要的是加大中央财政对地方高校的投入力度，充分发挥公共财政的利益补偿和发展导向作用，向地方高等教育提供各种形式的财政补助，有利于激发各级地方政府投资高等教育的热情，为地方高等教育发展开辟更广阔的财政来源。在加强对地方高等教育投入力度的同时，中央政府应监督地方政府切实承担起对当地高等教育投入的责任。

（二）转换政府职能，扩大地方高校的办学自主权

近年来通过放松国家控制和扩大高等院校自主权，我国政府管理高等教育的模式正由国家控制型向国家监督型转变①，自主办学成为高等教育改革的主要方向。在推动和促进地方高校的发展过程中，应进一步转变政府职能，让地方高校拥有充分的办学自主权。尽管我国《高等教育法》第一次以法律的形式明确规定了高等学校享有的七大办学自主权，但在高校的实际办学过程中并没有如法律规定的那样得到充分的行使，如招生自主权以及专业设置与调整权

---

① 岳经纶．教育市场化趋势下中国大陆高等教育与政府的关系［A］//戴晓霞，等．高等教育市场化［C］．北京．北京大学出版社，2004：217.

等，少数部属院校已获得这两项权力的试点，而绝大多数地方高校至今还没有获得这两项权力。为此，中央政府和地方政府必须努力改变传统管理思维，逐步放手让高校自主经营和管理，积极扶持市场、培育市场和引导市场，让市场机制在高等教育资源配置中发挥作用。同时，除行政手段外，还应利用规划、拨款、法律法规、服务等多种手段对高等教育实施宏观调控，并且，把一些教学和科研的评估权和监督权放手委托独立的社会中介机构，让市场和社会共同监督和规范高校的运作。

在赋予高校更多办学自主权的同时，政府应积极引导地方院校主动服务于地方经济社会发展的需要，建立健全学校与所在地相互依赖、相互支持、共同发展的良性互动机制，将学校发展与地方发展紧密结合起来，从而获得地方政府更多的支持和资助，不断提高教育质量和办学水平。

（三）明确和规范中央政府和地方政府管理高等教育的权力界限

我国中央与地方高教权力的划分形式，目前只存在行政划分一种，具体就是通过中央有关部门颁布的行政法规文件对中央与地方的职权加以规定，但是，某些行政法规只规定各方的职责，而没有进行具体权力的划分。这样，往往会出现我们现在常见的情况，如有权者无责任，或有责任者却无权。另外，这些行政法规也都没有规定处罚条款，这也为各级政府推卸责任留下余地。可以说，这些高教行政法规政策等，都还达不到法律高度。因此，应该进一步完善《高等教育法》，明确中央政府和地方政府的职权划分，明确规定哪些权利和责任应由中央政府行使、哪些由地方政府行使，明确规定违背法律规定的行为的具体惩罚措施。只有这样，才能充分保证各自权力的有效行使和责任的有效承担。

目前在我国转型时期，中央政府的较强调控能力和权威是我国高等教育改革顺利进行的保证，但在管理地方高等教育上，由于各地方的资源禀赋、人口状况、地理位置、教育传统以及教育水平等方面差异较大，因此，在划分高教权力时，博弈规则无论是中央确定还是由中央与地方共同协商确定，都不应该采取过去那种“一刀切”或“全国一盘棋”的做法，而应针对各地方的实际情况，有目的和有重点地区别对待，采取“照顾差异、激励后进、奖励先进”的灵活政策，如在高等教育比较发达的地区，中央在计划指标方面可以给予地方更大的空间，而对于比较落后的地方，中央应在物质资源或财政转移支付方面给予地方更大的支持力度和灵活政策。

第二章 地方高校的治理结构

完善大学治理结构，不仅是我国迫切需要研究的问题，也是世界各国都十分关注的问题。《国家中长期教育改革和发展规划纲要（2010—2020 年）》明确要求“完善中国特色的现代大学制度，完善治理结构”。地方高校如何进一步完善治理结构，建立符合地方高校发展需要的现代大学制度，是一个重要的时代命题。

第一节 大学治理结构概述

一、大学治理结构的相关概念

（一）大学治理结构

一般认为，大学治理是在大学利益主体多元化以及所有权与管理权分离的情况下，协调大学各利益相关者的相互关系，降低代理成本，提高办学效益的一系列制度安排。[①] 大学被看做一个利益相关者组织，是因为大学提供的服务具有典型的正外部性和公共效用的不可分割性等特点，在很多情况下没有特定的受益人，因而也就没有唯一的利益主体，大学的利益相关者包括出资人、教

---

① 李福华．大学治理的理论基础与组织架构［M］．北京：教育科学出版社，2008：17.

师、校长、学生、校友以及所有纳税人。[①]

大学治理结构的理论源于公司治理结构理论，公司治理结构理论源于制度经济学对企业产权状态与决策权结构之间复杂关系的研究。1995 年，全球治理委员会在题为“我们的全球伙伴关系”的报告中正式将治理定义为“是个人或组织、公共部门或私有部门管理其一般事务的多种方式的总和，它是一个使得冲突和多元利益得到妥协并采取合作行为的持续过程”。[②] 这一概念揭示了治理的四个关键点：治理的前提是“冲突和多元利益”的客观存在；治理不是一整套规则，也不是一种活动，而是一个过程；治理过程不是控制，而是协调；治理不是简单的制度，而是一种持续互动。由此可见，治理不同于管理。

作为一种在人类社会担负重要使命的知识组织机构，大学以非营利为目的，它属于公共部门或社会公益事业，其办学行为的受益人不是特定的社会成员，因而其目标必须建立在公共利益基础之上。从表面上看，大学校长、书记的身份与企业经理有着某些类似之处，但他们的社会责任具有显著差别，企业经理的责任是实现股东利润最大化，而大学校长、书记的责任是实现利益相关者利益最大化，即实现社会利益最大化。

大学治理结构总体上包括外部治理结构和内部治理结构两大部分。外部治理结构主要是大学利益相关者之间的权力关系和责任义务，包括大学与政府、大学与社会、大学与用人单位、大学与投资者、大学与学生及学生家庭等。大学内部治理结构一般认为主要是学校四大权力关系的建构，包括党委形成的政治权力、校长形成的行政权力、教授形成的学术权力和大学事务决策的民主权力。

（二）大学自治

大学自治或叫大学的自主办学，是大学治理结构研究中的一个重要词汇。《国家中长期教育改革和发展规划纲要（2010—2020 年）》明确提出：“适应中国国情和时代要求，建设依法办学、自主管理、民主监督、社会参与的现代学校制度，构建政府、学校、社会之间的新型关系。”要求进一步“探索建立符合学校特点的管理制度和配套政策，克服行政化倾向，取消实际存在的行政级别和行政化管理模式”。高等学校要按照国家法律法规和宏观政策，自主展示教学活动、科学研究、技术开发和社会服务，自主设置和调整学科、专业，自主制定学校规划并组织实施，自主设置教学、科研、行政管理机构，自主确定

① 张维迎．大学的逻辑［M］．北京：北京大学出版社，2004：19.

② 龚怡祖．大学治理结构：现代大学制度的基石［J］．教育研究，2009（6）.

内部收入分配办法，自主管理和使用人才，自主管理和使用学校财产和经费。

（三）高等学校的管理体制

世界各国的大学治理结构中，基本都采用校长负责制，是指校长负责处理学校的日常教学科研活动，完善学校的管理，全权代表学校并负责行使赋予校长的决策权、指挥权、人事权和财务权，同时健全学校领导机构及机制。校长负责制体现了校本管理思想的某些精神，分析世界各国的校长负责制，大体可以分为四种类型：一是以美国为代表的体现校外利益集团的董事会领导下的校长负责制。这种治理结构在关注大学利益者中强调校外集团（出资者）的利益，校长受制于学校董事会。二是以欧洲主要发达国家为代表的体现校内各方意志的权力机构领导下的校长负责制，这些国家一般将大学视为国家福利，强调教师和学生这两个利益相关者的权益，校长受制于学校师生。三是以日本为代表的由政府任命的校长负责制，这种体现既继承了国家利益至上的东方传统，也借鉴了西方的治理结构，更多地关注社会层面的利益相关者的权益，校长受制于政府。四是我国现行的党委领导下的校长负责制，党委对学校干部有任免权，对重大事项有决定权，校长则对学校行政、学术、教学等拥有执行权，这种制度更多地体现在“忠诚党的教育事业”上，以“中国共产党始终是最广大人民根本利益的代表”来间接表达其他利益相关者的诉求，校长受制于代表党和政府的学校党委书记。①

我国高等学校的领导体制主要反映的是高等学校举办者和办学者间的权力和职责关系，党委和行政部门之间的关系，以及高校行政系统和学术系统之间的关系等一些基本范畴，它是大学治理结构的核心内容。

新中国成立以来，我国高等学校的领导体制几经变革：1950—1955 年实行校长负责制，强调校长负责高校内部全部工作，并对党和国家负责；1956—1960 年实行党委领导下的校（院）务委员会负责制，由校长主持，集体领导；1961—1966 年实行党委领导下的以校（院）长为首的校务委员会负责制，尤其强调党是学校工作的领导核心，实行党对高校的统一领导；1966—1978 年为“文革”期间，实行党的一元化领导的“革命委员会”制，高校权力结构出现混乱；1978—1984 年实行党委领导下的校长分工负责制；1984 年开始实行党委领导下的校长负责制和在部分高校实行校长负责制试点；1989 年以后实行党委领导下的校长负责制。

---

① 严文清．中国大学治理结构研究［M］．北京：人民出版社，2011：18.

《中华人民共和国高等教育法》第39条明确："国家举办的高等学校实行中国共产党高等学校基层委员会领导下的校长负责制。中国共产党高等学校基层委员会按照中国共产党章程和有关规定，统一领导学校工作，支持校长独立负责地行使职权，其领导职责主要是：执行中国共产党的路线、方针、政策，坚持社会主义办学方向，领导学校的思想政治工作和德育工作，讨论决定学校内部组织机构的设置和内部组织机构负责人的人选，讨论决定学校的改革、发展和基本管理制度等重大事项，保证以培养人才为中心的各项任务的完成。"由此可见，公办高校必须实行党委领导下的校长负责制。与此对应的是，民办高校一般实行董事会领导下的校长负责制。

高校的行政管理系统，主要是指由高校内相互联系的不同权力和职责主体所共同构成的具有特定结构和功能的统一体。高等学校行政管理系统在结构上基本分三个层次：校、院、系。校级行政管理机构是全校行政工作的统筹部门，它以校长为核心，由校长根据高校决策机构确定的政策和方向，制订具体的落实计划，确定有关部门的负责人选，组织内部有关职能部门和人员，最大程度实现预期目标。学院置于大学之下，它是大学的管理中心，院长一般由校长委任并对校长负责。基本职能是协助校长管理校务，协调所属各系所的关系，制定学院发展规划和开展学科建设，组织跨学科的联合攻关，统筹全院的人、财、物等资源的调配等。系是高校教学和科研的基层学术单位，它设立于学院之下或直属校部管理，由系主任负责，它一般由学院院长或校长任命。系级行政管理机构在上级部门的指导下，具体负责开展教学和科研活动，落实上级意图并接受监督和考核。规模较小的大学、专门学院、高等专科学校和职业技术学院一般只设校（院）、系两级结构，其中系级行政管理机构的权力和职责与上述三级结构中的系级行政机构基本类似，校（院）级行政机构则履行上述校级行政管理机构和院级行政管理机构的权力和职责。

二、大学治理结构的理论基础

（一）法人治理理论

1. 法人制度

法人制度是世界各国规范经济秩序以及整个社会秩序的一项重要法律制度。1896年颁布的德国民法典首次以法律形式规定了法人制度，其他大陆法系国家纷纷效仿德国建立了法人制度，英美法系国家则通过制定单行的法律和条例建立法人制度。我国建立法人制度相对较晚，直到1986年颁布的《民法通则》对法人作了专章规定以后，我国才开始建立法人制度。根据法人的设置宗旨和活动性质，我国法人分为企业法人、国家机关法人、事业单位法人和社会团体法人。

《民法通则》第 36 条规定："法人是具有民事权利能力和民事行为能力，依法独立享有民事权利和承担民事义务的组织。"法人作为民事法律关系的主体，是与自然人相对称的，两者有不同的特点。第一，法人是社会组织在法律上的人格化，是一种法律意义上的责任主体，具有社会属性。第二，虽然法人、自然人都是民事主体，但法人是集合的民事主体，即法人是一群自然人的集合体。《民法通则》第 37 条规定了法人应具备的条件：①依法成立。即必须根据相关法律法规和行政审批或经过核准而成立。②有必要的财产或者经费。法人必须拥有独立的财产，作为其独立参加民事活动的物质基础，对特定范围内的财产享有所有权和经营管理权，同时排斥他人对法人财产的干预。③有自己的名称、组织机构和场所。④能够独立承担民事责任。

2. 法人治理

法人组织是由众多投资者共同投资形成的组织实体，资本构成的多元化、规模的扩大化和业务的复杂化，决定了法人的组织管理形式不能再像古典企业那样由投资者直接管理，逐步形成了分权制衡的法人治理结构。在合理界定法人组织职权的基础上，任何一方的权力都不是不受约束的，任何一方都既是发挥制约作用者，同时也是受制约者。股东作为组织机构的出资者，掌握组织机构的最终控制权，他们可以通过股东会按照一定的方式决定董事会和监事会的人选及报酬。在委托授权以后，股东会不能随意干预董事会和监事会的活动，必须通过一定程序行使其对董事会和监事会的权力。董事会负责法人组织的经营管理，拥有支配法人财产的权力，但董事会必须对股东会负责，并受股东会决策的制约，同时董事会的行为也受到来自监事会的制约。监事会有权对董事会和经理人员的活动进行监督，但监事会无权代替董事会进行决策，不能干预法人组织的正常经营管理活动，监事会对股东会负责并报告工作。

在法人治理结构中，董事会是股东的受托人，承担受托责任，这是一种受信任而委托的关系。一旦董事会受托来经营管理法人组织，就成为该法人组织的法定代表。经理人员作为董事会的意志代表人，拥有对法人组织内部事务的管理权和代理权。经理人员是一种有偿委托的雇佣，有责任和义务经营管理好法人组织的事务，董事会有权对经理人员的经营业绩进行监督，并据此对经理人员进行奖励或解聘。董事长是托管人，经理人员是受托人。

在法人治理结构中，股东会是最高权力机构，股东可以决定董事会的人选，拥有推选或不推选直至起诉董事的权力，股东会对不称职的董事可以解除其职务，有权否决董事会的决议或改选董事会。但是，一旦授权董事会负责管理法人组织以后，任何单个股东都不能随意干预日常经营管理事务，经理人员的经营绩效也受董事会的监督和评判。

3. 我国大学的法人治理

法人制度是大学治理结构的基础理论，也只有实行了法人制度以后，大学才有可能进行治理结构的调整。我国正式提出高等学校的法人问题是1992年，当年颁布的国家教委《关于直属高校内部管理体制改革的若干意见》首次提出"国家教委直属的高校是由国家教委直接管理的教育实体，具有法人地位"，同年颁布的《关于直属高校深化改革、扩大办学自主权的若干意见》再次强调"逐步确立高等学校的法人地位"。1995年《中华人民共和国教育法》颁布实施，第31条规定"学校及其他教育机构具备法人条件的，自批准设立或者登记注册之日起取得法人资格"，首次在法律上明确了各级各类学校的法人资格。1998年颁布的《中华人民共和国高等教育法》第30条规定："高等学校自批准设立之日起取得法人资格。高等学校的校长为高等学校的法定代表人。高等学校在民事活动中依法享有民事权利，承担民事责任。"这是对高等学校法人地位的再次确认。2002年颁布的《中华人民共和国民办教育促进法》第9条规定"民办学校应该具备法人条件"，第35条规定"民办学校对举办者投入民办学校的财产、国有资产、受赠的财产及办学积累，享有法人财产权"，确立了各级各类民办学校的法人地位。

2010年颁布的《国家中长期教育改革和发展规划纲要（2010—2020年）》第38条规定："适应中国国情和时代要求，建设依法办学、自主管理、民主监督、社会参与的现代学校制度，构建政府、学校、社会之间新型关系。适应国家行政管理体制改革要求，明确政府管理权限和职责，明确各级各类学校办学权利和责任。探索适应不同类型教育和人才成长的学校管理体制与办学模式，避免千校一面。完善学校目标管理和绩效管理机制。健全校务公开制度，接受师生员工和社会的监督。随着国家事业单位分类改革推进，探索建立符合学校特点的管理制度和配套政策，克服行政化倾向，取消实际存在的行政级别和行政化管理模式。"第40条规定："公办高等学校要坚持和完善党委领导下的校长负责制。健全议事规则与决策程序，依法落实党委、校长职权。完善大学校长选拔任用办法。充分发挥学术委员会在学科建设、学术评价、学术发展中的重要作用。探索教授治学的有效途径，充分发挥教授在教学、学术研究和学校管理中的作用。加强教职工代表大会、学生代表大会建设，发挥群众团体的作用。加强章程建设。各类高校应依法制定章程，依照章程规定管理学校。尊重学术自由，营造宽松的学术环境。全面实行聘任制度和岗位管理制度。确立科学的考核评价和激励机制。扩大社会合作。探索建立高等学校理事会或董事会，健全社会支持和监督学校发展的长效机制。探索高等学校与行业、企业密切合作共建的模式，推进高等学校与科研院所、社会团体的资源共享，形成协调合作的有效机制，提高服务经济建设和社会发展的能力。推进高校后勤社会化改革。推进专业评价。鼓励专门机构和社会中介机构对高等学校学科、专业、课程等水平和质量进行评估。建立科学、规范的评估制度。探索与国际高水平教育评价机构合作，形成中国特色学校评价模式。建立高等学校质量年度报告发布制度。”这些规定为进一步推进大学法人治理结构改革提供了依据，指明了方向。

（二）利益相关者理论

利益相关者可以分为潜在的利益相关者和真实的利益相关者。凡是能影响某法人组织的活动或被某法人组织活动影响的所有人或团体，都是潜在的利益相关者。真实的利益相关者则是法人组织的直接受益者。利益相关者理论的思想由来已久，20 世纪中叶以来，知识经济引领社会发生巨大变革，对法人治理理论形成了巨大的冲击，直接促成了利益相关者理论的产生。20 世纪 90 年代以来，世界各国和国际组织对利益相关者利益开始予以普遍重视，1990 年美国商业圆桌会议发布的《公司治理声明》指出，对公司而言，善待员工、优质服务于消费者、鼓励供应商长期合作、偿还债务并拥有良好的社会责任声誉都是股东长期利益所在。此后，英国、韩国、日本、德国等国家的公司治理原则也对利益相关者利益有着不同程度的关注，“股东至上”理论受到了极大的挑战。

利益相关者理论是指法人组织的经营管理者为综合平衡各个利益相关者的利益要求而进行的管理活动。该理论认为，任何一个法人组织的发展都离不开利益相关者的投入或参与，法人组织追求的是利益相关者的整体利益，而不仅仅是某些主体的利益。这些利益相关者包括出资人、债权人、员工、服务对象或消费者、供应商等交易伙伴，也包括政府部门、本地居民、本地社区、媒体、环保主义者等压力集团，甚至还包括自然环境、人类后代等受到法人组织经营活动直接或间接影响的各类客体。这些利益相关者与法人组织的生存和发展密切相关，他们有的分担了法人组织的经营风险，有的为法人组织的经营活动付出了代价，有的对法人组织进行监督和制约，法人组织的决策者必须考虑他们的利益或接受他们的约束。

利益相关者理论是大学治理结构的重要理论基础。大学作为一个法人组织，存在诸多利益相关者，他们通过对大学的办学条件建设、办学行为、毕业生质量、社会声誉等因素，直接或间接地对大学发生影响，同时也对大学存在个人或者团体的利益诉求，合理利用利益相关者理论来对大学利益相关者进行分析，找到他们的核心利益诉求，是进行大学治理结构研究的重点。

（三）委托—代理理论

委托—代理理论是建立在非对称信息博弈论的基础上的，是制度经济学契约理论的主要内容之一，主要研究的委托—代理关系是一个或多个行为主体根据一种明示或隐含的契约，指定、雇佣另一些行为主体为其服务，同时授予后者一定的决策权力，并根据后者提供的服务数量和质量对其支付相应的报酬，授权者就是委托人，被授权者就是代理人。委托—代理理论的中心任务是研究在利益冲突和信息不对称的环境下，委托人如何设计最优契约激励代理人。

20 世纪六七十年代，一些经济学家深入研究企业内部信息不对称和激励问题时，委托—代理理论得到了很好的发展，它是契约理论最重要的发展方向之一。委托—代理理论倡导所有权与经营权分离，所有者（出资人）保留剩余索取权，而将经营权力让渡给代理人。委托—代理理论是现代公司法人治理逻辑的起点。

委托—代理理论认为委托—代理关系是随着生产力大发展和规模化大生产的出现而产生的，其原因一方面是生产力发展使分工进一步细化，权力的所有者由于知识、能力和精力等方面的原因而不能行使所有的权力了，必须通过遴选恰当代理人并实施委托—代理行为来分担部分或全部经营管理事务。另一方面，专业化分工产生了一大批具有专业知识、管理技能和管理经验的代理人，他们有精力、有能力代理行使好被委托的权力。但是，在委托—代理关系中，由于委托人和代理人的效用函数不一样，委托人追求的是自己的财富或效益，代理人追求的是自己的报酬、奢侈消费或闲暇时间最大化，这必然导致两者的利益冲突。在没有有效的制度和最优契约的前提下，代理人的行为可能最终损害委托人的利益。

委托—代理关系在社会中普遍存在，如国有企业中，国家与国企经理、国企经理与雇员、国企所有者与注册会计师。在各类社会关系中，股东与经理、选民与官员、医生与病人、债权人与债务人等也是一种委托—代理关系。因此，寻求激励的影响因素，设计最优的激励机制，越来越广泛地被应用于社会生活的方方面面。

大学是一种重要的社会组织，具有委托—代理关系，公办高校是国家和政府委托大学的校长、书记管理学校，民办高校则是出资人委托校长来管理，如何激励大学校长办人民满意的大学，校长如何激励员工更好地工作，都是值得研究的问题。

委托—代理理论是大学治理结构研究的重要基础。大学是政府和社会举办的大学，但政府和社会不可能直接来管理大学，必须借用委托—代理模式。在我国现代大学制度建设中，委托—代理制度无疑是解决学校与举办者关系的主要形式。《国家中长期教育改革和发展规划纲要（2010—2020 年）》第 38 条规定："推进政校分开，管办分离。适应中国国情和时代要求，建设依法办学、自主管理、民主监督、社会参与的现代学校制度，构建政府、学校、社会之间的新型关系。适应国家行政管理体制改革要求，明确政府管理的权限和职责，明确各级各类学校办学的权利和责任。"正是很好地体现了委托—代理理论的本质特征。

（四）人力资本理论

在影响经济发展的诸因素中，人的因素是最关键的，经济发展主要取决于人的质量的提高，而不单纯是自然资源的丰瘠或资本的多寡。基于这一思想，人力资本理论得以产生和发展。人力资本理论的主要观点：①人力资本是体现在劳动者身上的一种资本类型。人力资本以拥有的劳动者数量和质量来衡量。劳动者质量以知识程度、技术水平、工作能力以及健康状况来衡量。人力资源是一切资源中最重要的资源。②人力资本的核心是提高人口质量，教育投资是人力投资的主要部分。人力资源的再生产不是一种消费，而是一种投资，这种投资的经济效益远大于物质投资的经济效益。教育是提高人力资本质量最基本的手段和途径，某种意义上可以把教育投资视为人力资本投资。③在经济增长中，人力资本的作用大于物质资本的作用。人力资本的投资与其他方面的投资比较，是一种投资回报率很高的投资。舒尔茨对 1929—1957 年美国教育投资与经济增长关系作了定量研究，得出如下结论：各级教育投资的平均收益率为 17%，教育投资增长的收益占劳动收入增长的比重为 70%，教育投资增长的收益占国民收入增长比重的 33%。[①] 教育投资应以市场供求关系为依据，以人力价格的浮动为衡量指标。高等教育投入是一种投资行为，各投资方都需要获得收益或其他利益，作为代理人，大学举办者应该综合考虑各利益相关者的利益，这是大学治理理论的重要基石。

人力资本理论将教育从上层建筑转变为经济基础的基础理论，是大学治理

① 严文清．中国大学治理结构研究［M］．北京：人民出版社，2011：37.

结构改革的教育学理论基石，熟练运用人力资本理论，才能正确分析大学教育的利益相关者及他们的利益诉求，才能合理建构现代大学制度。

（五）教育成本分担理论

高等教育直接成本是社会与个人为高等教育直接支付的费用总和，它分为高等教育社会直接成本和高等教育个人直接成本。高等教育社会直接成本主要是指国家、政府直接支付的高等教育费用，以及社会集资捐资的经费；高等教育个人直接成本主要是指学生家庭和学生个人直接支付的高等教育费用，诸如学费、杂费、书籍文具费、住宿费、交通费和生活差距费等。高等教育间接成本是社会和个人为高等教育间接支付的费用，有时也称“机会成本”。它由高等教育社会间接成本和高等教育个人间接成本两部分构成。高等教育社会间接成本包括：高等学校所使用的土地、建筑物和其他设备等，如不用于高等教育而可能获得收入（租金或利息）；高等学校所使用的物资设备因用于高等教育而免征的税收；学生已满劳动力年龄因入学而失去就业机会，社会可能获得的税收。高等教育个人间接成本是指学生已满法定劳动力年龄因受高等教育而放弃的就业收入的成本。

高等教育社会成本有广义和狭义两种。广义的高等教育社会成本是指个人高等教育成本与高等教育社会公共成本的总和。个人高等教育成本包括在高等教育社会成本之中，高等教育社会成本大于高等教育个人成本。狭义的高等教育成本不包括高等教育个人成本，仅指国家或社会所支付的高等教育公共成本。高等教育个人成本，也称私人高等教育成本。它是指学生家庭和个人接受高等教育所支付的全部费用，以及因上学而失去就业机会必须“放弃的收入”的部分。个人直接成本除了向学校缴纳的学费之外，还包括其为了学校学习而支付的书籍文具费，以及由于接受高等教育而多支出的其他费用，包括一部分交通费、食宿费等的支出。个人在校期间由于接受高等教育而获得的资助或减免（奖学金、助学金、困难补助、学费减免等），是降低个人直接成本的因素，应当从个人直接成本中扣除。

20 世纪 70 年代末，美国经济学家约翰斯通提出了高等教育成本分扣理论，认为高等教育成本无论在什么社会、体制和国家中，都必须由来自政府、家长、学生、纳税人和高等学校等方面的资源来分担，这种分担遵循两条原则：一是“利益获得”原则，即谁从教育中获得利益，谁就应当支付教育成本，且获益越多者应支付更多的教育成本；二是“能力支付”原则，即教育的利益获得者按支付能力大小支付教育成本，能力越大支付越多。

当今世界除一些高福利国家（如瑞典）和特殊国家（如朝鲜）的高等教育

实行免费外，绝大多数国家和地区的高等教育成本都由利益相关者分担，在这个分担机制中，国家和政府负担高等教育成本的主要部分。

教育成本分担理论主要运用于对教育投资的分析，大学虽然是公益性组织机构，但我国一直实行有偿服务，国家、社会和个人如何分担教育成本，其中一个关键因素是如何核算教育成本，如何合理分担教育成本。

三、大学治理结构的研究背景

（一）国际背景

20世纪六七十年代，伴随着西方国家新公共管理运动的兴起，治理理论得以产生和流行。到20世纪90年代，治理理论开始被大量运用于研究大学治理问题，伯恩鲍姆（Robet Birnbaum）的观点最具有代表性，他认为大学包括两个体系：基于法律权威的行政体系与理事会和基于专业权威的教师体系，大学治理就是为实现这两个体系的微妙平衡而设计的结构和过程。卡普兰（Gabriel E. Kaplan）在对大学治理结构的研究中则更多地关注大学的利益相关者，他认为比较大学的董事会，教师、学生、校友等群体对大学治理结构的影响范围要广得多，这些群体之间存在复杂的正式与非正式的相互关系，通过考察各参与者的权力分配和利益分配，他认为应当采取实际措施使教师意识到“教学比科研更能提高专业水平和实际回报”，以此提高教师对学校治理的参与程度，体现全体教员的利益。①

研究者们对世界各国大学的治理结构模式具有较多的综述性分析，认为世界各国大学治理结构可分为四大类型，即以美国为代表的体现校外集团诉求的董事会领导下的校长负责制、以欧洲主要发达国家为代表的体现校内各方意志的权力机构领导下的校长负责制、以日本为代表的由政府任命的校长负责制、以中国为代表的党委领导下的校长负责制。尽管各国高等学校都采用校长负责制，但校长负责的内容差距很大，对大学利益相关者的利益体现也有很大的偏差。综观世界各国，每种大学体制都存在大学治理问题，美国是很多国家学习的标杆，但美国的高等教育也是问题不断，尤其是近年来，美国大学的改革幅度非常大，处于不断探索和完善之中。可以说，目前世界高等教育没有一种体制是十全十美的。

（二）国内背景

1999年1月1日起施行的《中华人民共和国高等教育法》对大学治理结

① 李福华．大学治理的理论基础与组织架构［M］．北京：教育科学出版社，2008：5.

构做出了相关规定，明确“高等学校应当面向社会，依法自主办学，实行民主管理”。“依法自主办学”实际上界定了中国大学治理结构中的外部权力关系，主要是高等学校与政府之间的关系。但在现实中，政府通过掌控办学经费、批准学科设置、控制招生计划、左右课题申报、办学评估等手段，对高校办学实行从宏观到微观、从整体到局部的全面渗透和掌控，为了在这种外部环境下求得生存和发展，高校领导不得不到政府主管部门进行各种形式的公关，教师们也不得不急功近利，从而使高校的“依法自主办学”处于十分尴尬的境地。“实行民主管理”则是针对大学治理结构的内部而言的，大学作为学术生产和知识传承的机构，讲究学术研究的充分自由与尊重、平等、民主的内部关系，但要真正做到这一点还是相当有距离的，高校的“官本位”、“行政化”趋势和功利化思潮影响，使高校的民主管理建设任重而道远。

在我国，政府是高校的最大投资者，也是最大受益者，在这种单一投资和行政高度集权的背景下，如何重建大学治理结构，是一个值得关注的问题。在高等教育发展仅仅100多年的中国，在贫弱的社会土壤上举办大规模的高等教育，尤其是近30年我国高等教育的迅速发展，成绩是举世公认的。《中华人民共和国高等教育法》以法律的形式明确提出高等教育要实行党委领导下的校长负责制，充分体现了具有中国特色的现代大学管理体制，是新中国成立60多年来高等教育管理体制长期探索和发展的历史选择。正是在这种特色体制下，我们才能举国办大学教育，正视这种体制存在的政治大背景，研究其合理性，同时也要积极探讨其进一步改革的宏观思路和微观策略，不断完善大学治理结构。

四、国外大学治理结构的借鉴意义

我国的现代大学自清末开始创建以来，一直处于向国外学习和借鉴的状态，新中国成立以前主要是学习欧美和日本，新中国成立以后学习苏联，改革开放以后基本是以美国为蓝本。学习和借鉴是发展的重要支撑之一，但学习和借鉴必须充分注意本土化改革，必须与中国实际相结合，必须把国外大学治理结构中可资借鉴的东西和内核作具体化分析，然后再作出本土化探索性建构。

（一）国外大学治理模式分析

西方大学产生于特殊的权力真空时代，大学一开始就具备自治权力，但随着教会的渗入，资产阶级政权的操控，大学逐渐失去了自治权力，尤其是随着科学和教育在国家民族经济社会发展中作用的不断增强，大学控制与自治的斗争更趋紧张。从宏观历史的角度看，西方大学治理结构大致有这样几个阶段：

以“权力真空”为前提的自我治理阶段；以“经院哲学”为目的的教会治理阶段；以“民主权力”为基础的行政集权治理阶段；以“自由发展”为模式的有限治理阶段；以“社会服务”为导向的政治宏观治理阶段；以高等教育大众化为背景的合作治理阶段。[①] 在这种多样化的外部治理结构模式下，大学的内部治理结构一方面要依循“学术自由”和“自主办学”的理想，另一方面也要考虑政府和社会需求，从而使大学内部治理结构必须考虑各种利益相关者的诉求，从而形成不同的大学内部治理结构模式。

（1）学术权力和行政权力并行模式。这种模式以美国为代表，特点是学术权力和行政权力各司其职，权力范围和权力分界明确。大学由分散的行政机构控制，由董事会根据社会经济发展变化，总体上把握学校发展的方向和脉络。校长作为行政长官贯彻董事会的意志并且协调学校的行政工作。学术方面的事务则交由教授会处理，保证大学教育与研究职能得到充分的发挥。行政权力和学术权力在自身的职责范围内发挥自己的优势，是一种高效的内部治理模式。

（2）行政权力主导模式。这种模式以法国、日本为代表，特点是学术权力和行政权力分离，但以行政权力为主导。国家和政府的行政管理深入高等教育内部，把握教育管理的上层权力和宏观决策权，教授和行会把握基层的权力。

（3）学术权力主导模式。这种模式以英国和德国为代表，特点是学术权力和行政权力分离，以学术权力为主导。政府对教育的干预较少，教授和专业行会的权力很大，中层有一定的行政力量支撑，教授们在重大事务决策方面享有很大的控制权，大学设置了诸多委员会，充分体现了大学自治。

在大学内部治理结构方面，行政权力与学术权力的此消彼长，不是两种权力的内部角力，而是二者互为存在的前提，对于一所成熟的大学，长期磨合的结果使其内部形成了一种平衡稳定机制，从而实现大学的健康持续发展。

（二）大学的三级治理结构

几乎所有发达国家的大学都采用学校、学院、系三级治理结构，而且学院是管理实体，系是教学实体。在实行学校、学院、系三级管理的大学中，学校的决策侧重于学校的大政方针、发展方向、规划与学位的授予，以及经费的筹措、管理和争取社会支持；学院的自主权较大，是一个相对独立的实体，在教学、科研、学生、教师管理以及财产与事务管理等方面都有自己的决定权；系是教学科研的基层单位，系主任是本系的学术和行政管理的主要决策者。

---

① 严文清．中国大学治理结构研究［M］．北京：人民出版社，2011：183—190.

20世纪50年代初，我国学习苏联进行了大规模的院系调整，实行校、系两级管理模式，使内部权力过分集中在校级层面，这不符合大学的学科发展规律，某种程度上损害了大学治理结构，削弱了我国大学的国际竞争力。20世纪90年代以后，我国大学又在逐步恢复学院制结构，目前很多高校都在探索“校院二级管理模式”，实际上都是在与国际接轨，重构大学三级治理结构。

（三）教授是大学的核心力量

大学必须有一批“大师”，教授在所有大学中都是学校的核心力量，无论是大学的学术权力还是行政权力，都是教授在运作，即使是国家的行政权力也在一定程度上受到大学教授的影响或控制。绝大部分大学都有明确规定，校长、院长、系主任这些行政职务也必须由教授来担任。教授既是知识的创造者，又是知识的传播者，在学术事务中具有充分的权力；作为学术带头人，教授不仅在教学、科研中具有其特殊权威性，在学校的管理中也具有很大的发言权，他们以个人、行政职务岗位责任人或各种委员会成员，在学校发展和管理决策中享有充分的决策权。

目前我国大学还很难做到以教授为学校的核心，由于行政权力的泛化，部分书记或校长由官员来担任，众多的高校职能部门负责人也多属行政干部，从而形成了中国高等教育领域的行政化现象，控制资源的职能部门和控制决策的决策层成为中国高校发展的唯一依托，教授和专业行会的权力体系尚未完全形成，也说明中国高校的大学治理结构改革任重而道远。

（四）多元利益相关者的普遍介入

当今世界各国的高等教育体系都是为国家和社会服务的特殊组织机构，无论是大学的教学、科研还是社会服务，都必须以社会的政治、经济、文化和社会发展为基础，否则大学就没有存在的价值和意义。大学发展离不开政府和社会的支持，政府和社会是大学的战略利益相关者和实际利益相关者，大学的治理和发展也必然需要全社会的多元利益相关者的参与和介入。多元利益相关者的普遍介入，在不同国家、不同社会时期是有差异的，就目前的国际发展形势而言，介入大学治理和发展的多元利益相关者，至少包括学生、学生家庭、社区、用人单位、区域经济发展的多元主体（包括政府、企业、社会团体和民间机构等）、国家机器和党派力量等。多元利益相关者的普遍介入，既是高等学校内部治理结构改革的动力，同时也是高等教育发展方向所在。

五、改革开放后的中国大学治理结构

中国大学治理结构初创于洋务运动之后的“新学”，发展和探索于民国时期，新中国成立后的中国大学治理结构几度浮沉，改革开放以后，中国大学治理结构改革才进入稳步推进的新时期。

综观改革开放30多年的中国大学治理结构发展演变，可根据一些具有重大意义的历史事件分为五个时期。[①]

（一）大学治理结构的恢复与调整（1977—1984年）

1977年恢复高考以后，中国高等教育进入拨乱反正时期，以强调中央集权为主，逐步恢复"文革"前的中央统一领导、中央与地方两级管理的政府唯一主导的治理结构模式。1978年8月8日，邓小平在《关于科学和教育工作的几点意见》讲话中指出，目前的教育状况不行，需要有一个机构统一规划、统一调度、统一安排、统一指导协作。同年9月，在与教育部主要负责同志谈话时，他又指出，要健全教育部的机构，重点大学教育部要管起来，实行双重领导、以教育部为主。1978年2月，国务院转发教育部《关于恢复和办好全国重点高等学校的报告》，指出"根据有利于加强党的一元化领导，有利于发挥中央和地方两个积极性……对全国重点高等学校要实行统一领导，分级管理"。1979年9月18日，中共中央转批教育部党组的《关于建议重新颁发〈关于加强高等学校统一领导、分级管理的决定〉的报告》，重新恢复了1963年确定的"中央统一领导，中央和省、市、自治区两级管理"的体制，全国普通高校中少数直属于教育部，另一部分隶属于国务院有关部委，大部分隶属于地方政府，重新构建了中央直属高校和地方高校新格局。1981年，全国有高等学校704所，属教育部直接管理的有38所，国务院各部委管理的有226所，地方高校440所。在地方高校中，又分别由省级教育行政部门和省级政府的其他业务部门管理。

（二）大学治理结构改革的启动（1985—1991年）

1984年10月中共十二届三中全会通过了《关于经济体制改革的决定》，1985年3月中共中央作出了《关于科学技术体制改革的决定》，经济体制改革和科技体制改革带动着教育体制的改革。1985年5月，中共中央又作出了《关于改革教育体制的决定》，认为传统的教育管理体制存在严重的弊病，已不能适应改革开放和经济体制改革的新形势，如在教育事业管理权限的划分上，政府有关部门对学校尤其是高等学校统得过死，使学校缺乏应有的活力，由此指出高等教育管理体制改革的方向是"国家及其教育管理部门要加强对高等教

① 严文清．中国大学治理结构研究［M］．北京：人民出版社，2011：153—159.

育的宏观管理和指导”，同时“要改革政府对高等学校统得过多的管理体制，在国家统一的教育方针和计划的指导下，扩大高等学校的办学自主权，加强高等学校同生产、科研和社会的联系，使高等学校具有主动适应经济和社会发展需要的积极性和能力”，还指出“为了调动各级政府办学的积极性，实行中央、省（自治区、直辖市）、中心城市三级办学体制”①。由此拉开了中国高等教育领域的大学治理结构改革序幕。

根据教育体制改革决定的精神，国务院于1986年颁布了《高等教育管理职责暂行规定》和《普通高等学校设置暂行条例》，明确了中央各部门、地方政府和高等学校的管理权限与责任。1989年以后，国家教育委员会起草的有关文件强调：“高等教育体制改革的核心，是建立与社会主义现代化建设、特别是与有计划的商品经济相适应的运行机制”。从而使高等教育管理体制改革的方向逐渐明朗。特别是1984年开始实行党委领导下的校长负责制和在部分高校实行校长负责制试点；1989年以后全面推行党委领导下的校长负责制，奠定了中国高等教育大学治理结构的核心内涵。

（三）大学治理结构的积极探索（1992—1997年）

1992年11月国家教委发布了《关于加快改革和积极发展高等教育的意见》，1993年2月中共中央、国务院正式颁发《中国教育改革和发展纲要》，这两个文件都将高等教育体制改革作为重要内容，在总结前一阶段成绩的基础上，对高等教育体制改革提出了新的要求：“要继续深化教育体制改革，改革在计划经济体制下形成的‘包得过多’、‘统得过死’的弊端，初步建立起与社会主义市场经济体制和政治体制改革、科技体制改革相适应的新的教育体制”②。重申在教育领域推行简政放权的基本方针，指出高等教育体制改革主要是解决政府与高校、中央与地方、国家教委与中央各业务部门之间的关系，逐步建立政府宏观管理、学校面向社会自主办学的体制。在政府与高校的关系方面，政府要由对高校的直接行政管理，转变为以法规、拨款、信息、服务等方面的宏观管理，扩大高校的办学自主权，使高校成为真正面向社会自主办学的法人实体；在中央与地方的关系方面，中央要简政放权，扩大省级行政区的教育决策权和包括对中央部门所属学校的统筹权，确立中央与地方分级管理、

① 顾明远．中国教育大系·20世纪中国教育（三）[M]．武汉：湖北教育出版社，2000：2264—2268.

② 顾明远．中国教育大系·20世纪中国教育（三）[M]．武汉：湖北教育出版社，2000：2340—2348.

分级负责的教育管理体制，这是我国高等教育领域的大学外部治理结构的第一次官方阐述；在国家教委与中央各业务部委的关系方面，逐步淡化和改革学校单一的隶属关系，加强省级人民政府的统筹，变条块分割为条块有机结合，并提出了共建、合作、合并、协作和划转五种改革形式，逐步理顺大学治理结构的外部关系。

（四）大学治理结构的突破（1998—2000 年）

1998 年 3 月，九届全国人大一次会议通过了国务院改革方案，国家教育委员会又改建为教育部，并对其职责和权限作了相应的调整。利用国家机构改革的契机，这一时期高等教育管理体制改革的步伐加快，力度不断加大。为了贯彻十五大精神，1998 年 11 月，在扬州召开了高等教育体制改革经验交流会，总结了前一阶段的经验，李岚清把原来的五种改革形式重新归纳为“共建、调整、合作、合并”的八字方针，全面部署了加大改革力度、加快改革步伐、全面推进改革的任务。1999 年，基本完成了中央与地方政府共建共管学校管理体制改革，取得了显著成效，形成了中国高等教育发展新格局。全国 31 个省级行政区和 60 多个国务院部门（单位）参与了改革，涉及高校 900 余所，全国普通高校数量从 1994 年的 1080 所减少到 1018 所；成人高校从 1990 年的 1321 所减少到 811 所；有 556 所高校（其中普通高校 387 所、成人高校 169 所）进行了合并，调整为 232 所。通过合并和调整，组建了一批新的综合性和多学科大学，增强了高校的办学实力，高校的布局也日趋合理。通过多种形式的共建、调整、合作、合并，改变了高校的隶属关系，促进了条块的有机结合，初步形成了中央和省级政府两级办学，以地方统筹管理为主的新体制框架，增强了高校为地方经济建设和社会发展服务的能力。

（五）大学治理结构的发展（2001 年以后）

2001 年 12 月 11 日中国正式成为世界贸易组织的第 143 个成员国，这是我国对外开放进入一个新阶段的标志，同时也推动中国高等教育进入一个新的发展时期。这一时期的显著特点是高等教育持续升温，大量社会资本和各种社会力量介入高等教育发展，民办高校迅速发展，独立学院呈“井喷”发展趋势，招生规模迅速扩张，各地高校也竞相圈地建设新校园，使全国高等教育资源总量迅速增加（见表 2—1），使中国提前进入高等教育大众化阶段。

表 2—1　2001—2011 年全国普通高校部分统计数据

年份	高校数（所）	专任教师（万人）	招生数（万人）	在校生（万人）	毕业生（万人）	研究生数（人）			出国留学人员（人）	留学归国人员（人）
						招生	在校	毕业		
2001	1225	53.19	268.28	719.07	103.63	165197	393256	67809	83973	12243
2002	1396	61.84	320.50	903.36	133.73	202611	500980	80841	125179	17945
2003	1552	72.50	382.20	1108.60	187.70	268925	651260	111091	117307	20152
2004	1731	85.80	447.30	1333.50	239.10	326286	819896	150777	114682	24726
2005	1792	96.58	504.46	1561.78	306.80	364831	978610	189728	118515	34987
2006	1867	107.60	546.10	1738.80	377.50	397925	1104653	255902	134000	42000
2007	1908	116.83	565.92	1884.90	447.79	418612	1195047	311839	144000	44000
2008	2263	123.75	607.66	2021.03	511.95	446422	1283046	344825	179800	69300
2009	2305	129.52	639.49	2144.66	531.10	510953	1404942	371273	229300	108300
2010	2358	134.31	661.76	2231.79	575.42	538177	1538416	383600	284700	134800
2011	2409	139.27	681.50	2308.51	608.16	560168	1645845	429994	339700	186200

资料来源：国家统计局．中国统计年鉴 2012 [M]．中国统计出版社，2013.

在高校"扩招"背景下，政府已经无力独立支撑大学的发展，众多利益相关者的介入，包括学生缴纳高额学费分担成本，企业合作办学，地方政府与大学共建，银行资金的介入，甚至建筑开发商的建筑投入等，一时间使中国高等教育的发展真正进入了一个去中心化的多元主体时代。

2003 年施行的《中华人民共和国民办教育促进法》为民办高校的发展提供了法律保障；2004 年又颁布了《民办教育促进法实施条例》，规定了举办教育的"合理回报"；2006 年国务院办公厅又下发了《关于加强民办高校规范管理、引导民办高校健康发展的通知》，教育部据此联合中组部下发了《关于加强民办高等学校党的建设工作的若干意见》以及《民办高等学校办学管理的若干意见》，实现了中国民办高等教育的跨越式发展，同时也推动了一种全新的大学治理结构正在逐步形成和发展。

第二节　地方高校的外部治理结构

从大学治理结构的发展来看，"大学自治"一直是大学追求的目标，但大学自治并不是脱离社会和国家机器，任何一个国家、任何一个时期的任何一所大学，都不可能脱离外部干预，即统治者的力量和社会需求，统治者和国家机器需要大学回答“为谁培养人”的问题，社会需要大学回答“培养什么样的人”的问题，大学主要解决“怎样培养人”的问题。因此，大学治理结构包括外部治理结构和内部治理结构。外部治理结构就是大学办学过程中各种外部权力和外部影响的总和。

一、我国大学治理中的外部权力解构

适度的国家行政干预和支持是大学发展的必要条件，毕竟国家是大学的“战略利益相关者”，在政府权力无孔不入的当今社会，大学的发展离不开社会和政府的支持。但同时也应认识到，大学是一个特殊的社会组织，学术自由和大学自治是现代大学的本质特征，过多的行政干预和政治干预，既不利于大学的发展，也有损国家和民族的利益，甚至危及政治统治本身。

（一）党派政治权力

高等学校的社会层次高、人才集中、思想活跃、政治参与意识强、社会影响辐射范围广、社会影响力大，因此，大学自创建以来就一直是各种政治力量角逐的中心，各种党派和政治力量都把大学作为自己演讲的舞台，进行政治理念的宣讲，传播自己的思想和政治主张。同时，大学在世界各国的政治舞台上都扮演着重要角色，很多国家的重大政治事件都是从大学引发的，包括我国的“五四运动”和“文化大革命”等。

1898年创建的京师大学堂，是中国近代史上第一所国立综合性大学，它既是全国最高学府，又是国家最高教育行政机关，统辖各省学堂，明显体现了统治者的政治权力。1926年，国民政府教育行政委员会通过《国民政府教育方针草案》，明确大学实施“党化教育”，要求按国民党的“党义”和政策的精神重新改组学校课程，直接体现了党派政治权力在大学的扩张。新中国成立以后，我国大陆地区实行共产党领导下的多党合作制，中国共产党作为执政党，在大学建立了完备的基层组织体系，并通过“党委领导下的校长负责制”和特色化的思想政治教育体系来实现政治权力在大学的扩张。

除执政党中国共产党以外，中国大陆还有八个民主党派：中国国民党革命委员会、中国民主同盟、中国民主建国会、中国民主促进会、中国农工民主党、中国致公党、九三学社和台湾民主自治同盟，这些党派的主要力量都集中在大学，很多党派的主要领导都是大学教授，他们在大学“统一战线”的框架下，在“政治协商、民主参与”的舞台上实现自己的政治话语权，发挥自身的力量。

(二) 政府行政权力

从世界大学发展史来看，只要政府想对高等教育负有某种责任或行使某种权力，任何时候几乎都能实现，关键在于政府自身的认识和定位。世界上几乎所有国家都参与了大学的权力博弈，只有力度和方式上的差别，所以政府行使行政权力的现象在大学是普遍存在的。

在我国，政府行政权力首先表现在对大学领导人员的任命。1898 年 7 月 3 日，光绪皇帝钦定吏部尚书孙家鼐为京师大学堂管学大臣；1916 年 12 月就任北京大学的蔡元培先生也是被当时政府选拔和任命的；新中国成立以后的中国高校党委书记和校长也都是上级党委任命的；现在的大学几乎都是按政府的行政组织结构来设立的，大学领导与政府行政领导级别对称，干部也可以相互调动合作。政府行政权力在中国大学的体现是多维的，不仅体现在干部的任免，还体现在许多方面，从高等学校的设置到高校人员编制核定、从教育资源分配到教学科研成果评审、从招生计划到毕业生就业安置、从专业设置到学位授予，都体现了政府行政权力。

(三) 投资者的董事权力

董事是指一个由校外人士组成的团体，对学校进行一般的管理和监督，董事会代表投资者和社会公众，可以是一所大学的长期监护人，掌握着大学的发展方向和命运，它可以是法定的所有者或管理人。就我国目前的情况来看，民办高校和独立学院基本都建立了董事会领导下的校长负责制，董事会成员由举办者（投资者）代表、校长、教职工代表等组成，《中华人民共和国民办教育促进法》第 21 条明确：民办学校理事会或者董事会行使下列职权：聘任和解聘校长；修改学校章程和制定学校的规章制度；制定发展规划，批准年度工作计划；筹集办学经费，审核预算、决算；决定教职工的编制定额和工资标准；决定学校的分立、合并、终止；决定其他重大事项。

我国目前的公立大学虽然没有明确的董事会制度，并不意味着公立大学没有董事权力的存在。中国公立大学的最大或唯一股东是国家或地方政府，国家以“社会主义公有制”形式将新中国成立以前所有大学的土地和财产收归国有，然后以“国有资产”投资给大学，使国家或地方政府成为公立大学的唯一股东，从而使投资者的董事权力和政府行政权力出现交错，政府通过手中的行政资源，参与大学董事权力，享有公立大学最大的董事决定权。

(四) 专业行会权力

行会最早出现于商业领域，为了保护本行业利益而互相帮助、限制内外恶性竞争、规定业务标准、维持经营秩序、探索行业发展战略等而自发组织成立的社会团体。随着时代的发展，行会组织逐渐为其他社会领域所采纳，在高等教育领域更是得到了充分的发挥。中国高等教育学会是全国所有大学共同组成的一个行业协会，制定大学行业规范，共同维护大学的发展利益；不同类别的大学群体，由于其共同发展的需要，基于联合力量、协调行为、共同维护权益的需要，可以组建诸如地方高校、民办高校、独立学院等的行业协会；各类大学通过学科来组建学科性行业协会或教学指导委员会，为本学科的发展服务。此外，大学的教学科研人员也可以参加社会的行业协会，为自己的发展提供平台。

与大学有关的专业行会的权力影响很大，它们可以具有决定大学的兴办、升格、学科专业设置和学位点的报批等多项功能，专业协会还拥有学术成果鉴定、论文答辩审核等多种权力，一般专业领域的权威学术期刊大多掌握在行会手中，每年各种协会都会召开年会，总结学术研究成果，规划新的研究领域和方向，从而使专业行会权力成为大学发展的一种重要行业力量。

（五）学术寡头权力

大学教授们始终致力于将自身的地区性寡头影响力扩充到全国行业的影响能力范围上，从而使自己拥有更大的资源控制权。我国的学术寡头一般通过四个途径行使权力：一是学术寡头一般为知名教授，官员获取提升需要有分量的文凭和学位，形成当今中国“学而优则仕、仕而优则学”的特殊现象，从而可以使学术寡头通过培养高级官员来间接行使权力；二是成为国家或地方政府的高级智囊团成员，以幕僚身份行使学术寡头权力，影响政府决策；三是直接参政，很多教授以专家型领导的身份直接从政或兼任政府参事等要职；四是垄断学术资源，学术寡头手中握有很大学术资源控制的话语权，每年的课题申报评审、科研经费划拨、课题中期检查和结题验收、学位点设置与学位授权评审、大学评估、院士评选等，都是学术寡头们行使权力的机会。

二、地方高校外部治理结构的主要特点

改革开放 30 多年的探索与发展，尤其是 1997 年以后的变革，使我国大学外部治理结构发生了实质性变化。

（一）以法律法规为导向逐步规范政府职能

1985 年颁布的《中共中央关于教育体制改革的决定》明确指出：“高等教育体制改革的关键，就是改变政府对高等学校统得过多的管理体制，在国家统一的教育方针和计划的指导下，扩大高校的办学自主权，加强高等学校同生产、科研和社会其他各方面的联系，使高等学校具有主动适应经济和社会发展

需要的积极性”。1993 年，《中国教育改革和发展纲要》更是明确地提出了改革高教办学体制、管理体制、投资体制等任务，不仅在干部制度和人事分配制度方面高校的自主权得到改善，教学改革的自主权也有所扩大。

1995 年《中华人民共和国教育法》颁布实施，明确提出了学校具有八个方面的权力：按照章程自主管理；组织实施教育教学活动；招收学生或者其他受教育者；对受教育者进行学籍管理，实施奖励或者处分；对受教育者颁发相应的学业证书；聘任教师及其他职工，实施奖励或者处分；管理、使用本单位的设施和经费；拒绝任何组织和个人对教育教学活动的非法干涉；法律、法规规定的其他权利。《中华人民共和国教育法》明确国家保护学校及其他教育机构的合法权益不受侵犯，同时规定学校及其他教育机构具备法人条件的，自批准设立或者登记注册之日起取得法人资格，依法享有民事权力，承担民事责任。

1999 年《中华人民共和国高等教育法》颁布实施，结合中国实际，明确了高校享有的办学自主权：①高等学校根据社会需求、办学条件和国家核定的办学规模，制定招生方案，自主调节系科招生比例。②高等学校依法自主设置和调整学科、专业。③高等学校根据教学需要，自主制定教学计划、选编教材、组织实施教学活动。④高等学校根据自身条件，自主开展科学研究、技术开发和社会服务。⑤国家鼓励高等学校同企业事业组织、社会团体及其他社会组织在科学研究、技术开发和推广等方面进行多种形式的合作。高等学校按照国家有关规定，自主开展与境外高等学校之间的科学技术文化交流与合作。⑥高等学校根据实际需要和精简、效能的原则，自主确定教学、科学研究、行政职能部门等内部组织机构的设置和人员配备；按照国家有关规定，评聘教师和其他专业技术人员的职务，调整津贴及工资分配。⑦高等学校对举办者提供的财产、国家财政性资助、受捐赠财产依法自主管理和使用。高等学校不得将用于教学和科学研究活动的财产挪作他用。

2002 年，《中华人民共和国民办教育法》颁布实施，明确：“民办教育事业属于公益性事业，是社会主义教育事业的组成部分。国家对民办教育实行积极鼓励、大力支持、正确引导、依法管理的方针。各级人民政府应当将民办教育事业纳入国民经济和社会发展规划。”

通过一系列的法律法规建设，初步形成了教育领域的法律法规体系，促进了各级政府、教育行政部门转变观念，树立法律意识，依法转变和规范政府的行政职能。

（二）以扩大办学自主权为导向规范政府与大学的权力关系

1985 年颁布的《中共中央关于教育体制改革的决定》指出："在加强宏观管理的同时，坚决实行简政放权，扩大大学的办学自主权"。1986 年国务院发布了《高等教育管理职责暂行规定》和《普通高等学校设置暂行条例》，强调加强对高等教育的宏观指导的同时，要扩大高校自身的管理权限。1993 年中共中央、国务院颁发的《中国教育改革和发展纲要》明确："要按照政事分开的原则，通过立法，明确高等学校的权利和义务，使高等学校真正成为面向社会自主办学的法人实体……要在招生、专业调整、机构设置、干部任免、经费使用、职称评定、工资分配和国际合作交流等方面，分别不同情况，进一步扩大高等学校的办学自主权"。1993 年的《中国教育改革和发展纲要》对政府的主要职能和学校的自主权作了进一步的明确规定。1999 年实施的《高等教育法》进一步为高校办学自主权提供了法律保障。

通过一系列政策和法律法规的贯彻实施，大学办学自主权得到了有效改善，这种关系的确立通过两大途径：一是通过政府放权，把原来由政府行使的权力转变为由学校行使；二是赋予学校法人地位，使学校具有独立行使民事权力和承担民事责任的资格。目前我国大学拥有的自主办学权力主要包括：①招生自主权。改革大学招生的计划制度和毕业生分配制度，在执行国家的政策、法令、计划的前提下，大学有权在计划外接受委托培养生和招收自费生。②专业调整自主权。2012 年教育部明确，对于目录中已有的 506 个专业，各高等学校开设新专业实行（向省教育厅）备案制，无需像以往那样申报、审批后方可开设，进一步扩大了高校专业设置和调整方面的自主权。③机构设置自主权。大学有权设置校内的二级机构。④干部任免权。大学有权提名任免副校长及以下的各级干部。⑤经费使用权。大学有权安排政府拨发和自行筹集的各类经费。⑥学术交流权。大学有权使用自筹资金进行各类学术交流。⑦职称评定权。部分大学获得了自主进行职称评定的权力。⑧合作交流权。大学有权接受国内外委托或与外单位合作进行科学研究和技术开发，建立教学、科研、生产联合体。⑨法人权力。校长为大学的法定代表人，大学依法独立享有民事权力，承担民事责任。

（三）以多样化办学为导向构建中国高等教育新格局

1987 年国家教育部发布了《关于社会力量办学的若干暂行规定》明确："各级人民政府及教育行政部门应积极鼓励和支持社会力量举办各种教育事业，维护学校正当权益，保护办学积极性，在条件允许的情况下，尽力帮助解决办学中存在的困难，对办学成绩卓著者给予表彰和奖励"。1993 年的《中国教育改革和发展纲要》提出了国家关于发展民办教育的“积极鼓励、大力支持、正确引导、加强管理”十六字方针。1997 年国务院颁布《社会力量办学条例》，这是我国第一部专门规范民办教育的行政法规。2002 年，《中华人民共和国民办教育促进法》正式实施，有力地促进了民办教育的规范发展。

依托陆续出台的政策和法规，迅速催生了中国民办高等教育，重构了中国高等教育新格局。截至 2012 年 4 月 24 日，全国有各类高等学校 2438 所，其中公办高校 1732 所，占 71%；民办高校（含独立学院）706 所，占 29%。

（四）以成本分摊为导向确立利益相关者间的投资关系

（1）学生以缴纳学费的形式分担部分教育成本。1980 年以前，我国高等教育的办学权利和义务是中央政府独自承担，高校经费由中央财政统一规划后“戴帽下达”。1980 年后依旧是政府承担教育成本，学生上大学不仅不要学费，政府还补助生活费并划拨粮食计划。1985 年的《中共中央关于教育体制改革的决定》第一次明确高校投入“实行责任分担”，以招收计划外委托培养和自费生的形式拉开了个人分担教育成本的序幕，但计划内学生仍然不需要交学费并享受助学金。1987 年，国家将助学金改为奖学金、助学金和贷学金，并鼓励高校拓宽经费来源渠道。1989 年颁布的《关于普通高校收取学杂费和住宿费的规定》，从政策上肯定了教育成本分摊的合法性，并开始对计划内学生收取学杂费和住宿费。1997 年全面实行高校招生收费“并轨”，正式形成了学生以缴纳学费的形式分摊教育成本的新格局。

（2）政府以投资拨款的方式承担主要教育成本。作为大学的战略利益相关者，政府从国家安全、社会发展和公共事业管理的角度来认识、思考和决定对高校的投入，政府对高校的投资包括三个层面：一是作为公益性事业的基础投资，用于高等学校的基本办学条件建设和分担日常教育成本；二是作为国家发展的战略投资，为建设一批国家高水平大学，政府通过实施“211 工程”、“985 工程”等项目，在常规公益性事业投资的基础上，加大投入力度；三是基于国家科技创新体系的项目投资，主要支持高等学校的科技创新和技术开发。

（3）举办者的教育投资。高校创办初期，必须依赖举办者的大量资金投入，公办高校的投资主体是政府，民办高校的投资主体则是企业、社会团体或个人。

（4）其他社会投资。有来自社会的赞助或合作项目资金，包括企业、社会人士和校友的捐资，与企业合作办学的项目经费，与政府或企业合作开发的科研项目经费等。

（五）以自主择业为导向重构政府、学生和大学间的契约关系

自恢复高考开始，我国一直不断探索更为公平、有效的高等学校招生制度和毕业生分配制度，逐渐形成了目前相对分权、多元的招生制度和毕业生就业制度，逐步扩大毕业生和用人单位的自主选择权，建立了“市场导向、政府调控、学校推荐、学生和用人单位双向选择”的毕业生就业安置体制。以市场为导向的就业制度的建立不只是影响着毕业生的就业过程，也促进了高等学校的专业设置、专业调整、招生计划制订、招生考试形式和内容、人才培养过程等一系列变革。在这一改革过程中，“政府调控”始终关注着大学毕业生的就业工作，各级政府和教育行政部门为大学生就业安置工作出台和实施了诸多政策和措施，即使在“金融风暴”的全球就业环境恶劣的背景下，也维护了中国高校的稳定及较高的一次性就业率。

（六）以面向世界为导向确立与世界教育的合作关系

教育要面向世界，使教育对外开放成为我国改革开放事业的重要组成部分，对于促进教育事业、经济建设和对外关系的发展具有重要的意义。改革开放30多年来，我国教育界同国际教育界的合作交流日益加强，一个全方位、多层次、宽领域的教育对外开放格局已经基本形成。

互派留学生是中国高校与国外高校交流的重要途径。1978年6月23日，邓小平同志在听取清华大学工作汇报时作出重要指示，出国留学是提高我国科学技术和现代化水平的重要方法之一；1979年1月，邓小平同志访问美国，与美国签订了中美互派留学生的协议，具有划时代的意义。随后赴英国、德国、法国、日本等发达国家的公派留学人员也陆续踏上了求学征程，掀起了中国近代史上最大的出国留学热潮。2011年，我国出国留学人员339700人，当年归国的留学人员186200人。

接受和培养外国留学生是教育国际化的重要标志。1950年，我国接受了第一批来自东欧国家的33名留学生，1950—1977年累计培养外国留学生12800名。改革开放后，我国的外国留学生教育得到了较好的发展，1978—2000年，我国累计培养外国留学生39.4万人；2000年，共有来自166个国家和地区的52150名外国留学生在我国大陆31个省、直辖市、自治区的346所高校学习。进入21世纪，来华留学的外国留学生更是迅猛增长。

1978年以后，我国开始积极探索各种形式的中外合作办学，1993年国家教委出台了《关于境外机构和个人来华办学问题的通知》，对合作办学的意义、原则、范围、类别、主体等进行了初步规定，推动了中外合作办学的新发展，到1994年共有70家中外合作办学的机构或项目。1995年，国家教委颁布

《中外合作办学暂行规定》，对中外合作办学的原则、审批权限和程序、办学机构领导体制等方面作出了详细的规定，中外合作办学得到迅速发展。1996 年，国务院学位办下发了《关于加强中外合作办学活动中学位授予管理的通知》，规范了合作办学中的学位授予行为。2003 年，国务院颁发了《中华人民共和国合作办学条例》，同年 6 月，教育部发布了《中华人民共和国合作办学条例实施办法》，对合作办学机构的设立、组织与活动、项目的审批、机构的管理与监督等作出了明确的规定，形成了较为完善的制度和规范，提出实行“扩大开放、规范办学、依法管理、促进发展”的方针，使中外合作办学得以迅速发展和规范提高。截至 2007 年，我国大陆有中外合作办学机构 1000 多个，覆盖了 29 个省份。

国际学历互认是中国高等教育与世界教育合作关系的重要内容。1983 年 12 月，时任教育部副部长的黄辛白率中国教育代表团出席在曼谷召开的《亚洲和太平洋地区承认高等教育学历、文凭与学位的地区公约》国际会议并在公约上签字，中国正式成为缔约国。从此，我国开始加强学位制度的国际化，致力于与其他国家和地区高等教育学历、文凭和学位的互相承认。到 2007 年底，我国已经与 31 个国家和中国香港特别行政区签署了学历互认协议。

三、地方高校外部治理结构改革思路

（一）以科学价值观为引领的党派政治权力改革思路

作为一个执政党，中国共产党是一个久经历史考验的政党，中国共产党领导中国人民实现了“站起来”、“富起来”、“强起来”三大历史性跨越，有着深厚的理论基础和强大的群众基础。因此，中国共产党的党派政治权力在高等教育领域的地位是不容动摇的。同时，我国采用的是中国共产党领导下的多党合作制，其他政治力量也应有其存在的空间。因此，认真思考和重新架构高等教育领域的党派政治权力模式，以科学发展观为引领，为培养大学生正确的世界观、人生观、价值观提供更好的外部环境。

（1）政治理论教育的与时俱进与科学发展。中国共产党以马克思列宁主义、毛泽东思想、邓小平理论、“三个代表”重要思想和科学发展观作为自己的行动指南。在中国高等教育领域，必须认真贯彻落实中国共产党的行动指南，对大学生实施科学的政治理论教育，开展思想政治工作。在这里，必须特别强调政治理论教育和思想政治工作的与时俱进和科学发展。时代在发展，社会在进步，国际形势不断变化，如果死守“本本”就会陷入新的教条主义，必须使我们的政治理论以其“科学价值观”来吸引年轻人并内化为其自觉的行为，以推动人类文明不断前进和发展。

（2）哲学思想的百花齐放与百家争鸣。任何民族、任何国家都不可能只用一种哲学思想来统领，也不可能只有一种政治信仰，我国也是如此。1956 年，毛泽东同志在中共中央政治局扩大会议上，正式提出在科学文化工作中，实行“百花齐放，百家争鸣”的方针，即艺术问题上“百花齐放”，学术问题上“百家争鸣”。在 1957 年的《关于正确处理人民内部矛盾的问题》中指出，“百花齐放、百家争鸣的方针，是促进艺术发展和科学进步的方针，是促进我国的社会主义文化繁荣的方针。”这一方针实际上不仅适应于文艺领域，思想领域也同样如此。在高等教育领域实行哲学思想的百花齐放与百家争鸣，不仅体现了中国共产党对于思想复杂性的深刻认识和对于人类文明的深刻理解，同时也反映了中国共产党的开放态度和政治自信。

（3）强调政治权力在思想领域的“实位”与行政领域的“虚位”。大学是以学术研究、人才培养和社会服务为主要功能的组织，有着自身的发展规律。对于大学而言，“泛政治化”、“唯政治化”和“去政治化”都是不科学也是不现实的。大学中的党派政治权力应主要体现在思想领域，以不影响自主办学和学术自治为前提，要“虚位”于学校而不干涉学校的自主办学和学术自由，“实位”于思想领域，有效地占领大学的意识形态领域。当然，这种占领不是强制的灌输或者限制，而应以自身的“科学价值观”去发挥影响。

（4）进一步完善“党委领导下的校长负责制”的外部环境。党委领导下的校长负责制，“党委领导”是依法领导、集体决策，“校长负责”是依法管理，不断完善大学的法人治理结构。“党委领导”的重点是贯彻执行党的路线、方针、政策，坚持社会主义办学方向，是执政党意志在大学的体现，是党派政治权力的合理表达。从“党委领导”的工作范围来看，重在思想政治工作和学校重大事项的领导，同时依法保证和监督赋予校长的各项职权，校长要全面负责学校的教学、科研和其他行政工作，依法行使职权。为此，上级党委和政府部门对地方高校的“党委领导下的校长负责制”要有正确的理解和配套政策支持，切实保障“党委领导下的校长负责制”具有良好的外部环境。

（二）以法律规范为手段的行政宏观调控权力改革思路

中国是一个有着几千年封建“人治”历史的国家，尤其是西汉时期董仲舒“罢黜百家、独尊儒术”以后，倡导“以法治国”的法家思想被扫进历史的尘封，中华民族便失去了“依法治国”的文化根基，人们总是把改变社会不公、维护社会和谐寄托在最高统治者身上，希望他们良心发现、以德治国，当出现“昏君”时则希望“英雄救国”。虽然改革开放 30 多年来，我国高等教育领域的法律法规逐步完善，但除了法律体系本身尚不健全外，行政的法外行为和违法行政依然存在，法律要成为一种共识和习惯乃至一种文化，还有待时日。

（1）进一步完善法律体系，依法行政，建立法制型政府。政府与学校关系的改革需要法律保证才有可能真正实现，新型的政府与学校关系要求政府“依法行政、依法服务”，学校必须“依法治教、依法治校”，并且通过法律来明确各自的权限、作用和责任，目前我国的法律体系处于相对不健全状态，离这种要求尚有距离。尽管30多年来加快了教育立法步伐，也取得了许多成绩，但还存在立法不完善的地方。行政与教育法律法规的不健全是导致各级政府间、政府与高校间权限不清的主要原因，建立健康、可持续发展的政府与学校关系，必须以法律法规同时规范约束政府和学校的行为，明确各级政府和学校“做什么”、“怎么做”、“谁负责”、“如何问责”，并在“要求做”和“不能做”等方面设置明确的“临界线”，以及分别制定出易于操作、便于监督的具体法律规范。

（2）进一步转变政府职能，做好服务，建立服务型政府。实现政府与学校关系的重建，创新教育行政管理制度，并不是简单的放权或者扩大大学自主权那么简单，它不仅需要政府放权，更需要政府发挥自身应该发挥的作用，承担自身应该承担的角色。政府部门的主要职责，是创造能使教育健康发展的良好环境，保证党和国家教育方针的贯彻落实，保证学校的正确办学方向，规范各级各类学校办学条件和办学行为，保证教育公平性和学生受教育权的平等性，维护学校、教师和学生的合法权益。这都需要政府恰当地履行其服务职能。从对学校的监督来看，应重视对学校的监督和问责，政府“放权”以后，不能忽视学校办学自主权扩大以后如何进行相应的制约和制衡，如何保证必要的统一与社会公正，成为政府的重要职责之一。因此，政府在坚持权力下放的同时，应建立有效的问责制度和第三方绩效评估制度，以便跟踪学校的发展与变革过程，监督政府服务是否到位，监督学校办学行为以及校长权力的运用，对出现的问题进行适时的干预。

（三）以法人治理结构为导向的社会参与权力改革思路

大学作为事业法人组织，其所有权属于人民，由人民政府和政府委托的教育行政部门代行所有权和管理权，政府将具体办学和相关事务委托给了学校，学校代理政府管理学校的办学和相关的具体事务。因此，大学法人地位的确立必须建立与之相适应的法人治理结构，以解决由于代理人的目标函数与委托人的目标函数不一致、代理人与委托人信息不对称而导致的一系列问题。作为委托人，政府的目的是实现公众利益最大化，而大学则会尽量寻求自身利益的实现，但作为最终委托人的人民和社会的利益如何保障，则需要通过建立健全大学法人治理结构来实现。

（1）建立政府与大学的契约关系。在政府与大学的委托—代理关系中，政府是委托人，大学法人是代理人，必须根据治理理论重新建构政府与大学的委托—代理的契约关系，在这种契约关系中，政府代表国家和人民对大学拥有所有权，大学自身拥有独立的管理权，同时废止现行的行政隶属关系和高校行政级别制度。这样，不仅理顺了政府与学校的关系，更为关键的是它为大学的其他社会利益相关者和有意投资大学的社会其他机构和个人提供了参与的可能。

（2）建立健全大学董事会制度。政府与大学的契约关系，必须依托大学董事会来贯彻落实。大学董事会是学校的最高权力机构，主要任务是决策大学的战略发展方向、募集办学经费、选举和任命校长，监督校长的行为，确保大学办学的公共利益、质量和效益的实现。建立大学董事会的目的，在于发挥社会上有重大影响人士的作用，运用他们的智慧和见识参与大学发展的重大规划，并以此来规范大学的发展。同时，大学董事会还能让大学的重要利益相关者能够进入学校的权力机构，拥有维护自身利益的话语权和表决权，为社会各行业参与大学管理提供渠道和平台，同时确保大学的自主发展，避免“学术寡头权力”的过度渗透。此外，大学董事会还可以有效监督大学的具体运转，平衡大学预算，避免大学出现过度财政赤字，陷入财务危机。大学董事会的组成应包括外部成员和内部成员两大部分。外部成员包括政府要员、社会投资方、企业、金融、教育、法律等各界代表和当地社会名流，内部成员则包括学校主要领导、教授代表、教职工代表、学生代表等。为体现中国共产党的领导，在政府拥有大学投资主导地位的前提下，可以考虑由上级党组织委派或任命大学的党委书记为大学董事会的当然董事长。

（3）建立专业的社会中介组织。在目前体制下，我国是政府举办高校、政府评估高校，可以说政府既是运动员又是裁判员，社会其他部门和大学的利益相关者既没有参与大学办学的可能，也没有评价和监督的话语权，但最终培养的人才和形成的其他成果又是社会来使用和消化，从而形成大学办学过程中的特殊矛盾关系。要解决这一状况，必须引入第三方组织，即社会中介组织来评价或评估大学的办学过程、办学业绩及其他成就。这种社会中介组织的成立需要政府给予一定的政策支持，包括及时发布大学办学信息，诸如大学的现实运行状况、大学对社会发展的贡献、大学的运转效率、大学发展问题诊断等，大学本身的信息也要透明，如大学的发展历史、学科建设、师资力量、科研状况、办学特色、财务状况等，切实保证社会中介组织评价的客观性和公正性。

社会中介组织则依赖自身力量和所获取的各类信息，对大学进行客观评估，它既需要了解大学本身的详细信息和政府办学的总体信息，同时也需要对人才市场的人才使用信息进行详细了解，以便作出“有公信力”的大学评价。

（四）以大学自治为基础的学术自治权力改革思路

自治是指组织机构“自己拥有对自己的主权，自我管理或者自我决定”①。大学自治就是指大学自己决定和管理自己的事情。大学自治一直是大学理念的一个关键部分，它包括两个基本方面：一是大学行政管理自治，实现大学治理结构中的行政权力；二是学术自由，即实现大学治理结构中的学术自治权力。行政权力包括大学的行政管理、教学管理、科研管理、资金控制、人员聘用、招生就业和评价，行政权力可以通过“政校分离”和建立大学董事会来完成大学行政自治。学术自治权力包括大学团体的学术自由和教学个人的学术自由两部分，大学团体的学术自由是表达学术团体权力与政府和社会的关系，属于大学治理的外部结构部分，而教师个人的学术自由表达的是教师个人学术权力与学校行政的关系，属于大学治理的内部结构部分。此处仅讨论属于外部结构的大学团体学术自由。

1. 学术自由

学术自由是大学的办学原则，也是外部治理结构中大学团体学术权力的重要体现，是大学自治的核心权力。大学“学术自由核心价值体系”的构建需要从三个方面做出努力：一是政府要给予大学应有的学术自由环境。不要把政府的政治意识强加到大学的学术研究中，不要干涉学术研究，更不要对持有不同学术观点的人进行人身攻击、政治报复或者政治迫害，不能重演“文化大革命”的悲剧，这需要政府具有科学的学术意识、宏大的胸怀和政治自信。二是社会要给予大学一个宽松的学术研究环境。学术研究是一个永无止境的过程，不要苛求专家、学者，要允许他们大胆探索、大胆交流、大胆质疑、大胆争论，只有这样才能真正建立宽松的学术研究环境。三是大学自身要有学术自由的欲望和追求。任何权利都不是别人施舍的，权利需要自己去争取，而且必须在不断的斗争中获得。在处理大学和政府、大学和社会的关系中，要主动坚持学术自由的价值观，而不是去低眉迎合或者随波逐流。实际上，绝大部分政府官员和社会名流都是大学培养出来的杰出人才，他们对于大学的学术自由具有深刻的认识，只要大学自身不放弃或者坚持，政府和社会也不会过于干涉，如

① 和霞．美国大学自治制度的形成与发展［M］．北京：北京师范大学出版社，2008：4.

果为了某种需要而使大学自身放弃了，最终的受害者也将是政府和社会，毕竟学术研究和教育是政府和社会的公益事业，事关未来乃至民族的兴衰和国家的存亡，政治家们和社会各界人士都是有共识的。现实社会中的学术权力整体衰微，在某种程度上是大学自身的某种政治考量、学术寡头的政治需求以及历史伤害的余震造成的，如果学者们少些政治上的欲望和追求，潜心于学术研究的本分，也许学术自由的建构就容易多了。

学术自由实际上是一个很抽象的概念，也是一个很模糊的概念。可以说，学术自由具有很广泛的内涵。从教育领域的基本功能群角度考虑，至少包括教师或学者的学术自由、学生的学术自由和学校或教育机构的学术自由三个方面。

（1）教师或学者的学术自由。教师或学者应该具有学术自由，但为什么他们应该有这个权利？对于这个问题，无论是法律界还是学术界本身，实际上都还缺乏清楚的认识。许多人把学术自由看成是类似于言论自由的一种表现。1967年，美国最高法院提出以下观点：“我们这个民族坚定不移地保护学术自由。这不但对有关的教师，而且对我们所有人，都具有至高无上的价值。因此，学术自由是宪法第一修正案特别保护的对象。宪法绝对不允许任何法律用正统理论控制学校的课堂。‘没有任何地方比我们的学校更需要对宪法承认的自由加以警觉的保护。’课堂是‘各种观点的公共市场’。我们民族的前途依靠这样的领袖：他们得到的训练是广泛接触各种观点的激烈交锋，这样的交锋‘是通过多种派别的争辩，而不是通过任何一种正统的选择去发现真理’。”这段文字铿锵有力，广为流传。因为美国宪法第一修正案不但承认人民有言论自由，而且禁止政府提出正统理论，所以公立学校不会因为学术观点惩罚教师和学者。

教师或学者的工作是创造和传播优秀的知识。创造知识的主要途径是科学研究，所以学术自由的一个重要方面就是研究自由。创造新知识就是得到前人从来没有得到过的观点，就是否认或者超越已有的认识，跟随和模仿不是创造，人云亦云也不是创造，创造性的观点一定与众不同，必须具有创新，是人类知识更新的重要来源。因此，教师或学者应该按照自己的想法进行研究，并且诚实地发表自己研究和思考的结果。

在知识创造领域的学术自由，并不意味着能随意传播不实的或无根据的伪信息或错误信息。在这方面，一是依赖于教师或学者的职业道德，二是通过“马太效应”来进行监控，即由在学术上已作出较大贡献者来负责新知识的真伪鉴别。

当然，学术自由只是学术活动的自由。作为一名教师，在课堂里，他只有表达与本课程有关言论的自由。假如教师在数学课上把很多时间花在与数学无关的话题上，这样的言论就不属于学术自由的范围了，教师的行为也很可能侵犯了学生学习本课程知识的正当权利。

学术自由必须与教师、学者的学术工作有关。教师有权按照学术标准给学生的作业和考试评分，其他人不应当加以干涉。但如果教师根据个人好恶或者个人私利评分，那就不是学术行为，因此不得以学术自由为理由寻求保护。教师在课堂上可以诚实地表达自己的见解，但如果使用不适当的表达方式，如使用种族歧视或性别歧视语言，就会对学生造成伤害，就属于非学术性的了，不应当受到保护，甚至应该受到制裁。

(2) 学生的学术自由。1957 年，美国最高法院的一份判决书写道："美国大学中学术自由的必要性几乎是不证自明的。……学术不可能在怀疑和不信任的环境中繁荣。教师和学生必须在任何时候都能够自由地进行探索、研究和评论，以获得新的进展和新的知识。否则，我们的文明将停止发展，并且灭亡。"1985 年，美国最高法院的另一份判决书指出：学术自由发展的一个基本条件是"教师和学生之间独立的、不受约束的思想交流。"显然，美国法律承认和保护学生的学术自由。

诚然，学生到学校是学习知识的。学生对专业研究的情况了解较少，需要教师传播知识。但因为观察角度不同，甚至基于某些偶然的原因，学生也有可能发现过去没有发现的错误。讨论者的年龄、资历与知识的正确或错误无关，学术观点的真伪只能以学术标准进行检验。因此，教师可以自由地表达自己的学术观点，学生也可以自由地表达自己的学术观点，所有观点都用学术方法进行审查。事实上，教师并不是真理的化身，学生不应盲从。每个人的思考都是基于自己的知识背景和成长经历，教师可以自由思考，学生也可以自由思考，教师与学生之间的思想交流，都必须坚持诚实地表达自己的观点，如果只有教师一方有表达的自由，而学生一方没有，那就不可能是真正的交流。

学生的学习确实需要依赖于教师的指导，学生的认识正确与否也需要教师加以判断。教师的专业水平较高，比较容易提出理由支持或否定某种观点或研究方法，这仅仅是一种知识背景的差异。学生不是服从教师本人，而是要遵守学术标准。如果发生争论，只有学术证据才能够真正加以解决。因此，教师有提出证据的责任，学生也有提出证据的权利，谁的理由更有说服力，就按谁的意见做出决定，仗势欺人不属于学术自由。

学生的学术自由还具有另一层内涵，那就是学习自由。学习自由包括对学习内容、学习对象、学习方式、学习时间、学习进程等方面的自由选择与决定。当然，这种学习自由是有一定限度的，并不是绝对的自由，任何形式的教育教学活动都必须达到一定的标准，如果学生的学习自由与达到这些标准相冲突时，就应该对这种自由给予适当的限制。总体来说，基础教育和中等教育的学习自由应该给予较大的限制，而高等教育可以给予学生以适当的学习自由，从而保证学生以正确的方式和途径全面发展。

课堂教学是一种集体活动，需要对个人行为加以协调。如果在课堂里一个学生想什么时候发表意见就在什么时候发表，想讲多长就讲多长，那么，他发表评论的自由很可能会损害其他学生受教育的权利和自由。因此，教师作为课堂的管理者，需要对学生发言的时间加以控制。当然，这种控制不应当是对学生学术观点的压制。

学生的学术自由问题，需要学校或教育机构正确和适度的把握，也需要给予适当的引导和管理，其目的应该是从人的培养角度出发，激发被培养者的创造力，促进其全面发展。

在弹性学分制条件下，学生的学术自由主要体现在自主选择专业、自主选择课程、自主选择授课教师、自主选择学习方式、自主安排学习时间和学习进程，从而使学生具有相对较大的学习自由空间。

（3）学校或教育机构的学术自由。学校或教育机构的学术自由与教师、学者和学生个人权利的关系比较复杂。它可以保护教师、学者和学生的学术自由不受外部力量的侵犯，但它本身也可能与教师、学者和学生的个人权利发生冲突。学校教育是延续一段时间的知识传播过程，学校或教育机构需要把这个过程组织成一个连续的系统。这种协调的需要使学校或教育机构应该具有教学人事安排和课程安排的权利，从而决定由谁来教、教授哪些方面的知识等。作为教师或学生，无疑应该遵守学校的有关安排，如果教师或学生在这些方面都可以自由行动，学校的教学就难以成为一个协调的系统。

2. 价值中立

价值中立是指学术研究不受价值取向的影响和干扰，对于学术研究的结果只要是按科学上诚实的原则进行的，无论它得出什么样的结果都不用承担社会责任。价值中立原则也是一种学术研究的方法论原则，它要求学者在做研究的时候，不要有先入为主的价值取向，或者为了某种观点而去进行论证性研究。价值中立可以理解为大学的无私利性，即大学只服从真理探求的事业，没有自己独立的利益，这种真理探求是超越国界的，是为全人类服务的。

价值中立是对大学的基本要求。大学是人民的大学，应该以国家、民族和人民的利益为重，大学必须对国家和全社会负责，必须坚持价值中立。价值中立是对大学整体而言的，不涉及个人的价值取向。

价值中立是大学的办学理念，也是学术自由的基础，更是大学自治的基石。价值中立是世界大学追求的一种境界，但要真正实现大学的价值中立，可能要付出艰辛的努力，原因在于内外两个方面：从外部来讲，任何政治派别的力量都希望获得大学的支持，这种支持不仅仅是行动表层的支持，更需要理论尤其是政治理论的支持，在这种情况下，某些获得大学资源控制权的“学术寡头”或政治投机分子会为了获得某种资源而迎合政治需求，舍弃价值中立；从大学内部来讲，个体的政治信仰和价值取向总在不同程度上影响着学术研究者的价值中立。要实现大学的价值中立，有两个重要因素必须考虑：一是大学的组织机构的学术定位很重要，大学定位为一个学术研究组织，根据学术自由的原则，在学术研究中必须保持中立，只提供平台，不提供裁判，让各种观点、各种研究、各种意识形态平等表演，观众则是人民和历史。二是宽容的社会环境尤其是政治环境是推进大学价值中立的重要因素，社会为学者提供宽松的环境，使他们的自我研究、自我想法、自我追求得以自由表达，既是实现学者和研究人员价值的平台，也为政府和当局提供一面镜子，使政府有可能实现科学决策和恰当行政。

第三节　地方高校的内部治理结构

与外部治理结构对应，高校的内部治理结构主要是指大学内部的管理和协调，是高校内部各种权力和影响互相博弈而形成的一种稳态机制。

一、我国大学治理中的内部权力解构

（一）基于“党委领导”的政治权力

1978 年 10 月，教育部重新修订《高校六十条》（试行草案），并颁布《全国重点高等学校暂行工作条例》（试行草案），规定“高等学校的领导体制是党委领导下的校长分工负责制”。“学校党委要支持以校长为首的全校行政指挥系统行使职权，并督促和检查他们的工作。”同时明确院（系）一级也仿照学校体制，“实行党总支领导下的院（系）主任分工负责制。”“学校的教学、科学研究、后勤工作中的重大问题，一定要经过党委讨论，党委作出决定后，由校

长负责执行。”①

1984年12月教育部发布了《关于高等学校试行设立校务委员会的通知》，指出：“校务委员会的成员，应以对教育工作有见解、在学术上造诣较深的学者或者富有经验的老教育工作者为主体，也要有在教学、科研和管理等方面作出贡献的优秀中青年代表。”“高等学校校务委员会是学校工作的咨询机构，在校长领导下开展工作。”这是新中国成立后第一次在高校治理结构中定位学术权力，学术权力被置于校长行政权力之下，校长权力又被置于党委政治权力之下。政治权力是决策权，行政权力是执行权，学术权力是咨询权，这是一种典型的“以党代政”的大学内部治理结构。

1984年11月，中宣部和教育部在成都召开会议，确定北京工业大学、北京师范大学、辽宁大学、西北工业大学、成都科技大学、同济大学、湖北大学、天津医学院9所院校试行“校长负责制”。1985年，《中共中央关于教育体制改革的决定》明确指出：“学校逐步实行校长负责制，有条件的学校要设立由校长主持，人数不多的，有威信的校务委员会，作为审议机构。要建立和健全以教师为主体的教职工代表大会制度，加强民主管理和民主监督。学校中的党组织要从过去的包揽一切的状态中解脱出来，把精力集中到加强党的建设和加强思想政治工作上来。”1988年，国家教委发出《关于高等学校逐步实行校长负责制的意见》，指出：“高等学校必须按照党政分开的原则，逐步实行校长负责制。”这一时期的大学治理结构强化了校长的行政权力，同时也提升了教师的学术权力，适当虚化了党的政治权力，强调“党政分开、校长负责”的治理结构。

1998年8月颁布的《中华人民共和国高等教育法》第39条规定：“国家举办的高等学校实行中国共产党高等学校基层委员会领导下的校长负责制。中国共产党高等学校基层委员会按照中国共产党章程和有关规定，统一领导学校工作，支持校长独立负责地行使职权。”同时规定：“社会力量举办的高等学校的内部管理体制按照国家有关社会力量办学的规定确定。”至此，我国大学治理结构最终以“党委领导下的校长负责”的法律形式确立下来，确立了党派政治权力的核心地位。

《中华人民共和国高等教育法》对“党委领导”的职责范围有明确界定：“执行中国共产党的路线、方针、政策，坚持社会主义办学方向，领导学校的

---

① 何东昌．中华人民共和国重要教育文献［M］. 海口：海南出版社，1998：1646.

思想政治工作和德育工作，讨论决定学校内部组织机构的设置和内部组织机构负责人的人选，讨论决定学校的改革、发展和基本管理制度等重大事项，保证以培养人才为中心的各项任务的完成。”同时，在第 41 条中明确了校长全面负责本学校的教学、科学研究和其他行政管理工作，并明确了其具体职权。使基于“党委领导下的校长负责制”高校内部治理结构的政治权力和行政权力得到了较明确的界定。

（二）基于“校长负责”的行政权力

根据组织分析理论和科层理论，学校的行政权力一般包括正式规定的等级制度（也可以称为科层制度）、正式的职务授权、正式的书面沟通和协调以及学校在人事聘用、业绩评价、任务分配等方面的非个人化过程。它要求领导者要从一个事先规定的职位上来获得权力，而不是个人统治，这种权力模式有利于克服权力的滥用和泛化。

《中华人民共和国高等教育法》第 41 条明确高等学校的校长全面负责本学校的教学、科学研究和其他行政管理工作，行使下列职权：拟订发展规划，制定具体的规章制度和年度工作计划并组织实施；组织教学活动、科学研究和思想品德教育；拟订内部组织机构的设置方案，推荐副校长人选，任免内部组织机构的负责人；聘任与解聘教师以及内部其他工作人员，对学生进行学籍管理并实施奖励或者处分；拟订和执行年度经费预算方案，保护和管理校产，维护学校的合法权益；章程规定的其他职权。校长作为大学法人组织的法定代表人，对大学的运行和发展负责。为此，校长必须按照科层理论对副校长和中层干部进行合理授权，从而保证高校的正常运行和健康、持续发展。

目前我国高等学校领导的产生有一套较为完备的制度，实行的是中央、省和中心城市三级举办、三级领导的体制，大学的党委书记和校长由相应的组织部门提名考查和任命，即中央部委属高校由中央提名、国务院任命，省属高校和中心城市所属高校由省委提名、省政府任命，民办高校由董事会任命，独立学院由举办学校和合作办学方共同商议后任命。学校中层干部由学校党委和行政按相关程序决定任用。学校各级行政领导在就任以后就有领导的行政权力要求、责任和义务，尽管我国还没有完全实行行政领导的问责制度，但各级领导的党内监督机制和上级对下级的等级制度是存在的，同时根据“为人民服务”的宗旨以及代表广大人民利益的思想，行政领导有责任和义务承担本部门的未来发展重任，认真履行岗位职责，推动组织或部门发展。因此，各级行政领导的权力来自职务本身的需要、上级领导的授权和自身的创新欲望三个方面，这三个方面的恰当发挥是高校领导科学与领导艺术的具体表现。

（三）基于“学术自治”的学术权力

学术权力是以学术和具有学术能力的专家为背景的，也就是说，学术权力的主体是从事教学和科研的学术人员，主要包括教授、副教授、讲师、助教等具有学术业务职称的人员，客体（对象）则是学术事务、学术活动和学术关系。国外大学为了维护教授的学术权力，一般会由教授们组成一种学术评议会来管理大学的学术研究和教学工作，这种由大学教授组成的学术团体包含了学校的各种学科和专业，学术评议会与学校行政是两个不同的范畴，学术评议会的权力在于确保大学“学术独立”和“学术自由”。

我国大学的教授群体组织一般以学术委员会的形式出现。《中华人民共和国高等教育法》第42条规定：“高等学校设立学术委员会，审议学科、专业的设置，教学、科学研究计划方案，评定教学、科学研究成果等有关学术事项”。表明学术委员会是大学学术研究和教学工作的核心机构，承担着“审议学科、专业设置和教学、科学研究计划方案”和“评定教学、科学研究成果等有关学术事项”的职能。从逻辑上讲，这必然要求学术委员会的成员必须是相关学科的权威学者，要在相关领域具有精深的造诣，至少是本大学的佼佼者。

学术委员会是学术权力的重要表达渠道，其本质是“学术自治”或“教授治学”。作为现代大学制度的一项核心原则，“教授治学”原则的精髓在于体现学术权威的教授应该在学术事务中拥有最后的发言权和决策权。但令人遗憾的是，目前我国地方高校普遍存在着行政权力泛化、学术权力虚化的趋向，学术委员会的成员多由学校行政领导兼任，失去了学术委员会的应然之意。

目前部分地方高校组建了教授委员会，作为校长治校的咨询或参谋机构，为学校制定各类规划、重大政策、重大改革方案以及确定重大建设项目等提供决策咨询。

（四）基于“民主管理”的民主权力

《中华人民共和国高等教育法》第43条规定：“高等学校通过以教师为主体的教职工代表大会等组织形式，依法保障教职工参与民主管理和监督，维护教职工合法权益。”这是以法律形式固定了教职工民主权力。

实际上，目前全国地方高校除教职工代表大会是实施民主权力的最重要的主体以外，中国教育工会的高校基层委员会（学校工会）也是实现民主权力的重要途径。学校工会是教职工自愿结合的群众组织，接受学校党委和上级工会的领导，按照《中华人民共和国工会法》和《中国工会章程》履行职责。多数情况下，学校工会是学校教代会的工作机构，负责教代会的日常工作。

中国共产主义青年团高校基层委员会（学校团委）是学校先进青年的群众

组织，是代表青年群体的民主权力机构。学校团委接受学校党委和上级团组织的领导，依据章程开展工作，履行职责。

高校的学生会、研究生会，是由学生代表大会产生的学生自治组织，同时也是实现大学生民主权力的重要途径。学生会、研究生会在学校党委的领导下、学校团委的指导下按照其章程开展活动，参与学校民主管理，维护学生合法权益。

高等学校内各民主党派、社会团体依据各自的章程开展活动。各民主党派成员、无党派人士、社会团体成员和各级人大代表、政协委员、政府参事，参与高等学校的民主管理、民主监督，为学校建设与发展建言献策。

二、地方高校内部治理结构的主要特点

（一）以“党委领导下的校长负责制”建构政治权力的核心地位

在中国高校的政治权力变革中，既体现了向发达国家高校治理结构学习的决心，也体现了中国共产党的智慧和探索真理的态度。新中国成立初实行校长负责制，但当时包括高校在内的社会各界思想领域相对混乱，不得不以“三反”、“五反”[①] 来拨乱反正，并重新明确中国共产党在高等学校的领导核心地位。1984—1988年，积极探索校长负责制的大学治理结构，极大地活跃了高等学校的思想领域，同时也导致资产阶级自由化思潮，以“全盘西化”为特征的学潮风波严重影响中国经济社会发展。为此，1989年6月，中共中央颁布《中共中央关于加强党的建设的通知》，规定“高等院校实行党委领导下的校长负责制”，“无论实行何种体制，党委都是学校的政治核心，全面领导政治思想工作，管理干部。”重新明确政治权力在大学治理结构中的核心地位。1996年4月，中央组织部颁布《中国共产党普通高等学校基层组织工作条例》，再一次明确“高等学校实行党委领导下的校长负责制，校党委统一领导学校工作”。到1998年颁布《中华人民共和国高等教育法》，最终以法律的形式固定了中国高校内部治理结构的政治权力核心地位。

（二）以“教师聘任制”的权力制衡教师的学术权力

学校行政权力和教师学术权力的关系是大学内部治理结构中必须妥善解决的关键，我国高校目前是以学校行政的人事权即“教师聘任制”为基础来建构

① 中华人民共和国建立初期，中国共产党领导的在各级政府机关、学校、团体、军队、党派中进行的反贪污、反浪费、反官僚主义的运动（“三反”运动），以及在私营工商业者中进行的反行贿、反偷税漏税、反盗骗国家财产、反偷工减料、反盗窃国家经济情报的运动（“五反”运动）。

的，通过行政对教师的职业资格、人员聘用、职称评定三种权力来制衡教师的学术权力。[①]

《中华人民共和国高等教育法》第46条规定："高等学校实行教师资格制度。中国公民凡遵守宪法和法律，热爱教育事业，具有良好的思想品德，具备研究生或者大学本科毕业学历，有相应的教育教学能力，经认定合格，可以取得高等学校教师资格。不具备研究生或者大学本科毕业学历的公民，学有所长，通过国家教师资格考试，经认定合格，也可以取得高等学校教师资格。"虽然法律明确了高等学校的教师资格，但要成为某个高校的教师，选择权还是在学校，在"行政化"相对较严重的中国高校，"认定合格"还是大有文章可做的。

2000年6月，人事部、中共中央组织部、教育部联合下发《关于深化高等学校人事制度改革的实施意见》，明确要求高校全面推行聘用（聘任）制，破除了教师职务终身制，教师的选聘和职务晋升的工作重心下移到院（系），教师的人事争议则以合同为依据进行协商、调解、仲裁和诉讼。

总的来说，高校教师实行聘任制，对学校和教师双方都是有利的，对于教师而言，有了自己当家做主、自主选择职业的权力，加速了高校人才流动；对于学校而言，打破教师终身制以后，学校行政握有是否继续聘用教师这张"王牌"，教师的危机感加强了，学校的行政权力和教学的学术权力的制衡也相应加强了。

（三）以"学院制"的科层组织体系强化学校行政权力层级

20世纪90年代以后，中国高校的办学规模迅速扩张，依靠学校校级行政管理又大大超出了"管理半径"；同时，"大学合并潮"也积极推动"学院制"管理模式的推行，从而重新构建了中国高校的校、院、系三级组织结构的内部管理模式。"学院制"有利于整合学科资源，促进学科发展，同时有利于提高办学效益，增强学生的社会适用性。从行政的角度来看，基于"学院制"的大学科层式组织结构符合大学发展规律，强化学院层面的管理，减轻了学校行政的负担。同时，在学校行政权力和教师学术权力之间设置了学院这个缓冲区，避免两种权力的直接交锋。值得注意的是，由于我国"官本位"思想具有牢固的社会根基，高校"衙门化"趋势日益明显，"学院制"由于权力重心下移，加上现在很多高校实行"目标管理"强化学院责任，也可能出现新的问题，必须高度重视。

---

① 严文清．中国大学治理结构研究［M］．北京：人民出版社，2011：179—180.

（四）以“选任制”为基础的民主权力

中国高校的民主权力主要由教职工代表大会和群团组织等执行，这种执行主要体现在民主监督上。民主监督是一种量化过程，对各级行政领导在履行岗位职责时具有良好的监控作用。为了进一步体现民主权力，高等学校除了党委书记和校长由上级执行“委任制”以外，副校长及以下的行政管理干部都需要经受“选任制”的考验，这是体现民主权力最有力的途径。

三、地方高校的内部治理结构改革思路

（一）党委领导：维护政治权力的核心地位

高校实行党委领导下的校长负责制，“党委领导”是政治权力核心地位的具体表现。《中华人民共和国高校教育法》作了进一步的界定：“执行中国共产党的路线、方针、政策，坚持社会主义办学方向，领导学校的思想政治工作和德育工作，讨论决定学校内部组织机构的设置和内部组织机构负责人的人选，讨论决定学校的改革、发展和基本管理制度等重大事项，保证以培养人才为中心的各项任务的完成。”那么“党委领导”和“校长负责”就必须在这个法律界定的框架下履行权力和职责。

（1）“育人为本，德育为先”的高校思想政治工作体系。“党委领导”的关键是占领高等学校的思想领域，执行党的路线、方针、政策，坚持社会主义办学方向，是“党委领导”的重要体现，要实现“育人为本”，还必须“德育为先”，党委在学校思想政治工作和德育工作中必须起着主导作用。在这里，首先要考虑执行党的教育方针，明确“为谁培养人”，“党委领导”始终不能有所偏移。

（2）“德才兼备”的干部聘任制为高校发展提供组织保障。“党委领导”要为学校发展方向把关，干部聘任是关键，既要重视干部的选拔，更要重视干部的培养和教育，要加强高校党风廉政建设，积极消除高校“衙门化”作风，为高校发展创造良好的内部环境。

（3）“党委领导”是改革与发展的方向保障。“党委领导”必须体现在学校重大改革、发展规划、现代大学制度建设等方面，为学校发展提供方向保障。

（二）校长治校：实现大学法人治理

大学是一个法人组织，校长是大学的法人代表和“经理人”，“校长治理大学”顺理成章。校长治理大学的关键在于“依法治校”，主要体现在三个方面：一是校长治理大学要遵循国家的宪法和其他法律法规，在法律法规的框架体系下行政；二是要遵循教育教学规律，尤其是高等教育发展规律，要鼓励大学校

长创新，但创新不能脱离大学发展的基本规律，尤其不能脱离大学公益性的实质，抑制急功近利、学术腐败、公平失衡、权力寻租等现象；三是遵循学校的相关制度规范，尤其是董事会章程和大学章程。中国官场有“新官上任三把火”、“新官不理旧事”等陋习，这对于大学校长是不适合的，按既定制度和规范办，才能维护大学的健康发展。如果在管理过程中发现既定制度已不适应形势发展的需要，那也只能通过修订相关制度来完善。

（三）教授治学：实现大学学术自治

“治学”是教授的本职工作，教授之所以成为教授是因为“治学”有成就，所以治学是教授的主业。教授治学强调学术的专业性，行政不要过多干涉。在地方高校，教授治学应该成为学校的主体，学校行政应处于服务地位，这个关系一定要摆正。教授治学要依照学术研究和教书育人的规律，而不是迎合行政的需要或者看领导脸色办事。

教授治学是在学术共同体的学术道德规范的前提下实行的，为了形成良好的高校学术环境，必须组建学术委员会、教授委员会等学术性组织，以维护教授治学的公平、公正和良好的内部环境。

（四）民主管理：体现利益相关者的诉求

大学的利益相关者众多，战略利益相关者是政府和社会，它们的利益诉求一般通过大学董事会来实现；直接利益相关者则是广大教职工和学生，他们是实行民主管理和民主监督的内部责任主体，同时也通过民主管理和民主监督来实现自己的利益诉求。

当行政权力执行不当时，可能损害教职工和学生的利益，为此，必须建立申诉制度，包括教职工申诉和学生申诉的相关制度，以保证个人权益不受侵害。

第四节　现代大学制度建设：湖南农业大学的实证研究

湖南农业大学作为一所地方高等院校，一直积极探索现代大学制度建设，在大学章程建设、基于教授治学的学术组织建设、教学基层组织建设以及校院二级管理体制改革、目标管理研究与实践、后勤社会化改革等方面做了许多有益的尝试。本节主要介绍湖南农业大学在现代大学制度建设方面的经验。

一、大学章程建设研究与实践

自2010年2月开始，湖南农业大学正式全面进行章程的制定工作。历时一年多，于2011年5月经学校教代会审议通过，6月经学校党委审定，10月由湖南省教育厅下文核准并报教育部备案，11月正式向社会和校内发布，2012年1月1日起正式施行。依法制定章程，是我国《中华人民共和国教育法》、《中华人民共和国高等教育法》和《国家中长期教育改革和发展规划纲要(2010—2020年)》的明确要求，是建立现代大学制度的内在需要，是完善学校治理结构，推进依法治校、依法自主办学的重要保障，是举办者加强对学校监督管理的重要依据。这些都早已成为国内外高等教育界同行的共识。

（一）大学章程是地方高校建立现代大学制度的基础

大学章程是指为保证学校正常运行，主要就办学宗旨、内部管理体制及财务活动等重大的、基本的问题，做出全面规范而详细的自律性基本文件。它是大学办学的纲领性文件，是大学成为法人组织的必备条件，是政府、社会及大学自身依法治校的重要依据。加强大学章程建设，是当前依法治教、依法治校的必然要求，是政府转变职能、加强宏观管理的需要，是大学完善内部管理、建立现代大学制度的重要内容。

(1) 制定大学章程是国家法律法规的要求。1995年颁布的《中华人民共和国教育法》，以基本法的形式明确规定学校必须具备“章程”等基本条件。《中华人民共和国教育法》颁布后，1995年8月，原国家教委下发了《关于实施〈中华人民共和国教育法〉的若干意见》，进一步指出，“各级各类学校及其他教育机构，原则上应实行‘一校一章程’。《中华人民共和国教育法》施行前依法设立的学校及其他教育机构，凡未制定章程的，应当逐步制定和完善学校的章程，报主管教育行政部门核准。”根据《中华人民共和国教育法》的精神和要求，1998年颁布的《中华人民共和国高等教育法》明确要求，高等学校必须具备章程，并对高等学校章程应当载明的事项做出规定。1999年1月，教育部在《关于加强教育法制建设的意见》中再次强调，各级各类学校特别是高等学校要提高依法管理学校的意识，“依据法律、法规的规定，尽快制定、完善学校章程，经主管教育行政部门审核后，按章程依法自主办学。”2003年7月，教育部在《关于加强依法治校工作的若干意见》中再次重申：“学校要依据法律法规制定和完善学校章程，经主管教育行政部门审核后，作为学校办学活动的重要依据。”2006年6月15—16日，教育部在吉林大学召开了“直属高校依法治校工作经验交流会”，对大学章程制定工作做了明确要求和广泛动员。2011 年制定的《国家中长期教育改革和发展规划纲要（2010—2020年)》也明确要求，“各类高校要依法制定章程，依照章程规定管理学校”。教育部发布的《高等学校章程制定暂行办法》，明确要求高等学校制定章程。因此，制定大学章程是国家法律法规的明确要求，每所高校都必须为此而努力。

(2) 制定大学章程是现代大学治理的必然趋势。最早的大学是由学生与教师组成的社团，一般要取得教皇或皇帝给予的特许状，当时的大学正是通过皇室特许状对权力的赋予，制定了相关章程，由此开启了大学自治的历程。迄今为止，西方和发达国家的大学，都制定了自己的大学章程，并且依据章程对学校进行严格规范的管理。随着“西学东渐”和洋务运动后现代教育的发展，近代中国引进了西方的高等教育制度，并且借鉴西方大学的做法，也都先后制定了自己的大学章程，如 1912 年的《北京大学章程》和 1927 年的《清华学校组织大纲》等。

国内大学的章程制定工作起步较晚。进入 21 世纪，尤其是近几年，大学章程的制定工作越来越引起政府教育主管部门和大学管理者的重视，越来越多的高校逐渐意识到大学章程对学校规范管理、创建现代大学制度的重要性，开始了制定章程的探索，并先后有几十所大学制定了章程，如吉林大学、广东外语外贸大学、中国政法大学、华中农业大学、东北农业大学、吉林农业大学等。

(3) 制定大学章程是学校实施内涵式发展的迫切需要。学校要实施内涵式发展，除了要认真抓好教育教学、学科建设，加强科技创新，提高办学质量与水平，全面提升学校的学术水平外，还有一个很重要的问题，就是要以现代大学制度为抓手，切实转变管理思想观念，规范内部治理结构，实行严格规范管理，全面提升学校的管理水平和管理效率。如果没有科学规范的管理作保证，要实现内涵式发展是不可能的。而大学章程是现代大学制度的基础和核心。因此，制定学校章程，既是内涵式发展的必然要求，也是内涵式发展的重要内容，而且是不可或缺的重要内容。因此，基于这几点认识，学校于 2010 年初提出要制定《湖南农业大学章程》，并将制定章程纳入 2010 年的主要工作，2 月正式启动了章程的制定工作。2010 年 12 月，学校被湖南省建设教育强省领导小组列为湖南省建立现代大学制度、制定大学章程的试点单位。

（二）我国大学章程建设的现状分析

我们知道，大学章程起源于欧洲中世纪的大学初创期，那时是以国王特许状的形式授予大学一些必要的权力，规定大学应尽的义务。这种特许状就是大学章程的雏形，它伴随大学走过近千年的漫长历程，逐渐发展成为现代大学制度的重要组成部分——现代大学章程。西方国家将大学章程作为建校的一个基本条件，一般由大学的权力机构（如大学董事会）根据大学设立的特许状及国家或地方政府教育法律法规而制定。当前，在大学制度发展比较成熟的英、美、德等国家，以及我国的香港和台湾地区，大多数大学都有成文的大学章程。

近代中国引进了西方的高等教育制度，并且借鉴西方大学的做法，一些大学在建校之初曾经建立了自己的章程，如1912年的《北京大学章程》和1927年的《清华学校组织大纲》等。但由于历史原因，这些章程并没有延续下来。改革开放以后，大学章程建设重新引起有关部门的重视。1995年颁布的《中华人民共和国教育法》和1998年颁布的《中华人民共和国高等教育法》，都对高等学校应该建立章程，以及高等学校章程应当载明的事项做出了规定。之后，教育部为推动高校章程建立工作进行了很多努力，也取得了一定效果。据不完全统计，目前我国高校有少部分已创制了正式、成文的章程组织规范，如吉林大学、黑龙江大学等，部分高校已出台了章程草案、建议案或修改稿，如中国政法大学、广东外语外贸大学等，但这些高校也仅仅只有几十所，且这些高校大多数为国家重点大学，更多的地方性高校的章程制定尚处于酝酿之中。可以说，当前中国高校的章程建设尚处于初始阶段。①

（三）我国大学章程建设存在的主要问题

目前，我国高校在大学章程建设问题上，存在三个不足：一是没有制定学校章程；二是学校章程不规范；三是制定章程后没有得到很好实施。

（1）章程的制定工作有待加强。近几年来，随着我国高等教育事业的不断发展，越来越多的高校逐渐认识到大学章程对学校规范管理、创建现代大学制度的重要性，开始了制定章程的探索，并先后有部分高校依法制定了章程，但如前所述，国内绝大多数高校，包括一些著名高校都没有制定章程。学校没有章程，不仅使依法治校成为空喊口号，而且高等学校“按照章程自主管理”、“按照章程依法自主办学”的权力也无从谈起，更不符合国际高等教育的通行做法。因此，必须全面推进我国大学章程建设，尽快改变许多大学“无章办学”的现状，早日形成政府依法按章程管理学校、学校依法按章程自主办学的良好局面。

（2）章程的内容有待完善。经过若干年的改革、建设和发展，我国形成了

---

① 湛中乐．通过章程的大学治理［M］．北京：中国法制出版社，2011：14.

不同类型、丰富多彩的高等教育体系。每个学校都处在特定的地域和时期，有着特定的历史传统和思想文化基础，甚至特定的民族习俗等。这些不同类型大学的管理模式除了具有大学管理的共性之外，还具有各自的特色和个性。作为大学管理的重要环节之一，大学章程也应体现出特色和个性。因此，学校在章程建设时，除了要遵循高等教育的普遍规律外，还要根据自身的实情，继承我国大学章程独特的渊源。我们可以学习借鉴国外大学章程，但也不能简单复制，更不能脱离本校的办学条件和特点，生搬硬套其他学校的经验。要根据各自的校情，把特有的大学精神、办学理念和中国的优秀文化传统融入章程之中，建立一套具有时代精神和文化传统特色的大学章程，为建立创新性、开放性的现代大学制度奠定坚实基础。

（3）章程的制定程序有待规范。大学章程的制定应遵循正当程序性原则。正当程序性原则是指行政主体在做出影响相对人权益的行政行为时必须遵循正当法律程序，包括事先告知相对人、向相对人说明行为的根据和理由，听取相对人的陈述、申辩，事后为相对人提供相应的救济途径，以保证所做出的行为公开、公正、公平。① 高校作为社会公共行政权力行使者时，就必须遵循行政法中有关行政程序的原则和制度的要求，以保证其内部规则代表内部成员的最大公共利益。长期以来，多数高校在规章制度的制定、修改、废止等过程中，没有建立相应的规范性依据。“规章制度的制定程序不规范成了制约规章制度质量提高的瓶颈”。② 高校在大学章程制定过程中的程序要求很多，一般程序为：规划论证；起草拟稿；民主参与；专家审查；文秘处理；审议通过。

（4）章程的贯彻实施有待深入推进。制定了大学章程，并不等于完成了章程建设的全部工作，再好的章程只有与人、与实际管理相结合，才能发挥它的优势。对章程的实施工作是实现章程价值的重要环节。目前，一些大学的章程制定出来之后，并没有得到很好的贯彻执行，政府部门和社会没有将章程作为对学校监督检查的重要依据，学校没有用章程来很好地规范学校的管理、指导学校的建设和发展，章程的作用很难得到体现。

（四）湖南农业大学章程建设的实践与探索

在章程制定过程中，学校主要从以下几个方面进行了一些探索，力求使学校章程更完备，更能体现学校的特色，能更好地推进学校现代大学制度建设。

（1）注重章程制定程序的规范性。大学章程的制定更是一项极为重要而复

① 劳凯声．中国教育法治评论（第2辑）[M]．北京：教育科学出版社，2003：98.

② 刘铁．新时期加强高等学校规章制度建设的基本思路[J]．贵州警官职业学院学报，2003（3）.

杂的工作，如何在程序方面保证章程的制定合乎法律要求，也是一项十分重要的工作。为了使《湖南农业大学章程》尽可能地周密完善，起草小组做了大量深入细致的工作，先后经历了五个阶段。一是前期调研。学校派出调研组，先后赴多所兄弟院校考察调研，学习它们制定大学章程的基本思路、程序和做法，借鉴它们的经验。二是文献研究。为了确保章程的高质量，起草小组认真研读了大量国家的法律法规、行政法规和规章、学术论文，兄弟院校的章程文本，以及其他大量的文献资料，为学校章程的制定打下坚实的研究基础。三是专家咨询。学校聘请了10位校内外高等教育理论、院校管理、教育法制、语言文字等相关领域的专家，先后数次为学校制定章程提供咨询和指导。四是征求意见。在章程草案阶段，学校先后两次面向全校公开征求意见，举办8场座谈会，结合收集的意见和建议，对章程草案进行了反复修改。五是通过核准。经过多次讨论修改后，章程草案于2011年5月提交学校教代会审议通过，6月经学校党委审定，10月报经湖南省教育厅核准并报教育部备案，11月学校发布，从2012年1月1日起施行。经过这些程序之后，确保了学校章程制定程序的合法性、公开性和透明性，让学校章程的制定过程成为一个宣传章程的过程，成为一个统一思想、提高认识、凝聚民心民智的过程。

同时，在章程的制定和修改程序方面，我们也做了严格的规定，必须“经学校教代会审议、三分之二以上的代表赞成通过，学校党委审定，报湖南省教育厅核准后生效，并报教育部备案”。学校还设立了章程委员会，专门负责章程的实施、解释和修订工作，从组织上为章程的实施提供保障。

（2）处理好继承和创新的问题。一是优化章程的内容设计。在学校章程的制定过程中，除了保证《中华人民共和国高等教育法》规定的十个方面的内容外，我们还从明确治校理念、坚持党委领导、明确校长负责、推行教授治学、加强民主管理、完善决策制度、实行校院两级管理等方面对章程的核心内容进行了优化。在治校理念方面，我们通过进一步明确办学定位、总结办学传统、凝练办学特色、理顺内部治理结构等，逐步实现学校管理民主化、科学化、制度化和规范化。党委领导下的校长负责制，是具有中国特色的高校领导体制，我们通过对党委具体职权和职责的明确，体现了党委在制定学校发展战略，讨论决定学校改革发展和教学、科研、行政管理等重大问题中所起的领导核心作用。校长是学校的法人代表，章程通过明确校长的职权和学校的行政管理决策机制，既体现了学校党委的统一领导，又支持和保障了校长依法独立行使职权。教授治学体现了学校行政权力与学术权力的相对分离，教授们以学术委员会、学位委员会、教授委员会等机构为载体，通过治学科、治学术、治教学、治学风等方式，参与学校事务管理。学校实行党务、校务公开制度，校长定期向教职工代表大会报告工作，教职工通过教职工代表大会参与学校民主管理。学校和学院实行两级管理体制，逐步扩大学院自主管理的领域和范围，发挥学院办学的主体作用。我们通过对这些章程中最核心内容的优化设计，就是要逐步完善学校治理结构，实现真正依法治校。

二是凸显章程的特色和个性。在制定学校章程的过程中，除了优化设计好章程的核心内容外，我们也一直在尝试能围绕学校的总体定位，联系学校实际情况，在法律规定的范围内尽可能的有所创新，体现学校的办学特色和校园文化。比如，关于学校功能方面，我们在章程中提出了“学校以人才培养为中心，开展教育教学、科学研究、社会服务，推进文化传承和创新”，“推进文化传承和创新”这一点就是吸收现代高等教育研究成果，对传统意义上的大学功能进行了丰富。在民主管理方面，章程规定了学校在重大事项决策前征求群众意见，组织专家论证，进行风险评估和合法性审查，最终由集体讨论决定，这是为了保障决策民主所做的制度创新。在学术自由上所做的制度创新，也是从制度层面为“去行政化”所做的努力。比如在“学生、学员、校友”方面，我们对学生、学员进行了界定，明确了其不同的权利、义务和管理方式，同时，还设立专门章节，对校友的权利义务进行了明确，这既表达了学校对校友工作的重视，也充分肯定了广大校友为学校发展、社会进步做出的重大贡献，便于今后更好地吸引校友更多地支持学校建设和发展。

（3）处理好章程与学校内部和外部关系。一是内部关系问题。学校是一个庞大的组织系统，内部一些关系的处理，如行政权力和学术权力的关系、章程与上位法律规范的关系、章程与下位规章制度的关系等，也是章程必须要加以明确的。我们在制定章程时也对此内容有所涉及。如在处理学校行政权力与学术权力关系时，我们更多地倡导学术自由和教授治学，教授群体通过治学科、治学术、治教学、治学风等方式，参与学校事务管理，对学术事务拥有决定权，并明确规定，“处理学术性事务的委员会，其组成人员实行选举制，保证以学术人员为主体，党政领导干部一般不超过三分之一”，这些规定既是“去行政化”的探索，也为学术权力的有效行使提供了制度保障。在处理学校章程与上位法律规范的关系时，学校遵循“法律保留原则”，凡是法律法规有明确规定的事项，除了一些重大事项外，学校章程一般不再原文引述，并坚持做到不与法律冲突。在处理章程与下位规章制度的关系时，我们参照国家法律体系，通过梳理和研讨，将校内制度划分为根本制度、基本制度和具体制度三个层次。章程作为学校的根本制度，对下位的基本制度和具体制度，只做出原则性规定，不涉及具体内容，这样有利于建立一个位阶明确、上下衔接、分工具体的校内制度体系。

二是外部关系问题。学校处于社会之中，学校与社会的关系，尤其是与举办者的关系，是大学章程的必备内容，也是难以表述好的内容。经过考察发现，现有兄弟院校的章程文本，大都回避了“举办者的权利与义务”这一内容。我们在制定章程过程中，通过认真研读相关法律，把分散在各个法律文本中的高校举办者的权利与义务、学校的权利与义务的相关条款，进行分析、整理和归纳，并在章程文本中进行了尝试表达。举办者的权利与义务各列举了七项，学校的权利与义务各列举了九项，这表明了学校依托和尊重举办者，依法按章办学、接受社会监督的态度。在处理学校与外部其他关系方面，我们仅仅表述了与“董事会”的关系，而与学生家长、社区、企业、用人单位等利益相关者的关系，因涉及面太广，没有展开表述。

(4) 增强章程实施的实效性。大学章程制定出来后，如何实施是最关键的。当前，大学章程的实施相比大学章程的制定来说，得到有关方面的应用重视程度更少，实施过程中存在的问题和困难也很多。比如，从社会来讲，一些地方的教育行政部门和其他行政部门，在对大学进行检查评估时随意性很大，想检查就检查，想检查什么就检查什么，无视大学章程的存在，并没有将大学章程作为对大学进行检查评估的重要依据；从大学自身来讲，一些学校只注重章程的制定，不重视章程的实施，章程制定出来后就束之高阁，成为一个摆设，而不是按章程依法办事、依法治校。因此，要真正使大学章程落到实处，发挥其应有作用，高校必须应该大力做好章程的实施工作。

一是提高对大学章程的认识。章程的实施，本质上是实现章程确定的目标的过程。对社会来讲，章程所规范的高校行为必须获得社会的广泛理解和支持，这是大学实施章程的社会基础。在校内，管理人员是学校规章的执行者和教育、科研、服务活动的管理者，他们对章程的目的、意义、精神、内容等具体细节的认识，直接决定章程目标能否实现。因此，高校章程制定后，应通过各种媒体宣传，赢得社会的认同和师生员工的充分理解。否则，章程实施的效果也将难以保证。为了给章程的实施营造一个良好环境，首先，加大了对外对内的宣传力度。学校章程经湖南省教育厅审核颁布后，学校马上与省教育厅联系，并由教育厅组织全省高校召开了一个现代大学制度建设的研讨会，就湖南农业大学制定章程的过程、做法、经验等向全省高校做了介绍。会后，《湖南日报》、湖南卫视等省内十几家媒体都对湖南农业大学章程制定工作给予了大篇幅的报道。同时，将章程在校园网首页、党务公开栏、校务公开栏，以及校内宣传橱窗等显著位置刊载，让社会广泛知晓学校颁布了湖南省内高校第一部经教育厅审核的大学章程之事。其次，组织了不同层次的学习讨论活动。还在章程草案阶段，学校就先后组织了8次座谈会，让广大师生参与章程的讨论修订；组织召开了教代会，对章程草案进行审议；章程正式颁布后，学校又印制了几千册章程文本，分发到教职员工手中；校院两级中心组先进行集中学习，然后各学院、各单位分别组织本院、本单位所有职工学习讨论。通过这些措施，力求提高社会对学校章程的认识，提高学校内部机构和管理人员对章程的理解，让广大师生员工都行动起来，真正用章程来统一思想、规范行为；用章程来凝聚人心、激发斗志；用章程来推进依法治校、建设现代大学制度；用章程来推进学校内涵式发展，早日实现学校发展目标。

二是完善学校的制度体系。一般来说，高校都制定有很多的内部规章制度，并在学校过去的工作中发挥了重要作用。但与真正完善的现代大学制度体系建设的要求相比，这些制度无论在形式和内容方面都存在缺陷，还没有形成现代大学制度体系。湖南农业大学现有的规章制度也存在这方面的问题。因此，学校章程正式实施以后，学校就启动了现有规章制度的清理和“废改立”工作，用章程来指导学校的制度体系建设。在此过程中，学校将现有的所有制度用四个标准进行考量：第一，用法律、法规和学校章程去考量，看是否有相违背的地方；第二，用实事求是的观点去考量，看是否符合学校的实际情况；第三，用科学发展的眼光去考量，看是否代表学校、高等教育和社会发展的方向；第四，用国内外高校的成功经验去考量，看是否有可以借鉴的地方。在仔细清理的基础上，对照章程文本，按照“先急后缓”、“先基本后具体”的原则，逐步做好学校制度“废改立”工作。《湖南农业大学章程》自2012年1月1日正式实施以后，学校紧接着启动了学校制度体系建设。根据章程，对2010年以来学校出台的所有规章制度进行了清理，并结合实际情况，逐个对这些制度进行了审核，对该废止的制度进行了废止，对需要修订的制度要求限时进行修订，对没有的制度要求按照程序尽快制定。经过半年多的工作，学校共清理了468个制度，废止了182个已经过时、不适应工作要求的制度，修订了59个制度，新制定了14个学校原来没有的制度，还有部分制度尚在完善之中，基本形成了一个以《湖南农业大学章程》为核心，基本制度为支撑，具体制度为基础的大学制度体系。

三是建立健全各项监督制度。要使章程得到很好的贯彻实施，还有一个建立监督制度的问题，以对章程的实施情况进行监控，收集和反馈各方的意见，适时作出调整。一方面要建立监督与反馈机制，切实发挥校内师生员工的民主监督作用，保证制度实施与制度管理公正、有效。另一方面要健全权力监督机制，防止权力被滥用。高校的行政管理权同其他权力一样，如果不加以有效制约和监督，也容易被滥用，也会导致严重的后果。因此，为了制约权力，防止和及时纠正腐败行为，大学必须加大校务公开的力度和范围，加强民主监督机制的建设。学校在章程的实施过程中，通过教职工代表大会、校长办公会议、校务公开、党务公开以及督察室、督导团等多种渠道和形式，对各单位、各学院贯彻学校章程的情况进行检查和督促，如在规章制度的制定过程中，学校对各类制度的制定列出了具体时间表，按照时间约定提前进行督促，保证了制度体系按计划逐步出台和完善。

湖南农业大学作为一所地方性农业院校，通过制定大学章程及建设现代大学制度的探索，逐步创新了学校的制度体系，推进了学校的内涵式发展。

二、基于教授治学的学术组织的设置与运行

近年来，许多高校在推进教授治学方面做了一些积极探索。有的重点大学（如复旦大学、山东大学等）改革步伐较大，校处两级党政领导干部大步退出“学术委员会”，有的学校（如湖北大学等）尝试以规模较大的“教授委员会”分设专门委员会，分别履行“学术”、“学位”、“教学”和“职称评聘”等委员会的职能。为实施“学术兴校”战略，实行教授治学，引领学术发展，推进学校高水平教学研究型大学建设，湖南农业大学设立了湖南农业大学学术委员会和湖南农业大学教授委员会，从不同角度实施教授治学。

（一）学术委员会

大学是一个学术研究、学术应用和学术教学的机构，为突出大学学术的专业性，应成立学术委员会。学术委员会是一个由教授组织的学术审议和学术决策机构。

（1）职责。学术委员会主要履行学术评价、学术决策、学术论证、学风建设等职责。①学术评价。负责学术人才评价、学术成果与项目评价、学术机构（创新平台、学科）评价等。②学术决策。审议学校的学科专业建设、科学研究、学术队伍建设、人才培养等有关工作中的重要学术事项；对学校重要学术事项、重要学术活动等学术问题作出决策。③学术论证。对涉及学术问题的其他重要事项进行论证和咨询。④学风建设。履行学风建设相关工作，重点对学校学术文化建设、学术环境与氛围建设以及学术道德建设等进行咨询论证或决策，调查、评判学术不端行为，并向学校提出党纪政纪处理建议。同时指导全校重大学术交流活动及其他学术组织开展活动。

（2）成员构成。学术委员会由25—35名委员组成，以专职学术人员为主体，担任副处级及以上领导职务的委员不得超过1/3。校学术委员会设主任委员1名，副主任委员2—5名。主任委员、副主任委员由委员会全体会议选举产生。校学术委员会委员每届任期4年，可以连任，但每届连任的委员原则上不得超过委员会总人数的2/3。学术委员会委员应具备下列条件：①应具有教授（或相当于教授，下同）专业技术职务，有扎实的科学研究基础，有较高的学术水平和学术造诣，在国内乃至国际学术研究领域有较大影响或较高知名度，熟悉所在学科、专业的学术状况，了解学校的学术发展动态。②坚持原则，学风正派，公平公正，顾全大局，有较强的议事能力、组织能力。③关心学校建设和发展，有强烈的事业心和责任感，身体健康。④学术委员会委员换届或增补时，候选人能够在退休前任满本届任期。

（3）产生程序。①推选委员候选人初步人选。②推选委员候选人预备人选。③确定委员候选人。④学校召开全体教授会议，以无记名投票方式选举产生校学术委员会委员。⑤学术委员会成员名单公示。⑥学术委员会召开全体委员会议，选举产生主任委员、副主任委员。

（4）权利和义务。学术委员会委员享有下列权利：①获得有关学校改革建设与发展的信息；②出席校学术委员会会议，并就校学术委员会职责范围内的事项发表意见和建议；③就校学术委员会职责范围内的事项进行审议或表决；④在校学术委员会内享有选举权和被选举权。学术委员会委员履行下列义务：①遵守国家法律、法规；②遵守《湖南农业大学章程》和学校的规章制度，严谨治学，为人师表；③遵守《学术委员会章程》，参加校学术委员会会议，执行校学术委员会决议；④遵守工作纪律，保守工作秘密。

（5）工作规则。学术委员会实行例会制，每学期至少召开一次全体会议，根据实际工作需要，经主任委员提议，或1/3以上委员提议，可以临时召开校学术委员会全体委员会议。学术委员会会议由主任委员主持，或者由主任委员委托副主任委员主持。学术委员会召开全体委员会议时，必须有应到委员数2/3以上委员出席方可开会。学术委员会会议实行民主集中制，需要表决的事项应在充分酝酿的基础上，采用无记名投票方式表决，表决结果须经应到会委员的1/2以上通过方为有效。学术委员会会议讨论事项与委员直接利益相关或涉及委员本人及亲属时，该委员在学术委员会会议讨论过程中应主动回避或被告知回避。学术委员会委员因特殊情况不能出席会议时，应向主任委员请假，不能出席会议的委员不能委托其他委员代为发言或投票。讨论重大学术问题时，校学术委员会可邀请相关专家学者参加会议，充分听取意见。学术委员会做出的决议，必须公示，在公示期间如有人对委员会决议有异议，可向委员会办公室书面提出复议申请。学术委员会的决议以《校学术委员会会议纪要》形式发布，其中重大事项报校长办公会或党委会批准，由学校发文。学术委员会的决议需要向学校或者上级报送的，按照学校或者上级的要求办理。在规定的时限内发生异议不能按期报送最终结果的，应当申请延期报送；不能延期报送的，先行报送首次会议的决议，并报告复议情况。

（二）教授委员会

为完善学校治理结构，充分发挥教授在学校改革、建设和发展中的作用，地方高校可组建教授委员会，教授委员会是学校改革、建设和发展重大事项的咨询机构。

（1）职责。为学校中长期发展规划、阶段性发展规划等各类规划的制定提供咨询；为学校的重大政策、改革方略的制定提供咨询；参与学校重大建设项目的前期论证与咨询；就学校提交的其他事项提供咨询。

（2）成员构成。学校教授委员会由 25—35 人组成，其中在职副处级及以上党政领导干部不得超过 1/3。教授委员会设主任委员 1 人、副主任委员 3—5 人。教授委员会委员的基本任职条件：具有良好的思想政治素质和较高的政策理论水平；具有较高的国际国内学术地位，为公认的学术或学科带头人；具有较强的参政议政能力，自愿为学校的建设发展服务；群众基础好，在教职工中享有很高声誉；具有教授职务（含其他相当于教授的专业技术职务，下同）；身心健康；教授委员会换届或增补委员时，候选人的年龄要能够在退休前任满本届任期。博士研究生指导教师提名为候选人的，应当能够在退休前在委员会中至少工作满 2 年；院士提名为候选人的年龄不限。

（3）产生程序。教授委员会每届任期 4 年，可以连任。教授委员会成员产生程序：①学校按委员会设定人数的 1.2 倍，考虑学科结构等因素确定候选人名额；给每个学院（含东方科技学院和国际学院）分配一个基本的候选人名额；余下的名额，按各学院教授人数占学校教授人数的比例，分配到相关学院，并适当取整。②各学院召开副教授及以上职称人员会议，根据教授委员会委员条件、学校确定的原则和名额，提名推荐本单位委员候选人。校机关及其他业务机构的专业技术人员和双肩挑人员根据学科归属，参与学院候选人提名推荐。③学校教授委员会办公室牵头，人事处、监察处参加，根据教授委员会委员任职条件，进行候选人资格审查。④全校教授大会进行无记名投票选举，候选人得赞成票超过应到会人数的半数始得当选；得赞成票过半数的候选人多于应选人数时，按得赞成票多少顺序确定；当得赞成票数相等，不能确定当选人时，对票数相等的候选人重新投票，得赞成票多的候选人当选；当选人数少于应选人数时，一般不再进行补选；如当选人数少于应选人数5人及以上时，可在得赞成票未过半数但得票较多的非领导干部候选人中进行差额补选；确保当选委员中副处级及以上领导干部不超过1/3，当候选人中副处级及以上领导干部多于应选人数1/3时，副处级及以上领导干部候选人与其他候选人应当分别进行选举。选举结果公示5个工作日。⑤教授委员会举行全体会议，投票选举主任委员和副主任委员。⑥选举结果报学校党委审定，并发文公布。

（4）权利和义务。教授委员会委员享有下列权利：①参加教授委员会会议，发表个人意见，行使表决权；②对教授委员会的工作行使批评、建议和监督权；③在教授委员会内具有选举权和被选举权；④法律、法规、规章赋予教师的其他权利。教授委员会委员应当履行下列义务：①遵守国家的法律法规，遵守《湖南农业大学章程》和学校的规章制度，严谨治学，为人师表；②遵守教授委员会章程，参加教授委员会会议，执行教授委员会决议；③遵守工作纪律，保守工作秘密；④法律、法规、规章规定的其他义务。

（5）工作规则。教授委员会会议以例会制为主，每学期召开1—2次会议，也可根据情况不定期召开。教授委员会会议按议题进行，没有列入会议议题而临时动议的，会议不予讨论。教授委员会有2/5及以上的成员就其职责范围内的问题提出举行会议，主任委员应当及时与同级党政主要负责人协商，确定议题并召集会议。教授委员会会议由主任委员主持，或由主任委员委托副主任委员主持。教授委员会会议到会人数必须达到应到会人数的2/3方可开会。教授委员会实行集体决策制度，除上级规定的事项按应到会人数2/3以上（含2/3）的成员表示赞成方能通过外，其他事项以应到会人数过半数赞成方能通过。应到会人数应当扣除按规定回避的委员人数。教授委员会决策，必要时实行书面票决制，票决一般实行实名制；但涉及授予学位、职称晋升、重大荣誉称号等个人事项时，采用无记名投票。教授委员会通过的决议，必须公示3个以上工作日，公示期间如果有异议，可由委员向教授委员会办公室书面提出。

三、基于现代大学制度的基层学术组织重构[①]

随着我国高等教育发展与改革的深入，深化高校内部管理体制改革，探索建立现代大学制度，创设有利于大学发展的制度环境，已成为人们的共识。大

① 本节内容原载于《高等教育研究》2009年第4期。

学基层学术组织及其治理制度是现代大学制度的重要组成部分，也是大学进行教学、科研和社会服务等职能活动的基本单元，其重构对突破长期制约、影响大学发展的制度性障碍，从下往上推动大学组织渐进式的整体变革具有重要意义。

（一）基层学术组织是现代大学制度建设的重心

大学作为一种社会的独特组织，保存、发现、创造和应用高深知识的基本工作方式决定了学术性是大学的根本属性，也界定了大学内部治理结构所依循的边界。在大学，无论是教学与研究，还是从事这些工作的教师们，都是以学科专业知识领域为基础进行分工和建立联系的。同样的原因和过程，使以学科为基础的系或学部和以专业为基础的研究所，成为大学组织结构中最为根本和庞大的组成部分。这种“底部沉重”的组织特征使大学管理的重心落于基层。就系统本身以知识任务为中心而言，有关系统操作的一项最重要的事实是，学科和院校的联系方式都汇聚在基层操作单位，即学术界的基本工作群体。院系或研究所既是学科的一部分，也是院校的一部分，它们将两者合二为一，并从这种结合中汲取力量。这种结合使得操作部分既能显示出强大的势力，又能成为系统的核心。①

大学庞大的基层操作单位既承担着大学的基本职能，也成为大学发展变革的源泉。大学的基层学术组织大都是围绕着学科与专业建立起来的，而每一个专业都要跨越自己的专业界限进入目前尚未标示的领域才能不断进步。一旦新的知识领域被大学里的学者所接受，并通过“无形学院”的扩散性影响成为学术知识的一部分，大学内部就会依靠学术的内在动力去开拓这些领域，在已有的组织之内渐进式地发生某些变革。同时，尽管不同学科、不同专业的教师由于归属于不同的符号系统，沟通的差异性和学科建制上的隔阂使教师群体的活动呈现离散的状态，但其对自己专业领域的学术活动的广泛控制，使他们的工作具有高度的自主性。他们对组织内部制度变革的认可与接受程度，就会汇聚成推动或阻碍改革的强大力量。“在一种以基层为主的学科和事业单位的矩阵中，基层革新是一种关键的变革形式。”② “许多由上层宣布的改革过早夭折，其原因之一是内部组织未能有效地动员起来，因而缺乏应有的支持。在一个头

① ［美］伯顿·R. 克拉克．高等教育系统：学术组织的跨国研究［M］. 杭州：杭州大学出版社，1994：49.

② ［美］伯顿·R. 克拉克．高等教育新论：多学科的研究［M］. 杭州：浙江教育出版社，1988：135.

轻脚重的系统里，基层组织是推动政策和改革的主要力量。”①

在我国目前推动现代大学制度建设的过程中，各种制度陋习和制度缺陷使大学的改革任重道远，“牵一发而动全身”的利益纠葛使改革的每一步都异常艰难。回归大学作为人才培养机构和学术组织的本性，从基层学术组织变革入手构建适合学术生长与发展的组织形态，让每一个教师参与组织变革并使其职业的发展和利益与学术组织的发展息息相关，减少改革造成的动荡和阻力，通过组织结构的变化改变大学观念和权力运作的方式，从而深层次地触及旧有制度中的一些痼疾，并逐步地从下往上予以推进和解决，这应该是我国目前现代大学制度建设的一条切实可行的路径。

（二）基层学术组织重构的原则

（1）教学与科研兼顾。教学与科学研究是大学的两大基本职能。19 世纪初洪堡在创办柏林大学时，第一次将教学与科研相统一的原则运用于大学的办学中，创建了讲座制的制度，以强制性研究任务为中心，把研究和教学统一在教授身上，强化了教授的统治地位和对大学管理方面的影响。19 世纪末，美国大学建立起了学系制度，把一些相关联系的研究点聚集成学科，注重教授对学术事务的管理，体现了集体治学和教师自主性的理念。尽管在历史的发展过程中，这两种基层学术组织形式为顺应大学的发展进行了一些组织变革，但仍然是目前世界上大学最主要的两种基层学术组织结构。这两种基层学术组织都承担着教学与科研的工作职能，但教学与科研两者之间尽管存在某种内在联系，在一定条件下甚至可以相互促进，然而两者的工作性质和要求及其内在逻辑基础的差异，使两种基层学术组织都有所侧重，这也成为大学组织创新中极为重要的课题。从对组织结构的要求来说，“研究自由”在组织上的分裂程度要高于“教学自由”，因而教学活动可以按照层级分明的科层结构来组织，科研活动的组织形式则必须灵活多样。

（2）学科分化与学科综合相统一。大学基层学术组织的成长和变革与知识体系的生长规律密切相关。近代科学发展呈现两大趋势，一是科学的纵深化发展使学科不断分化，二是科学的横向联系又带来了学科的交叉与融合。当知识的增长方式以学科分化为主时，大学基层学术组织表现为不断分化的增量式发展；而当知识的增长方式从过度分化走向学科融合时，各种各样的跨学科组织也就应运而生。科学发展的这两种趋势，一方面要求基层学术组织体系化和稳

① ［美］伯顿·R. 克拉克. 高等教育系统：学术组织的跨国研究［M］. 杭州：杭州大学出版社，1994：262.

定化，因为学术组织要依托相对成熟的学科知识体系获得其合法性，另一方面又要突破单一学科视野的局限，具有较大的开放性和灵活性。这种复杂的要求需要基层学术组织从形式与运作等多个方面做出积极的回应。

（3）学术权力与行政权力协调。在一个组织结构中，权力的合理行使和有效配合是提高组织效率的关键因素之一。现代大学是由学术权力和行政权力组成的二元结构，学术权力的存在确保大学教学、科研的基本属性，而行政权力的作用则使大学成为内部各部门相互联系且不可分割的整体。在大学的学术管理中，行政权力应当尊重学术权力，配合学术权力，同时规范个人在行使学术权力时的行为，保障学术权力作为一种公权力在行使过程中的公正性和合法性。在强化学术权力在大学组织运作过程中的作用的同时，加强对包括学术权力在内的各种权力的法律约束和民主监督，并使其合理化与规范化，使权力的运作在组织制度层面为新的学术思想的孕育和形成、学术新人的发育和成长营造宽松的环境，释放大学知识产出与创新的活力。①

（4）资源配置责权对等。大学“底部沉重”的特点使大学的组织管理重心下移，“有组织的无序状态”使基层学术组织承担着重要的学术管理和行政管理的职能，在学科规划、学科用人、学科经费、学科资产、学科日常运作和管理方面拥有自主权，使其成为集人、财、物于一体的办学实体。在权力重心下移的过程中，责任也随之转移。基层学术组织的教学水平、科研层次、服务能力、人才质量不仅直接影响学校的声誉，而且也在较大的程度上决定着其在学校的地位和获取资源的能力，进而影响着学术组织内每一位教师的学术发展和利益。这样，只有作为一个负责任的权力主体，基层学术组织才能保证学术决策的自主性，实现学术自由，让其学术主体充分、自由地活跃在学术研究的最前沿，从而提升组织的自主创新能力。

（三）基层学术组织结构的重构

大学基层学术组织的改革与创新，要立足于现代大学制度建设的高度，遵循教育的自身发展规律和作为“学者共同体”的高等学校的办学规律，确立“学术本位”的价值理念，解除制约学术生产力提高的桎梏，营造有利于创造性人才生存、发展的环境，建立体现学术性、创新性、民主性的现代大学基层学术管理体制。在这种过程中，组织结构的变革是一项基础性的工程，“根本

---

① 郭丽君．大学教师聘任制：基于学术职业视角的研究［M］．北京：经济管理出版社，2007：212.

的变化意味着结构的变化，在任务和权力非常分散的系统里尤其如此。”①

（1）建立教学科研二维矩阵模式。现代高等教育在人才培养上具有大规模、标准化的特点，因而要求把学生按照学科专业组织起来进行教学。与此不同，科研活动源于教师个体或团体对未知科学问题的兴趣，需要知识的交流和沟通。我国传统学术组织结构中过于严格的“教师单位所有制”，一方面不利于教学资源的共享，另一方面又阻隔了科学研究上的相互交流和合作，同时也加深了教学与科研之间的矛盾。因此，建立一种教学职能与科研职能相对分离、相对稳定的二元结构，能较好地承担起大学的各项职能，适应变化的环境对大学的需求。教学组织结构按照校—院—系（室）的层级结构设计，保证大学组织的相对稳定性。科研工作的组织结构则应遵循动态、开放、灵活、多样、共享的原则进行设计。在这种二元结构中，教师既可以根据所承担的教学课程的类型和学科方向参与相应的以教学为主的“教学单位”，又可以根据自己的科研方向或课题，参与某个以科研为主的“研究单位”（研究所、中心等），教师具体属于哪个组织，根据承担任务的变化灵活组合。这样，教师就处于一个网状的组织结构中，既有利于学术资源的共享，也对教师的职业发展起到有益的促进作用。

（2）探索跨学科的基层学术组织拓展模式。在基层学术组织的构建基础上，要紧跟跨学科学术组织的发展趋势。20 世纪后期，西方大学对基层学术组织结构进行了极富创新性的横向拓展，它们把握学科统和发展的新趋势，突破传统的单一学科的局限，积极探索基于问题或项目的跨学科、跨专业领域的、多学科的基层学术组织形式。如德国柏林工业大学中就设有大量的跨系研究中心、跨学科研究组、独立研究所以及跨学科研究协会等学术组织形式。②美国的麻省理工学院（MIT）建有 200 多个交叉实验室和研究中心，加利福尼亚大学有跨学科的科研小组 3000 多个。③ 我国北京师范大学成立的儿童研究院，就是一个整合了儿童文学、学前教育学、心理学、艺术学等学科资源的、基于儿童问题研究的跨学科基层学术组织。这些跨学科学术组织一般是纵向以“学科”为纬度，横向以“问题”、“项目”或“特定的研究课题”为经度的矩阵型组织结构，它适应了现代科学发展以学科的开放和综合为要求的知识生产与发展的规律，克服了传统基层学术组织结构的固有缺陷。

---

① ［美］伯顿·R. 克拉克．高等教育系统：学术组织的跨国研究［M］. 杭州：杭州大学出版社，1994：49，262.

② 张炜．德国柏林工业大学的跨学科学术组织［J］. 比较教育研究，2003（9）.

③ 刘根东．大学组织结构与运行机制［J］. 南通大学学报（社会科学版），2005（3）.

（3）明确基层学术组织的多元化职能。大学基层学术组织要根据现代大学不同的职能定位对其职能划分进行宏观把握与微观设计，整体思考设计学院、系、中心、研究所等学术组织的目标定位、功能划分与资源配置。从功能目标来说，新型基层学术组织必须承担起以下职能：完成学院下达的本科教学任务，完成学院下达的科研任务，组织重大科研项目的申报，组织学术交流活动，组织重大科研项目的申报，组织学术交流活动，组织交叉、边缘和新兴学科研究，做好研究生招生、培养及日常管理，组织并承担学科建设任务以及培养促进新的学术带头人和学术骨干的成长等职责任务。同时，在不同类型、层次和性质的大学中，教学、科研和社会服务这三项职能在基层学术组织的职能定位中应有所区别和侧重；在同一类型、层次和性质的大学中，也应根据基层学术组织结构特征和组织形式的差异而对其职能进行合理布局与优化。如东北大学就对其建立的不同结构形式的基层学术组织的具体职能作了相应区分：研究所主要以基础性、探索性、前沿性、交叉性的研究为主，同时承担本科生和研究生的教学任务；科技创新平台（基地）以重大科技创新为目标，承担研究生和适量的本科生教学任务；研究院通过产学研结合途径，以重大科技开发和科技成果转化为主要目标，承担研究生培养任务。① 只有合理划分基层学术组织的工作职责，才能避免学校组织层次间的职能漂移和错位，真正激发基层学术组织的活力和创造力。

（四）基层学术组织运行机制的创新

从某种意义上说，组织结构的设计是一个系统工程，需要与之适应的运行机制来保障它的良性运行。

（1）管理重心下移。我国大学目前的权力结构普遍“头重脚轻”，权力主要集中于学校层面，院、系所和教研室的学术管理基本上是执行学校有关职能部门的决定，这种顶部沉重的组织运行机制有助于提高组织的运行效率，但其更适宜于科层制的组织结构，将其用在大学的学术管理中，就会制约研究者的活力，影响学者自主地追求学术，导致“数字学术”、“职称科研”等学术泡沫的出现。为适应新型的大学组织结构，学校的职能应定位于落实国家大政、引导发展趋势、制定制度框架、规范管理程序、做好服务评估，对学术事务的管理以及适应不同基层学术组织特点的行政权力都应归还给基层学术组织。只有这样才能确保各类基层学术组织的活力。

---

① 郝冀成．积极探索科研教学相融合的基层学术组织［J］．中国高等教育，2005（3—4）．

（2）建立民主的学术决策管理机制。在改革基层学术组织、建立新的管理体制的基础上，实行民主的决策机制。现代大学制度的核心要素包括学术自由、教授治学，它要求打破大学的行政化、官僚化，建立体现科学、民主、自由、平等精神的知识管理制度和学术民主制度。在基层学术组织中，一条可行的路径是建立教授委员会。教授委员会成员经民主选举产生，校长以聘任的形式委托教授委员会管理基层的教学、科研、学科建设等学术性事务。这样，基层学术组织就形成了分别针对学术事务和行政事务的两种不同性质的决策机构：教授委员会拥有学术事务的决策权，行政系统拥有行政事务的决策权。基层学术组织应以学术管理为核心，行政管理应服从学术管理的需要，学术事务范围以外的工作则由行政系统决策，教授委员会审议。就其性质而言，教授委员会不是新的官僚组织，而是一个自治结构，是“学术共同体”实现学术自治和学术自由的一种组织形式。这样就在组织层面尽可能避免行政力量对学术的过多干预，学术权力得以真正发挥作用。

（3）建立弹性的人事管理制度。随着基层学术组织结构上的多元化和灵活化，在人事管理上应改变单位内部僵化的“一刀切”的管理模式。在编制和岗位的管理上，建立固定岗位和流动岗位、专职与兼职相结合的人员多元化流动模式。同时，在统一标准和制度的约束下，建立健康的准入和退出机制。在绩效考核上制定弹性考核制度，相信和尊重教师的创新能力和活力，逐步减少刚性量化短期考核指标，以更科学合理的弹性指标引导和调动科研人员的创新活力。同时探索适应于团队发展的评价体系，建立适应学术研究规律的宽松的学术环境，明确团队的学科新方向。在薪酬制度改革上，要探索适应于新型组织结构的多种薪酬制度，要建立结构工资制和年薪相结合、外部激励与内部激励相结合的报酬体系。

第三章 地方高校的实践探索

从组织目标层面来讲，地方高校具有以下社会责任或目标：一是作为中国高等教育体系的重要组成部分，地方高校为国家和地方培养高级专门人才，必须从数量和质量上满足社会对高等教育的公共需要，为地方经济发展提供人才支撑；二是地方高校服务于地方经济，必须针对地方经济的发展需要，构建地方经济发展的科技创新支撑体系，为地方经济和产业发展提供相关支持理论和新品种、新产品、新技术、新工艺，促进地方经济的健康可持续发展；三是地方高校服务于地方经济社会发展，通过提供技术服务、提高公民素质、解决区域性社会问题和促进社区建设等多样化、多层次、多途径的社会服务，促进地方经济社会发展。

第一节 地方高校实行弹性学分制的研究与实践

中国高校的学分制改革如火如荼，但对于地方高校而言，如果沿用学年学时制，显然已不合时宜；如果一味照搬西方模式，则我国高等教育资源严重不足的现实，以及相对稀缺的高等教育资源与旺盛的高等教育需求之间的矛盾，都迫使大部分地方高校不能不正视现实，因此全面推行完全学分制尚不具备条件。事实上，在我国高等教育迅速发展的条件下，真正有能力推行完全学分制的也只有少数几所名牌大学，大多数高校，尤其是地方高等院校和职业技术学院，基本不具备推行完全学分制的条件，只能根据自身的情况，创造适合自身发展特点的学分制。因此，在这种特殊的历史条件下，我国地方高校实施弹性学分制具有很大的现实意义。①

一、地方高校实行弹性学分制的必然性分析

（一）传统学年制的本质及其与现实的冲突②

（1）传统的学年制在本质上是一种以“刚性教学计划和统一培养规格”为基本特征的教学制度。早期的学校教育采取的是“师带徒”的教学方式，既不分学年，也不分班级。1632 年，捷克教育家夸美纽斯写成了《大教学论》一书，他提出了“把一切事物交给一切人”的“泛智”思想，并提出了采用班级集体授课制的主张。为了说明这种新的教学方式，他将其比喻为“印刷术”。书中有两段话十分明确地表达了夸美纽斯的思想和班级集体授课制的实质：“继续来用这种印刷艺术上的类比，我们就可以用更详细的比较来表明我们这种新方法的真正性质，因为这样可以表明，知识可以印在心灵上面，和它的具体形式可以印在纸上是一样的。事实上，我们简直可以采用‘印刷术’这个术语，把新的教学的方法叫做‘教学术’”。“假如一本书要印多少份数，我们立刻就取出同数的纸张，放到同一块版上去印刷，并且从头到尾，每块版上都印出同样的张数，不多也不少……同样，是在同一时间以内，全校应由同一教师去教，全体学生从头到尾应受到一种循序渐进的教导……一切公立学校必须同时开学，同时放假，以便每一班的功课可以每年告一结束，并使全体学生（才智缺乏的除外）可以同时达到一定的标准，同时升到下一班去。这与印刷术的首页全都先印，次页全都次印正是一个恰切的类比。”③ 夸美纽斯关于班级集体授课制的思想和主张，是学年制作为一种教学制度的滥觞。但在当时和其后的 100 多年中，并没有被普遍推行，只有他所编写的教材被广泛采用。直到 18 世纪的工业革命之后，随着工业化的进程对大批受过教育的劳动力需求的增长，学校教育规模的迅速扩大，班级集体授课制即学年制才逐渐成为近代以来学校中最基本的教学制度。这种教学制度“以刚性教学计划和统一培养规格”为其基本特征。它与工业社会的标准化、专业化、同步化和规模化等特征是一致的。班级集体授课制在学校教育史上是一个重大变革和进步，它的缺点

① 本节内容系作者主持的“高等教育大众化背景下地方高校实行弹性学分制的研究与实践”项目研究成果，该项目于 2009 年获得国家教学成果二等奖。

② 冯向东．推行学分制：教学制度与观念的深刻变革［J］. 高等教育研究，2003（6）.

③ 夸美纽斯．大教学论［M］．北京：教育科学出版社，1999：232，235.

和弊端却是在其后的发展中变得越来越明显的。从班级集体授课制的产生之日起，它就与“因材施教”这一最基本的教学原则相悖。“所谓以课堂为中心、以教材为中心、以教师为中心”的“三中心论”皆发端于此。

(2) 中国高等教育的改革与发展，需要突破传统学年制的制度框架。我国的高等学校自20世纪50年代以来，在教学制度上就一直实行这种传统的学年制，因为这种教学制度与我国同一时代的政治和经济体制是相适应的。1978年的思想解放运动，促使我国的高校将学分制改革提上了日程；1985年兴起的教育体制改革大潮，又将学分制改革实践继续向前推进。《中共中央关于教育体制改革的决定》(1985年) 指出：“在高等教育体制改革的同时，按照理论联系实际的原则，在辩证唯物主义和历史唯物主义的思想指导下，改革教学内容、教学方法、教学制度，提高教学质量，是一项十分重要而迫切的任务。”回顾30多年来的改革历程可以看到，高等学校的教学制度虽然已经发生了不少变化，但并未从根本上突破传统学年制的制度框架。随着时间的推移，传统学年制与高等教育自身发展的冲突也日见尖锐。其一，在高等教育大众化的条件下，学校如何满足学生多样化的需求。多样化是大众化的必然要求。高等教育的多样化，不仅是以分层、分类的学校定位来满足多样的需求，而且每一所学校也面临着学生不同的发展需求。学校要为学生在学习和发展上提供更多的可选择的机会，就必须改变教学计划的刚性和单一性。其二，如何培养学生生动活泼的、丰富的个性，为增强学生的创造力打下良好的基础。在一种刚性统一的教学制度下，学生的个性被忽视、被束缚。没有生动活泼的、丰富的个性，有何创造性可言？要培养创新人才，必须有个性化的教育，要有让拔尖人才脱颖而出的环境。其三，如何从体制上克服当前实际存在的高等学校“严进宽出”现象，把好人才培养质量关。真正的“严出”，必须坚持质量达标而不是“走完过程”就能毕业。一方面要坚持严格的质量标准，另一方面又希望避免有太多的学生面临学籍异动的局面，这就需要建立一个出校前的校内缓冲机制。否则，在中国的现实条件下，“宽进”会随着招生规模的扩大逐步做到，而“严出”则缺乏制度支撑。

(二) 教学制度的变革及其效应

(1) 变革中形成的学分制理念、机制和制度功能。在教育发展史上，打破学年制框架体系的并不是学分制，而是选课制。1825年，哈佛学院正式允许高年级学生选修一定数量的课程。在当时，改革者推行选课制的目的，是要打破从近代大学以来古典课程“一统天下”、教学计划刻板僵化的局面，给予学生在学习上进行选择的自由。这在美国教育史上是一次重大的课程改革运动，也是一次不同教育思想观念的激烈交锋。选课制在美国从提出、推行到逐步完善，几经曲折，到20世纪初才成为比较系统的教学制度。与传统的学年制相比，在选课制下，集体授课的方式仍被保留，而班级的概念已被淡化；专业依然存在，但同一专业的学生所学的课程却因人而异。由课程体系和选课规则构成一定的选择空间；学生在这个给定空间内的自主选择，形成了个性化的教学（学习）计划和自己的专业方向。这样，选课制作为一种教学制度，就从根本上打破了学年制刚性统一的制度框架，形成了弹性教学计划下的学生自主选择机制。学分制在不同的时期、不同的学校有不同的具体形态，但作为一种教学制度，其制度理念、制度运行机制和制度功能等，则是基本稳定和十分明确的。学分制的核心理念是“学术自由”（或者更具体地表述为“学术自由的原则必须也体现在学习自由上”），其制度功能是“为学生在教学活动中的主体地位提供保证”，而这一功能是靠“弹性教学计划下的学生自主选择机制”实现的。

（2）推行学分制改革，是在做一件“搬道岔”的制度转轨工作。学分制在高等教育中成为一种普遍推行的教学制度以来，也不断地受到批评。美国有学者把学分制的优点归纳了12条，而指出它的缺点却有13条之多。[①] 甚至有一种极端的意见是废除学分制。例如，已故的卡内基教学促进基金会主席博耶在1993年的一次演讲中说：“我深信，现在该是埋葬旧的卡内基学分制的时候了。约在100年前，卡内基基金会创建了这种测量学业的单位。现在我领导这个基金会，觉得有责任在今天早上正式宣布，卡内基学分制已经过时了。”[②]那么，在学分制受到这样和那样的批评甚至被认为“已经过时”的今天，我们为什么还要推行学分制？诚然，学分制有诸多的缺点，但从理念、机制和功能的角度出发，就能看到学分制与传统学年制相比所具有的制度优势，看到前者取代后者的确是一场进步而深刻的制度变革。面对着要突破传统学年制框架的任务时，推行学分制改革是一种权衡利弊后的现实选择。

二、弹性学分制的概念及基本内涵

（一）弹性学分制的概念界定

弹性学分制是在现行本科基本学制（一般为四年）的教学进程安排的基础上，允许优秀学生修满学分后提前毕业，提前期限一般为一年；也允许学习困

① 熊卫华．学分制及其在中国高校的实践［D］．武汉：华中科技大学，2003.

② 欧内斯特·L. 博耶．关于美国教育改革的演讲［M］. 北京：教育科学出版社，2002：108.

难或因其他特殊原因休学、停学的学生，在未达到退学条件的前提下滞后毕业，滞后毕业的最长期限一般为两年。提前、滞后毕业的时间以学期或学年为单位。

(1) 弹性学分制的学分管理。弹性学分制，作为同选修制、导师制相适应的学校教学和学生学习量的计量和管理，要在导师制、绩点制的基础上，结合相关的奖励、资助和审核等制度并行运用，确保教学管理得到完善。弹性学分制的学分管理主要包括：一是留科制——取消原留级制，改为留科制，考试未合格的课程允许学生补考。二是补考制——学分制教学管理中一般没有补考，只有重修，但弹性学分制允许必修课考核不及格的学生有多次补考机会。三是重修制——同一门课程因补考不及格，可以重修或多次重修，记载最高一次重修成绩，从而获得学分。四是学分互认制——学校可以和层次相同、专业相近的院校建立学分互认制。五是免修、免听制——经个人申请，学校教务处批准少数优秀学生免修或免听某些课程，直接参加课程统一考核，取得该课程学分。六是弹性学制——学习能力强的学生在修满规定学分的前提下可以提前毕业，也允许其在读期间选修第二专业（辅修专业）的有关课程。学习困难及经济困难的学生可以延缓一段时间毕业，学校保留已取得的学分，学生复学修满规定学分后，即可毕业。七是学业警示制度（试读、退学制）——学校根据各专业学生毕业应获得的学分情况，规定在基本学制年限内各阶段学生应获得的最低学分，当学生在某一阶段内取得学分低于规定学分时，学校根据学生获得学分情况分别给予学业警示、随班试读及退学处理。

(2) 弹性学分制的学制管理。传统学年制人才培养模式为学生规划了一体化的培养方案、课程计划和学习要求等，这与人才培养目标严重脱节。只有改革简单划一的学制系统，实施弹性学制，才能真正促进人的全面发展。

(3) 弹性学分制的学生学籍管理。目前，在我国转校、转系、转专业只能是适度的，为此要建立一套专门的制度来加以规范。首先，要建立学生转校、转系、转专业咨询指导与评估委员会，为学生提供咨询服务。其次，成立评估委员会，学生在转校、转系、转专业之前，必须提供详细的报告，然后由评估委员会根据学生的意愿进行评估并决定学生是否真正适合转校、转系或转专业。

(4) 弹性学分制的课程教学管理。实行弹性学分制课程教学模块化管理，课程的内容可能是跨院系甚至跨学校的，当然它也可以是跨学科的；课程内容一般不再是由学校、教师单方面决定，它是教师与学生协商的结果。[①]

（二）弹性学分制的本质内涵

（1）自主选择学校。学校类型是专业的延伸和扩展，从理论上来说，学生完全应该具有这种选择权利。目前，我国大学生选择学校一般有三种机会：第一种机会是参加高考后，通过填报志愿，再由招生录取来实现学生本人的选择；第二种机会是通过转校实现由录取学校转到自主选择的志愿学校就读；第三种机会是在就读学校学习期间，到本校认可的其他高校去选修课程。当然，鉴于我国当前的实际情况，完全意义上的学生自主选择学校不可能实现。同时，选择也不可能是单方面的。

（2）自主选择专业。专业是课程的组合。在现行的学年教学制度下，如果没有特殊的原因，学生一般很难变换专业。但相当部分的学生在深入职业领域之初对专业选择存在盲目性，他们对自己不甚了解，对未来的职业也知之甚少，难免会有闪失。随着国家对大学毕业生不再包分配而是实行"双向选择"，学生在考取大学的同时就要考虑将来的就业问题，加之社会、经济、科技的迅速发展而引起就业形势的不断变化，使得学生自由选择专业和中途变更专业的要求愈来愈强烈。在学分制的条件下，随着教育平台的建立，学生可在基本不重复学习的情况下，实施对专业的调整。在导师的帮助下，学生可在自己学习的过程中不断领悟，不断加深对自己、对所学的专业，以及将要学习的专业的总体了解和把握，最终找到相对满意的结果。为此，学校应该根据受教育者和市场经济的需要调整专业设置，拓宽专业面，为学生自主选择专业提供条件。当然，完全放开让学生自主选择专业，会使那些市场冷门专业无人选择，不利于国民经济的长远发展。因此，学校可根据国情和校情制定相关政策，既允许部分优秀学生或某方面确有特长的学生自主选择专业，同时通过减免部分学费、加大推荐研究生比例、设立专业定向奖学金、定向招生联合培养等措施对市场冷门专业给予适当引导和保护。

（3）自主选择课程。学分制管理制度以选课制为核心，主要是允许学生选择不同层次的不同课程。在教学计划的安排上，按照公共课程、基础课程、专业课程、实践教学、选修课程构建课程模块，精选课程，优化结构，适度复合，重视实践，确保主干学科突出、相关学科渗透。强化学科基础，拓宽专业面向，增强专业社会适应性，更有利于提高人才培养质量和学生就业。重视加

---

① 祇新生，张君维，周振军．高校学分制教学管理的问题及对策 [J]. 中国高教研究，2005 (3).

强基础，压缩必修课，增加选修课的比例，多开边缘学科、交叉学科、人文学科和反映科技发展前沿的课程。在选课管理上，允许学生跨专业、跨学科、跨年级甚至跨学校选课，除了必修的课程外，还必须根据选定的专业按照教学计划中规定的若干门可供选择的课程，选择主修领域或专业方向的几门课程，其他一些任选课可根据个人兴趣自由选择。在课程安排上，同一课程开设出不同层次的内容。在学分制的条件下，随着可供选择的课程数量的不断增加。学生可部分的按照自己的兴趣、特长和能力选课，这样，不仅大大地提高了学生的学习积极性，还为学生个性的塑造创造了良好的外部环境。一个不争的事实是：学生自主选择课程的空间越大，学生学习的积极性就越高，学生个性发展的外部环境就越好。

（4）自主选择教师。教师是课程的传授者。在现行的学年教学制度下，什么教师教什么班级的课都是事先由学校教务部门安排好的，学生都只能是被动的接受。这对学生来说显然是不公平的，不仅没有考虑学生个体的学习特点，而且不利于他们身心的健康发展和对知识的掌握；这对教师来说，同样也是不公平的，在某种程度上是保护了落后。在学分制条件下，通过选课制的实行，学生可以针对某些课程，在学校指定的范围内任意选择自己喜欢的教师，对不满意的教师有说“不”的权利。这就必然促进教师不断钻研、不断总结、不断提高教学水平，在教师之间形成一种良性竞争机制。这不仅能使学生的学习效率有长足的进步，同时也能促进教师队伍建设，对学校人事、分配制度改革也有促进作用。

（5）自主选择学习时间和学习进程。实行学分制管理打破了传统意义上的年级、班级概念，学生可以在学校规定的修业年限内，根据自己的时间表来制订学习计划、调整学习进度。目前，我国实行学分制的高校学习年限大都在3—6年。采取弹性学制可以允许能力强的学生提前毕业，也允许学习有困难的学生延迟毕业，使学有余力的学生得到辅修第二专业或攻读第二学位的机会，也为遇有各种困难需要中途停学或停学创业的学生再次进校学习提供了条件。在这种情况下，取消了留级制度，不及格的课程可以重修、重考，或另选别的课程替代。学生也可以根据自己的实际情况，选择自学、网上学习、跨系（院、校）学习，充分发挥自主性和能动性。

（6）自主选择学习方式。学习方式的选择具有广泛的含义，既包括允许学生选择听讲或自学，也包括免修、免听、重修等学分制条件下的具体管理规范。总的说来，对于自学能力较强的学生，应允许其申请部分课程免修或免听；而学生能力较差的学生，在规定时间不能完成学习任务的，可以多次选择同一门课程，直至取得相应的学分。当然，允许学生自主选择学习方式并不等于放任自流，必须有一整套相应的规章制度进行规范，从而保证教学质量。

（三）学习年限的弹性要求

目前，我国全日制普通高等学校的本科基本学制一般为4年，依据我国高校的实际条件和我国的现实国情，实行弹性学分制的高校一般允许学生在校年限为3—6年，这是因为：首先，现在推行弹性学分制的高校把总学分基本平均地分配在既定的各学年之内，每学年或每学期学生只能在这样一个基本框架内进行“必修”或“选修”，这种情况下提前1年毕业比较现实。其次，我国高等学校4年所修的学分为160—180学分，学生负担偏重，要顺利完成学业一般得花上至少3年的时间。最后，在高等教育大众化阶段，我国高校普遍存在教学资源短缺的现状，学校很难一直为推迟毕业的学生提供必备的学习条件如保留学籍、安排住宿、学习资源等；同时，我国高校对学生管理实行的是集中管理，学校对在校、在籍（保留学籍）学生的学习、生活、安全等承担全部责任，学生在校学习年限或在籍时间太长，学校无法对学生实施有效的监管，因此，实行完全学分制不太现实，只能实行弹性学分制，学生在校学习年限最多延长2年比较适宜。

三、弹性学分制的运行模式

（一）弹性学分制的基本控制指标

1. 弹性学分制的适用范围

近年来，我国高等教育迅速发展，高等教育机构迅速增加，并呈现出普通高等教育和高等职业教育两条主线。就办学层次来讲，有高职高专和本科高校两类；就办学水平来讲，则分为研究型大学、教学研究型大学和教学型大学；就学科门类来讲，则分为综合性大学、多科性大学、单科性学院。无须回避的是，不同高等学校之间，无论是师资力量、学科建设、专业建设、课程建设等软件资源，还是教学场地、设备设施等硬件条件，都呈现出较大的差异。因此，在推行弹性学分制时，必须研究弹性学分制的适用范围。

总的说来，弹性学分制是针对中国高等教育现状，考虑中国国情实际而实施的一种教学管理制度改革。因此，从我国高等教育的性质来看，弹性学分制既可以在普通高等教育领域推行，也可以在高等职业教育领域实施。比较起来，老牌普通高校的学科、专业、课程建设资源更加丰富，实施弹性学分制具有良好的条件和基础。在高等职业教育领域，由于目前大部分职业技术学院都是从中专升格而成，软、硬件条件都有待于进一步改善，教学管理上的学年制惯性影响可能会更大。所以，虽然从理论层面讲，高等职业教育领域更适合推行弹性学分制，但从操作层面讲，在职业技术学院推行弹性学分制则还需要进一步探索。

从我国高校的办学水平来看，多科性的综合性大学、研究型大学或条件较好的教学研究型大学，其学科门类较多，学科建设、专业建设和课程建设都具有良好的基础，有组织跨学科教学的条件，可以培养厚基础、宽口径、强能力、高素质的复合型人才，实施弹性学分制具有很好的基础和条件。另外，教学型大学或学院（包括职业技术学院）是推进我国高等教育大众化进程的主力军，无论是学校数量还是在校学生数量，都具有很大的数量优势，更应该推行弹性学分制。但比较起来，教学型大学的教育资源相对更紧缺，实施学分制的条件还有待进一步优化。

实践表明，学科门类比较齐全、师资力量比较雄厚、生源质量好、设施条件（图书资料、实验仪器设备、教室校园场地等）较好、教学经费比较充裕、管理水平较高的普通高等院校，直接推行弹性学分制能够迅速收到良好的效果，转轨的进程也会很顺利。相对来说，条件较差的高校应更多做些前期准备工作，条件成熟以后再全面铺开弹性学分制管理。

一般地讲，有两类学校不宜实行学分制：第一类是军事院校；第二类是行业针对性强的高校，如医科专业的对应性强，专业转移的跨度小，故学生选课通常没有多少选择余地。①

2. 弹性学分制的实施原则

（1）科学性原则。弹性学分制管理工作应遵循固有的教育教学规律，符合管理规律，对学生的学习成绩和道德行为进行科学的评估。其管理千头万绪，工作量大，时间紧，任务重，政策性强，这就要求管理人员必须不断加强对弹性学分制管理规律的研究，增强工作的主动性、计划性、前瞻性，分清轻重缓急，合理安排工作程序和进度，保证弹性学分制的顺利实行。

（2）协调性原则。弹性学分制的管理包括多个管理子系统，且各个子系统相互制约、相互配合，需要实施协同管理。此外，弹性学分制管理还必须依靠各级管理机构、管理人员、教师、学生彼此间的通力合作，才能确保收到良好效果。

（3）连续性原则。从管理的角度看，管理制度务必相对稳定，管理才能上

---

① 王伟廉．对高校实行彻底学分制提法的辨析［J］．教育研究，1995（1）．

档次、上水平。如果制度朝令夕改，前后不连续，势必导致管理者无所适从，管理工作处于混乱的局面。因此，弹性学分制管理制度的制定，必须充分考虑到制度的相对稳定和连续性。具有相对稳定和连续的管理制度，有利于管理行为的规范、科学，否则管理将失去其针对性、严肃性和有效性。

（4）因材施教原则。实行弹性学分制，其目的就在于在统一的人才质量基本要求的前提下，对学生因材施教。如学有余力的学生可以进行选修、辅修或攻读第二专业相关课程，学生在提前修满教学计划规定的学分后，还可提前毕业；部分学习差的学生可以通过延长在校时间，最终取得毕业证书。

（5）教育性原则。学生是受教育的主体，弹性学分制管理的目的在于教育、引导和促进学生更好地成长、成才。因此，在严格执行管理制度的同时，要加强思想政治教育，做到以情动人，以理服人，以制度约束人。

3. 弹性学分制的实施目标

主动适应21世纪科技、经济、教育、文化和社会发展对人才培养的需求，加大教育自身创新的力度，促进学生个性发展，增强学生创新能力，充分调动学生学习积极性、主动性与创造性，全面提高人才培养质量。

4. 弹性学分制的实施效果预测

弹性学分制一方面考虑了中国目前的教育管理体制，另一方面考虑了高校的办学实际情况，同时兼顾了学生个性的培养。实行弹性学分制既可以促进学生个性的发展，增强学生的创新能力，调动学生的学习积极性、主动性与创造性等，又有利于学校教学资源的充分利用与教学管理手段的现代化建设。

5. 弹性学分制的学习年限

（1）基本学制。《中华人民共和国高等教育法》第17条："专科教育的基本修业年限为二至三年，本科教育的基本修业年限为四至五年……"对高等教育的学制作出了明确的规定。根据目前我国高等教育现状，以学年制条件下各本科专业的学习年限作为弹性学分制的基本学制，一般为4年。

（2）弹性年限（提前或延后毕业的年限）要求。允许学习优秀的学生修满学分后提前毕业，提前期限为1年；也允许学生因学习困难或休学、停学等其他特殊原因，在未达到退学条件的前提下滞后毕业，滞后毕业的最长期限为两年。

（3）离校后仍可申请毕业证、学位证的年限要求。学生在基本学习年限内未达到学校毕业要求，可以申请结业或申请保留学籍2年，提前就业；申请结业的，可以在离校2年内返校参加未获得学分的课程考核，达到毕业学分要求的可以换发毕业证书；申请保留学籍的，在2年内完成未修完的学分达到毕业要求的可以获得毕业证书，达到学位授予条件的可以授予学士学位。

6. 弹性学分制的学分要求

（1）学分的计算范围。实现人才培养目标所要求的各教学环节，包括公共基础课、学科专业基础课、专业主干课、专业选修课、公共选修课、实践教学环节和第二课堂活动等。

（2）学分的计算办法。理论课一般以一学期每周完成 1 个学时计算 1 个学分，实践环节（如生产实习、教学实习、毕业实习、课程设计、毕业论文、毕业设计、军事训练等）每周计算 1 个学分，分散安排的实践环节如社会调查、专业公益劳动每 2 周计 1 个学分。中国高校每学期授课时间范围为 16—20 周，因此理论课教学 1 个学分为 16—20 学时，其中 18 学时计 1 个学分的偏多；单独开设的实验课、体育课、艺术欣赏类课程学分计算一般采取与理论课相同的学分计算办法，也有单独开课的实验课按 25 学时计 1 个学分的；体育课、艺术欣赏类课程每 30 学时计 1 个学分。学分的最小计量单位为 0.5。

（3）学分绩点与平均学分绩点的计算办法。为了更准确地反映学生的学习成绩，实行学分制的高校在学生成绩评定时多借鉴美国的绩点制，将学生获得的成绩（百分制或五级制）按一定的换算公式（或比例）转换为等效的数值记分即成绩绩点。以某一门课程的学分数乘以该课程相应的绩点，为该课程的学分绩点。学分绩点的计算方法为：

课程学分绩点＝课程成绩绩点×课程学分值

实施学分制管理的学校虽说都采用了学分绩点或平均学分绩点的评定成绩的方法，但各学校绩点的确定有所区别。基本上，各学校都将 100 分对应的成绩绩点定为 5，60 分对应的绩点为 1。但成绩绩点换算区域不同，有的每 1 分为一个换算等级，如百分制成绩 100 分折算为 5 个绩点，成绩每降低 1 分，成绩绩点降 0.1，60 分折算为 1 个绩点，不及格绩点为 0；有的每 5 分为一个换算等级，如设成绩为 A，则 100 分计 5 个绩点，95≤A＜100 分定为 4.5 个绩点，90≤A＜95 分定为 4 个绩点，85≤A＜90 分定为 3.5 个绩点，80≤A＜85 分定为 3 个绩点，75≤A＜80 分定为 2.5 个绩点，70≤A＜75 分定为 2 个绩点，65≤A＜70 分定为 1.5 个绩点，60≤A＜65 分计为 1 个绩点，A＜60 分定为 0 个绩点。采取五级制计分的数确定也有区别，有的学校将优秀、良好、中等、及格与不及格的绩点分别定为 4，3，2，1，0；有的学校将五级制成绩对应的绩点定为 4.5、3.5、2.5、1.5、0。

某一时期所学课程的学分绩点之和为总学分绩点；以总学分绩点除以该时期内所学课程所得的学分之和，即得平均学分绩点。这样一来，即使所得学分相同，也会因为学习质量不同而出现绩点上的差别，平均学分绩点就可以作为衡量学生学习质量的标准。平均学分绩点的计算公式为：

$$平均学分绩点=\frac{\sum(课程成绩绩点\times课程学分值)}{\sum 课程学分}$$

此公式也可表示为：

$$平均学分绩点=\sum 课程学分绩点/\sum 课程学分$$

（4）毕业的最低学分要求。由于学分计算标准不同，各高校对学生毕业额定学分的要求也不同。但大多数高等院校本科专业4年课内总学时基本上控制在2500学时左右，本科专业额定毕业学分也在170学分左右。

（5）授予学士学位的学分要求。本科层次的毕业生要获得学士学位，除必须完成规定的学业任务以外，还必须达到一定标准的质的要求。授予学士学位的条件一般是由学校学术委员会制定出一定的标准，如有些学校规定全学程平均成绩必须达到70分以上或学位课程必须达到75分以上，有些学校对CET-4或CET-6成绩作出了一定的要求，学生必须达到规定的标准才能授予学士学位。

（6）学分奖励。为了弘扬学生个性，提高学生的综合素质，促进学生全面发展，实施弹性学分制的学校要为学生的个性化发展和特长发挥创造良好的条件，并且通过设立奖励学分将学生的课外科技创新活动以及参加其他有益的课外活动情况与学分挂钩，鼓励学生积极参加科技创新及其他课外活动。具体操作时可通过设立创新学分来体现学生的个性化发展。创新学分包括科技创新、论文、著作、作品、各级各类竞赛、表演及其他突出表现等。目前看来，在奖励学分的计算办法上，有些学校将创新教育纳入人才培养方案，单独设立创新教育模块，并提出具体创新学分要求，将创新学分作为学生毕业额定学分的一部分，有些学校则将可用创新学分来冲抵选修课学分，不管采用哪种办法，实施弹性学分制都强调学生的个性化发展，因此，在学分制实施方案中必须体现创新学分的相关内容。

（二）弹性学分制的人才培养方案

弹性学分制的全面运行，是以各专业的人才培养方案为基本依据的，要真正将弹性学分制落到实处，必须在教学计划上下功夫，而科学的教学计划制定的关键在于构建各专业有机合理的知识结构和能力体系，构建宽口径、大容量的专业人才培养方案成为弹性学分制实施的基本策略。

在目前的学分制实践中，许多学校的培养计划设计成三层框架结构：通识教育基础、学科专业基础、专业及专业前沿，在每一层中均由必修课和选修课组成，即使是必修课也有不同规格可供选择。[①] 在这种框架结构中，强调了知识的层次性与一般递进关系，但忽视了知识之间的某些固有联系，学生在选课时可以按照校方的要求在每一层次均选足学分，但并不意味着所选课程能构建合理的知识体系。尤其是在目前专科、本科层次教育的“大专业、小专门化”教学改革实践中，“大专业”中的某些知识之间的固有承接关系并不一定能够在学生选课时得到准确把握。此外，选课中过多的限制条件既不便于操作，也没有真正实现学习自由。

从高等教育大众化进程来看，研究生教育重在培养研究型专门人才，而专、本科层次则趋向于专业领域内的横向拓宽与纵向拓展，在这种拓展中的庞大知识体系中，学生也许只对某一个领域或方向具有浓厚兴趣和从业意向。例如，在生物类专业中，实际涵盖了动物、植物、微生物三大研究方向，同时还有宏观（分类学、生态学等）和微观（细胞生物学、分子生物学等）研究层面问题，学生也许对这些领域中的某一个方向具有从业意向，但由于对这些领域所需要的相关专业基础课和专业课缺乏必要的了解，从而导致选课零乱，缺乏系统性，不利于构建科学的知识结构。为此，笔者认为，除通识教育基础的有关课程以外，学科专业基础和专业及专业前沿方面的课程，应将相关密切的课程设计成课程群组（Curricula Group），学生选课时以群组为单位，从而保证相关课程的系统性和知识结构的完整性。

良好的知识体系内部结构是知识结构产生高效能的基本前提。在学分制条件下如何形成知识结构的有序性，是教育家们所共同关注的问题。知识体系内部结构的有序性，是通过学习若干门课程来实现的，课程选择是否合理，是构建合理的知识结构的关键。对于这一问题，可以从两个方面来解决：一是教学计划内部尽可能体现科学的内部结构，并通过科学的课程群组体系来实现知识体系的系统性；二是选课中实行辅导制或导师制，对学生选课给予必要的指导，减少学生选课时的盲目性和避难就易等现象。

在构建弹性学分制下的专业人才培养方案时，还必须考虑课程设置中各类课程之间可能产生的边缘效应。知识体系中的边缘效应（Marginal Utility）是一个很复杂的问题。现代科学技术迅速发展，任何两门学科都可能产生交叉点，也可能出现意想不到的方法迁移和思维开拓，这也正是学分制成功的重要

---

① 陈珍凤，张家钰．新学分制改革的再思考［J］．东华大学学报（社会科学版），2003，3（1）．

原因之一。学生选择课程时到底应该给予多大的自由度，或者说是不是需要给予过多的限制，有待进一步探讨。事实上，目前我国高等教育中的专、本科层次毕业生，就业时的专业对口程度也在日益下降，用人单位更重视人才的教育经历和层次。从某种意义上说，人才的中后期发展和创新成果，更依赖于其知识结构中的边缘效应。因此，学分制条件下的专业教学计划，应有一定数量的可供自由选择的课程，以便这些知识在个体的知识结构中产生不同作用的边缘效应。

总之，在制订弹性学分制下的专业人才培养方案时，要以宽口径、大容量课程体系应对学生的选课要求，对其中相关性较强的课程要以课程群组为选课单位，为构建学生个性化知识体系打下良好的宏观框架。

（三）弹性学分制的操作规程

弹性学分制下的教学运行，是在传统学年制的背景下，打破院系、班级、学科专业界限，以课程为单位，由开课单位面向全校选课学生开课，以充分利用教学资源。目前，大部分高校在学分制实践中，跨系选课、跨学院选课乃至跨校选课已开始受到重视，但本科生教育跨校选课势必受到诸多条件限制，而校内打破院系界限的选课是完全可行的。弹性学分制实行以课程为单位、院系面向全校选课学生开课的教学运行机制，既有利于克服分院系组织教学运行所带来的部分课程因选课学生太少而无法开设的问题，同时也可以避免院系在课程建设中可能出现的重复建设，提高教学资源利用率。为了给学生更多的选择专业的自由，让学生更好地发挥自己的特长，提高学习兴趣，在实施弹性学分制时，学校招生工作应配合采用按大类招生，同一大类的专业开设相同的公共基础课和学科专业基础课，即按大类招生、分院系管理，实行模块教学。

1. 学校的选择

自 1977 年恢复高考制度以后，我国一直是采用根据高考考分和志愿择优录取的原则。虽然经历了 30 多年的发展和改进，但实际操作中仍是沿用学生根据自己的考分来填报志愿，高校则根据考生的考分和志愿来择优录取。当然，从某种意义上说，我国目前高等学校的新生录取制度也体现了一定程度的自主选择，因为几乎所有考生都想进入理想的高校深造，而高考的录取分数线基本上是按高校的教育资源及教学质量情况排位的，且这种排位本身也是由于考生填报志愿的多少来决定分数线的。所以，从这种意义上来说，现行高考制度还是体现了一定的自主择校思想。但是，细究起来，其中的盲目性和无可奈何成分还是比较高的，也就谈不上真正意义的自主择校。

目前，我国高等教育领域的运行体系尚不完善，表现在自主择校方面的问题尤为突出，考生的盲目性填报志愿是一方面，舆论导向和社会对高校的不合理排位也是一方面，考生对高校的信息掌握并不全面，普遍存在填报志愿的盲目性。因此，就我国高等教育现状来看，真正意义上的自主择校，必须考虑两个问题：一是带有计划经济痕迹的高考和招生工作尚有改进的余地；二是要集中高等学校、教育行政部门、相关社会团体等多方面的力量，加紧对高等学校的办学水平进行客观、公正、科学的评估，尽可能地为社会多提供客观、公正的信息，为学生自主择校提供必要的信息和资料。

2. 专业选择与转专业

目前，学生在高校录取前就选择了专业，但多数学生对专业并不了解。学生对专业的选择除了受考分限制外，一方面是受长辈和同学的影响，另一方面是受市场的引导，也有的纯粹是看专业名称。为了让学生更好地了解专业并热爱自己所学专业，弹性学分制学籍管理为学生提供了再选择专业的权利与机会。学生对专业的选择首先是建立在学生了解专业的基础上，其次是学生自己的兴趣与专业的结合问题。根据学生对专业认识与了解进程，在学生入学后可给学生两次选择专业的机会。第一次是在大学一年级课程学习结束后，第二次是在大学二年级课程结束后。各专业在一年级开设的基本上是公共基础课程，如数学、化学、英语、计算机基础及思想政治教育理论课等，学生通过一年的学习与了解，对所学专业都有了一定的认识，同时大一各专业均是开设公共基础课程，学生选择专业在课程学习方面没有太多的影响，在大学一年级学习结束后给学生一个选择专业的机会是较为合适的。多数学校在大学一年级结束后允许学生在较大范围内重新选择专业，操作时一般允许在录取时的同一个专业大类内进行选择，只有少部分特别优秀的学生可以跨类选择，但对其学业成绩要求较高。由于对专业的了解时间不长，个别学生在选择专业时仍较盲目，在所选择专业学习一段时间后又会有更换专业的想法，为照顾这一部分学生的学习，在大学二年级后给学生第二次选择专业的机会，只是此次专业的选择基本上是在同一个专业大类内进行，一般不允许学生跨专业类选择专业。这主要是考虑跨类选择专业学生在课程学习上存在一定困难。

3. 课程设置与选课办法

（1）课程设置。为了适应学分制按类招生、模块教学的需要，学分制教学计划按全新的教育思想和教育观念构建学分制指导性教学计划。在实施弹性学分制的思想指导下，湖南农业大学将课程分模块进行设置，对每一模块中的课程拟定了建议修读时间，解决了统一性和灵活性的关系，既保持了知识结构的系统性、完整性，又具有适度的灵活性。其特点为：根据课程在各专业人才培养与学科中所处地位划分为不同的块状学分结构。将学生在校修读的全部课程分为不同的模块，如公共基础课模块、学科（专业）大类基础课模块、专业主干课（专业核心课）模块、综合素质教育模块（含专业选修课模块、公共选修课模块、人文素质模块）、实践教学模块（含课程教学实习、课程设计、课程论文、军事训练、社会调查、专业劳动、生产实习、毕业实习、毕业论文等）和创新教育模块。专业大类内构建共同的公共基础课程平台与学科专业大类平台。各学校对模块的划分大同小异，大多只是名称上有点区别。如有的学校将公共选修课与专业选修课模块合为一个模块即综合素质模块；有的将公共基础课模块称作通识教育基础课模块等。同一大类专业构建相同的公共基础课平台和相同的学科（专业）大类基础课平台，课内总学时控制在2500学时内，其中公共基础课占40%、学科专业大类基础课占25%、专业主干课占10%、专业选修课占10%、公共选修课占15%。实践环节约30—35周。[①] 为尽可能给学生选择课程提供方便与可能，课程开设时间设置也有了较大的变更，对师资力量强的课程、学生感兴趣的课程全学年开设，让学生在每一个学期都有选择的机会。为丰富学生选课内容，将必修课与选修课全部放开供学生选择，学生可选择其他专业的必修课程或选修课程作为本专业的任意选修课程。学生可以根据自己的实际情况选择修课数量与修课时间，既可选修高年级课程也可只选修部分应修课程。为拓展学生知识面，丰富学生学习生活，学校应积极开展课外活动与社团活动。

（2）选课办法。为了便于操作，一般新生开学第一学期不实行选课，由学校统一安排第一学期所学的课程。选课时间安排在每一学期的期末，由学校统一安排集中进行。选课步骤一般分公布开课信息、学生进行预选、正选、试听、改选或补选五个阶段。①公布可选课程及每门课程限选人数。理论课每学期期中由各教学单位根据学校制订的指导性教学计划审核下学期开课情况（含开设课程的名称与性质、开课教师、课程的容量等）并报教务处，教务处根据教学单位报送的下学期开课情况，进行预排课表，在网上公布全校开课情况（含课程名称、开课教师、开课时间、开课地点、课程容量等），供学生选课。实验课由开课系（室）确定教学任务时，提供实验室开放时间，学生预约登记后，由开课系室编排课表。②在导师的指导下网上选课。学校公布可选课程基本情况后，学生根据本专业教学计划课程安排及自己的学习情况，在导师的指

---

① 湖南农业大学．湖南农业大学本科专业人才培养方案（2005版）．湖南农业大学教务处编印，2005.

导下确定自己拟选课程，并在规定时间内上网完成选课操作。因某些教师或课程的预选人数太多或太少致使部分学生未选上，该部分学生可在规定时间内进行改选。导师应了解学生所选课程的基本内容及其与其他课程间的联系，指导学生科学选择课程，避免出现如美国卡内基教学促进基金会主席博耶所说的现象："现在给学生的课程设置像一只摸彩袋，里面装着各不相干的一门门课程。学生虽然完成了各门课程，拿到了规定的学分，却没有形成一种更贯通的知识观，更综合、更真实的生活观"[①]。③选课原则。学生选课应以培养计划为依据，遵循的基本原则是：量力原则、必修课程优先（本专业学生优先）原则、优生优先原则与遵循课程知识链衔接关系原则。量力原则指学生应根据自己的能力，参照基本学制年限安排学习进度。一般学校都根据专业教学计划安排及学分制实施方案确定了每学期课程修读的范围。多以学生在最长学习年限内完成学业平均每学期应修的学分数为最低限，以学生在最短学习年限内完成学业平均每学期应完成的学分数为最高限度。如湖南农业大学规定学生每学期选修课程的学分数最多不能高于 30 学分，最低不能少于 15 学分。[②] ④试听办法。选修课程的修读采取试听制度，学生选定课程后允许先试听一周，如果对所选课程不满意或对其他课程感兴趣可以在开课一周后进行改选或补选。⑤改（补）选与退选。由于教学资源限制，选课不可能一次满足所有学生的选课要求，为确保学生都能选到课程，完成规定学分，在每一次选课时给学生三次改选的机会。第一次改选在公布初次选课结果后，因某些教师或课程的预选人数太多或太少致使部分学生未选上课程，该部分学生于第一次选课后两周进行第一次改选。第一次改选还是未能选到规定学分课程的有第二次改选机会。在开学第一周学生根据课程安排表修读课程，在此期间可进行第三次改选，此次改选只允许改选和删除修读时间安排相冲突的课程，增选新课程。学生在选课确定后，一般不得更改。但学生在确实无法完成所选的个别课程，且所修总学分不低于规定的最低学分时，经任课教师同意，可在第六周持原始选课单到教务处办理退课手续。

4. 选教师的办法

（1）公布同一课程的任课教师名单及相关信息。学校在确定教学任务时，

---

① 欧内斯特·L. 博耶. 关于美国教育改革的演讲［M］. 涂艳国，方彤译. 北京：教育科学出版社，2002.

② 湖南农业大学. 湖南农业大学本科专业人才培养方案（2005 版）. 湖南农业大学教务处编印，2005.

公布各课程的任课教师，每一个教师的上课容量及教师的基本信息（职称、承担该课程的教学任务情况、获得教学方面的奖励等），以供学生选课时参考。

（2）学生网上自主选择。学生根据自己确定选择的课程，结合各任课教师情况及本人学习特点，选择适合自己的任课教师。

（3）试听办法。为尽可能保证学生适应所选教师的教学风格，对所选取教师满意，提高学生的学习兴趣、效率与质量，学生对教师与课程的选择实行试听制度，开课两周内学生通过试听，如果对所选教师教学不满意，可在一定范围内重新选择教师。

（4）对无人选课的教师的处置。对教学效果较差，无人选择的教师采取三种分流处理方式：一是可以承担其他课程教学任务的教师，由学校人事部门送其参加培训提高，通过试讲后，改开其他课程；二是不能再承担教学任务但具有一定的管理工作或其他工作能力的教师，学校将其转到非教学岗位工作；三是教学能力与其他工作能力均差，且自己不能正确认识，不能在规定时间内达到岗位职责要求，学校对其予以解聘。

5. 学习方式的选择

学生可以在一定范围内自主选择学习方式，自学能力强的可以申请部分课程的免修与免听，学习能力较差的在规定时间不能完成学习任务的可以多次修读同一门课程，直至取得相应的学分。

（1）免修办法。学生通过自学已掌握某门课程内容且先修课程平均学分绩点达到一定要求的（各学校要求设置不同，一般学校要求2.5—3.5，如湖南农业大学的规定为平均学分绩点在2.5以上），可在该课程开课的前一学期末，向开课单位主管教学的院（部）长提出免修申请，附上证明材料，报教务处批准后可免修。由教务处负责安排其参加免修课程考试。免修课程成绩按学生实得分数记载成绩，并注明“免修”字样。思想政治理论课、体育课及实践性教学环节不得免修，免修课程有实验课的应参加实验课的操作与考核。学生免修课程考核不及格，不允许再次申请免修或免听，按正常教学计划进行修读。

（2）免听办法。学习优秀、自学能力强的学生可申请免听某门课程，课程选定后在正式开课前到任课教师处办理相关的免听手续。免听学生必须参加该课程的实践性（验）教学环节和课程考核，专业核心（主干）课程不能申请免听。免听课程有习题或课外作业、实验环节的，学生必须完成习题或课外作业，参加实验环节，否则不能参加考核。免听课程不及格的必须重新修读该课程且不允许再申请免听。

（3）重修办法。实行弹性学分制后学生某课程不及格可补考一次，补考仍不及格者则必须重新修读课程并通过考试才能获得相应学分。必修课程与限制性（必）选修课程不及格的学生必须重新修读原课程，任意选修课程不及格的学生可以改修其他课程或重新修读未通过的课程。课程重新修读原则上与新修课程同时进行选课，部分重修人数较多而课程容量又相对较少的课程采取重修学生优先或单独开班。

（4）听课的基本要求。学生成绩一般由平时成绩与考核成绩两部分构成，平时成绩包括完成作业情况、到课情况等。未办理免听、免修手续的课程，学生必须参加听课，到课率达到学校规定要求才有资格参加相应课程的考核，学生未完成规定的作业平时成绩不合格的不能参加该课程考核。

（5）考核的基本要求。学生所选择的所有课程或环节都应参加考核，考核及格才能获得相应的学分。考核分考试与考查两种，必修课都实行考试，选修课（含任意选修课与限定性选课）、实践环节根据各专业要求可实行考试或考查。所有的课程考核都实行考教分离，必修课程要求建立符合要求的试卷或试题库。考试课程采取百分制成绩记分方法，考查课程可采用五级记分制或百分制。考核一般不允许请假，确有特殊情况的学生必须办理缓考手续，否则作缺考处理，对缓考学生学校提供一次补考机会，缺考学生成绩记为 0 分，不具有补考资格。学生参加课程考核必须遵守学校有关的考试纪律，在考试过程中出现违纪或作弊行为的按学校相关规定处理，违纪者该门课程成绩记 0 分，作弊的学生根据情节轻重给予纪律处分直至开除学籍的处理，课程必须重修（退学者和开除学籍者除外）。

6. 学习时间的选择与学习进度的安排

（1）在规定年限内必须修满学分。4 年制本科专业一般允许学生延长学习年限 1—2 年。部分学校将休学时间包括在延长学习年限内，如湖南农业大学规定学生在校学习年限为 3—6 年（包括休学年限）；部分学校允许学生在休学 1—2 年的基础上再延长学习年限 1—2 年，如华中科技大学允许休学 2 年的学生在校时间最长达 8 年。学生在规定的学习年限内修完专业教学计划规定的全部教学环节，取得规定的毕业学分，符合学校关于授予毕业证、学位证的相关要求即可获得相应的证书。

（2）学习期间每学年必须完成学分的最低要求。学分制下为更好地督促学生在规定学习年限内完成学业，避免部分学生放任自流，影响学校学习风气，学校在学生修课方面给予指导的同时，规定了最低的学分要求，对学习成绩差的学生给予学业警示。

（3）休学规定。学生因家庭经济困难，或身体原因不能继续学习，或学生因创业等原因需中断学业，可以向学校提出休学申请，休学年限为1年，特殊情况可以续休，累计休学年限原则上不超过2年。学生休学期间不享受在校学生待遇，休学期满必须按规定办理复学手续。对在读期间应征参加中国人民解放军（含中国人民武装警察部队）的学生可保留学籍至退役后1年。

（4）停学规定。学生在规定年限内所获得学分未达到学校规定学分的，不允许修读新的课程，只能重新修读尚未通过的课程，直至取得相应的学分，达到学校规定的学分。如湖南农业大学规定：每学年累计获得学分未达到30学分的，不允许学生修读新的课程，在学籍管理上不予正常升级。

（5）退学规定。学校对退学的规定应包括：学生学业成绩未达到学校规定要求、违反校纪校规、学生自己提出退学、因身体原因不能继续学习等。在规定年限内所获学分未达到学校规定的学分要求的或连续两次停学后尚未完成应修学分的予以退学处理。如湖南农业大学规定：每学期修读课程所获学分未达到10学分者、考试请人代考或两次舞弊者、刑事犯罪者，均予无条件退学。

7. 修业结束

（1）结业的条件。学生在学校规定的修业年限内修完教学计划规定内容，未达到毕业要求的学生可以自己申请结业，由学校发给结业证书，或选择继续在学校修读课程，以在规定的最高年限内达到毕业要求，获得相应的证书。

（2）取得毕业证的必备条件。学生在学校规定的学习年限内修完教学计划规定的内容，达到毕业要求的（含获得专业要求的毕业额定学分，所学课程平均学分绩点达到规定要求），由学校发给毕业证书。如湖南农业大学规定学生在校3—6年内通过学习成绩合格（所修课程平均学分绩点达到1以上）可获得毕业证书；华中科技大学规定学生在校学习3—8年内通过学习成绩合格的可以发给毕业证书。

（3）取得学位证的必备条件。学生要获得学位，不仅要完成规定的学习量，同时要达到一定标准的质的要求。学生在学校规定的学习年限修完教育教学计划规定的内容，并且所修课程的平均学分绩点达到学校规定，符合学校授予学位要求的可授予学位。为加强学生计算机与英语应用能力的培养，大多学校将英语与计算机过级与学位授予挂钩。例如，湖南农业大学要求学生所修课程的平均学分绩点达到2.5以上，且通过全国大学英语四级等级考试与湖南省计算机二级等级考试，思想品德优秀的学生才能获得学位证书。

（四）弹性学分制的收费体系

在学分制中，学分既是测量课程量的计算单位，又是课程内容深浅难易的量化表示，还能够反映学生修读所需的时间（以所需的社会必要劳动时间来计量）。从经济学的角度考虑，如何将以社会必要劳动时间反映的劳动投入、收益获得转化成以货币形式来表现呢？在方法上可建立学分与学费的价格关系。有学者通过摸索，提出四种学分制定价方法：[①]

1. 简单折算法

简单折算法就是先按照政府颁布的学费调控总价和学校培养计划所确定的各科平均总学分数折算单位学分价格，再根据学生选修学分数计收学费，即：

单位学分价格＝年学费标准×标准学制/各科培养计划平均总学分数

年应收学费＝年选修学分数×单位学分价格

总应收学费＝实际选修总学分数×单位学分价格

简单折算法以政府调控价格为基础，把学费标准换算成单位学分价格，按学分计算学费，不仅计算简便，而且能检验对政府调控价格的遵从程度。但是这种定价方法没有体现学科及课程在教学成本上的差异、授课教师水平和等级的差异、市场对专业需求的差异等。

2. 分类计算法

分类计算法就是先根据各学科（一级或二级）培养成本的不同特点，划分几个“学科大类”，分别确定各大类的课程学分单价，再根据学生选修学分数计收学费。如分为文科类（含哲学、经济、法学、教育、文学、历史、军事、管理）、理学类、工农医学类、艺术类等。

在确定各大类课程学分单价时，首先按简单折算法确定一个基准学科课程学分单价，如以文科类为基准学科，则先确定文科类的课程学分单价；其次测算其他学科与文科（基准学科）的成本差系数，比如，理学为 1.5，工农医学为 2，艺术为 2.5 等；再按照基准学科课程学分单价和学科成本系数，计算确定其他大类课程学分单价；最后确定特殊行业比例。折算特殊行业课程学分单价，如农林矿类、师范体育类等，即：

基准学科课程学分单价＝年收费标准×标准学时/各科培养计划平均总学分数

某学科大类课程学分单价＝基准学科课程学分单价×学科成本系数

特殊行业课程学分单价＝某学科大类课程学分单价×特殊行业比例

年应收学费＝$\sum$（年选修某类学科课程学分数×适用的课程学分单价）

总应收学费＝$\sum$（实际选修某类学科课程总学分数×适用的课程学分单价）

---

① 甘袁雯．实行学分制收费定价问题探讨［J］．扬州大学学报，2003（9）．

分类计算法体现了不同学科门类培养成本上的差别。但政府对物价的调控作用和价格对市场专业需求的调控作用不明显；确定学科成本系数主要依靠成本分析和职业判断；授课教师水平和等级差异未能在学分单价中得到体现；另外，按大类分课程计收学费也使收费结算变得较为复杂。

3. 综合因素法

综合因素法就是把学费划分为学科差别学费和学分费两部分，先按学生被录取专业或拟申请专业学位的所属学科，计收学科差别学费，再按学生所选学分计收学分费。由于学科差别学费已经反映了课程培养成本的差异，因此各学科课程学分单价可以等额计算。

确定学科差别学费和学分费时，应把两者结合起来考虑。我们可以先根据培养计划，按标准学制，计算年平均学分数；再确定单位学分价格，计算年平均学分制；最后用政府调控学费价格减去平均学分数，计算年学科差别学费。这也就是基准学科差别学费，以此为基数，再按学科成本系数和特殊行业比例折算其他学科差别学费，即：

年均学分数＝各科培养计划平均总学分数/标准学制

年均学分费＝年均学分数×学分单价

年基准学科差别学费＝年学费标准－年均学分费

年某类学科差别学费＝年基准学科差别学费×学科成本系数

年特殊行业差别学费＝年某类学科差别学费×特殊行业比例

年应收学费＝年适用学科差别学费＋年选修学分数×学分单价

总应收学费＝年适用学科差别学费×实际修学年数＋实际选修总学分数×学分单价

学分单价水平要科学测定，过高不利于学生多选课，过低则抬高了学科差别学费，给收费工作造成压力。

综合因素法既体现政府价格政策，又体现学科培养成本的差异，同时也方便了学籍管理；与分类计算法相比，它不再按学科分课程计收学费，统一的学分单价使收费结算变得简单、直观，不论学生选修多少课程，一门课程修多少次，一律按统一单价计收学分费，结算工作量大大减轻。但综合因素法同样忽视了价格和市场对专业需求的调控作用，忽视了授课教师水平和等级的差异。

4. 课程细分法

课程细分法是为了有效地反映课程成本差异和教师授课价值，兼顾政府调控价格及市场对专业的需求，便于教学行政管理和学生自主选课，课程细分法根据学校培养计划所确定的课程及其学分数，通过建立比较全面的评估体系，形成严格的学分收费计算办法：

（1）计算标准学分单价，即以简单折算法计算单位学分价格；

（2）测算授课成本等级，即根据学科课程的授课特点，分别评估其授课成本；

（3）评估教师价值等级，即从教师职称等级、督导评估余件、学生评估意见等有关方面评估教师的授课价值；

（4）核定市场需求等级，即根据近年来社会总体各专业学生就业情况和潜在市场需求情况，评估学生拟申请学位的专业在市场上的需求情况，从而核定出各专业所授课程的市场权数；

（5）填制价格计算表单，即在前述四项工作的基础上，填制学分收费价格计算表。表内所设栏目计算关系为：

执行学分单价＝标准学分单价×课程授课成本等级系数×教师授课价值等级系数×市场对专业的需求等级系数

课程学费＝执行学分单价×学分数

年应收学费＝$\sum$当年选修的课程学费＝$\sum$（某课程执行学分单价×某课程学分数）

总应收学费＝$\sum$完成培养计划选修的总课程学费＝$\sum$（某课程执行学分单价×某课程学分数）

课程细分法较好地解决了确定学分制收费价格过程中的许多疑难问题，兼顾了办学成本、教师身份、政府职能、市场需求等诸方面因素，极大地方便了教师职业流动和校际人才共享，适应学校教学管理，符合市场经济规则，是学分制定价比较理想的方法。但由于测量各项权数需要较为完备的会计核算资料、系统的教学评估体系、健全的市场分析机制，计算工作量也比较大，使用过程中会遇到较大的困难。

四、弹性学分制的支持保障系统

从目前形势来看，与高等教育大众化相伴而行的“宽进严出”、“学制灵活”将是高校内部管理的必然趋势，这也正是学分制的精华所在。需要正视的一个现实是：目前除了极少数名牌高校以外，绝大部分高校都不具备实施完全学分制的条件，所以笔者提出了实施弹性学分制这一新的教学管理理念。虽然弹性学分制相对来说更适合我国高等教育的现状，但在实际操作中作为一种教学管理体制改革，其涉及面很广，需要构建科学的弹性学分制支持保障系统，才能保证弹性学分制的正常运作，才能达到全面提高教学质量的最终目的。

（一）弹性学分制的外部政策支持系统

1. 加强高校办学自主权

高校实施弹性学分制，既要考虑学生个人的需要，同时也要考虑社会、国家的需要，必须合理整合个人本位与社会本位的价值取向问题。这种整合是各高等学校根据国家的教育方针和高等教育培养目标的要求，考虑社会人才市场需求发展趋势和学校教育资源现状，分析生源的具体现状和个别差异，构建多样化、特色化的培养方案。在弘扬高等教育学术自由的当今世界，高校如果没有足够的办学自主权，很难办出自己的特色，同时也不可能很好地整合个人本位与社会本位的价值取向，从而使不同的高等学校人才培养呈现趋同现象。

目前看来，《中华人民共和国高等教育法》虽然赋予了高校自主设置和调整学科、专业的权力，但实际操作中却加入了教育行政主管部门的把关。这种政策在保证全国高等教育的整体水平上具有重要意义，它避免了各校专业设置的随意性和对社会的片面迎合，但同时也在一定程度上限制了高等学校的办学自主权。对于一些具有特色教育资源的高等学校，开办这类特色专业更是受到诸多限制。因此，在高校与教育行政部门关于专业设置的权限分配问题上，尚有进一步探讨的余地。

在我国高等教育领域，长期的计划经济体制和1953年院系调整后引入的苏联高等教育模式，其惯性影响至今仍然很大，各高校的专业设置、课程安排、学制年限、教学计划和教学大纲、教材等，国家教育行政部门仍存在较多的干预，这种干预对一些办学历史较短的普通高校和职业技术学院是必要的，但对办学历史较长的老牌高校来说则意义不是太大。

影响学分制推广的另一个重要因素就是毕业证的发放权限问题。目前，我国高校的毕业证发放都要经过教育行政部门审批，且每年只集中审批一次。而弹性学分制则要求根据学生的毕业时间即时审批，即时发放。因此，将毕业证发放审批权下放给高校，乃是一种必然趋势。

实际上，办学自主权方面的诸多问题，根源仍在于我国高等教育还没有真正进入市场化运作。如果高校的生源、收费、效益等完全取决于高校本身的声誉、排行、社会认可度、毕业证和学位证的“含金量”，招生和分配均真正意义上地面向市场，那么，政府完全可以赋予高校更大的办学自主权，形成高等教育领域的“优胜劣汰”机制。所以，笔者认为，要从根本上协调好高校办学自主权与政府宏观调控的矛盾，必须加速高等教育市场化进程。

2. 高等教育法相关条文的诠释与异议

（1）与弹性学分制相关条文的诠释。《中华人民共和国高等教育法》（以下简称《高等教育法》）第 33 条规定："高等学校依法自主设置和调整学科、专业。"第 34 条明确指出："高等学校根据教学需要，自主制定教学计划、选编教材、组织实施教学活动。"由此可见，《高等教育法》为弹性学分制的运行提供了宽松的环境，它赋予了高等学校设置和调整学科、专业的自主权，也赋予了制定教学计划、选编教材和组织实施教学活动的自主权，这些都有利于弹性学分制的软、硬件环境建设。弹性学分制的内核是学生自主选择学校、专业、课程、教师、学习方式和学习进程，其中涉及自主选择授课教师，这大大增加了教师的竞争压力，从而导致教师的两极分化：受学生欢迎的教师选课频率很高，但也有少数教学水平低的教师可能会无课可上。对于这一问题，《高等教育法》第 37 条规定："高等学校根据实际需要和精简、效能的原则，自主确定教学、科学研究、行政职能部门等内部组织机构的设置和人员配备；按照国家有关规定，评聘教师和其他专业技术人员的职务，调整津贴及工资分配。"从这一条可以看出，高校有关管理机构有权调整教师的岗位和报酬，甚至解聘、高聘或低聘教师，通过多途径的奖惩措施，全面提高教学质量。

（2）高等教育法相关条文的异议。虽然《高等教育法》中没有涉及教学管理制度方面的条文，也就是说，无论高校采用哪种教学管理制度，都是合法的。但在实施学分制管理时，涉及学习刻苦、学习能力较强的学生可能提前毕业的问题，这与《高等教育法》的学制规定有冲突。《高等教育法》第 17 条规定："专科教育的基本修业年限为二至三年，本科教育的基本修业年限为四至五年，硕士研究生教育的基本修业年限为二至三年，博士研究生教育的基本修业年限为三至四年。"在这里，实际上规定了各层次高等教育的学习年限的底线：专科 2 年、本科 4 年、硕士 2 年、博士 3 年。这显然与当前推广学分制的要求是不相适应的。按照弹性学分制的要求，本科生修满规定的学分、其他方面均达到要求者，可以提前半年或一年毕业，如果单从第 17 条的字里行间来推究，是否违法还很难说。由此可见，《高等教育法》实际上只考虑了学年制的情况，并没有考虑实施学分制时的一些具体要求。随着高等教育大众化进程的推进，学分制必将在我国高校推广普及。因此，《高等教育法》也必须考虑学分制实施的一些具体问题，并做出相应的修改。

3. 学分互认的有关问题

随着高等教育大众化进程的推进，高校招生规模逐年增加，这将进一步激化教育需求快速增长和高校教育资源紧缺的矛盾，这种矛盾在短期内依靠政府投入来解决是不可能的。因此，建立和完善包括社会学分认定体系在内的终身教育体制已迫在眉睫。就弹性学分制而言，一方面要完善跨校选课机制，实行校际学分互认，从而扩大学科专业及课程设置的范围，缓解校内教学资源不足的问题，同时也有助于推动校际合作与交流，从整体上提高高等教育质量。另一方面，通过学习国外成功的经验，逐步建立起强大的校外支持系统，使学生除可以在大学修得学分以外，还可以通过其他途径取得学分，提高高等教育的开放性。目前看来，这种校外支持系统有两种途径是基本可行的：一是因学习之前所学的知识而获得学分，包括成功通过能力测试或取得单项技能方面的资格证书，以及在个人生活和工作经历的价值中所体现的工厂、政府、企业等所提供的实践教育课程；二是采用非传统的教育方法，如函授学习、合作教育、远程教育等。① 当然，就我国目前现状来看，构建社会学分认定体系尚有一定困难，比较实际的还是加快推进校际学分互认。在校际学分互认问题上，有两个问题值得探讨：一是学分互认中认高不认低的现象，即比本校排行和声誉更高的学校的学分比较容易得到认定。不可否认名牌高校的教育资源具有优势，但教育是个体在体验和经历教学过程中发展认知和能力，学分认定应该是针对教学过程的，不应该有太多的“歧视”。二是社会诚信问题，即对方学校给出的课程修读证明材料是否真实可靠。诚信问题已是我国社会发展的一个重大障碍，但高等学校肩负传承文明的重任，相对来说应该具有更高的诚信度。

4. 毕业证书发放与电子注册的操作问题

由于国家在高校毕业证书发放工作中的某些规定尚未与学分制真正接轨，因此提前毕业的学生并不能提前领取毕业证书，不能及时进行电子注册，只能由学校出具毕业证明，在就业时缺乏竞争力。另外，对于不能在基本学制年限内完成学业的学生，也只能由学校在学籍管理上采取原学年制管理下的学籍异动处理方式，给学分制的推广造成许多被动。因此，教育行政部门改革毕业证书发放和电子注册操作方式，更有效地适应学分制需要，已成为学分制推广应用的一种迫切要求。

（二）弹性学分制的教育资源保障系统

1. 学科建设、专业建设和课程建设

学科建设、专业建设和课程建设是高等学校的三大基本建设，这三大基本建设的水平、质量和状态决定了学校的办学类型、层次和特色。② 弹性学分制的实施，对高校学科、专业和课程建设提出了更高的要求。

---

① 鲍传友．我国高校学分制实施中的问题与对策：来自四所高校的调查研究［J］．黑龙江教育，2005（1—2）．

② 罗云．关于学科、专业与课程三大基本建设关系的思考［J］．现代教育科学，2004（3）．

（1）学科、专业数要求。随着社会主义市场经济体制的建立，要求高等教育改变单一的人才培养模式，要求高校根据市场经济的需要加强学科建设，调整专业设置，拓宽专业面，这本身也属于高等学校自身发展的主要内容。同时，弹性学分制的基本内容包括让学生自主选择专业、自主选择课程等，这就要求高等学校必须更加注重加强学科专业建设。因此，要实施弹性学分制，必须提供较多较好的学科专业资源给学生选择，以扩大学生的选择空间，满足学生的需求。

（2）能开出的课程数要求。学分制的核心是选课，要实现真正的学分制，必须开设足够的课程供学生选择。我国大部分高校开设课程在 1000 门左右，而哈佛大学开设的课程达 2 万余门，可见我国高校在这方面的差距。弹性学分制在适应学生对教育资源的多样化和个性化要求中，能开出的课程门数是一个非常重要的指标。学校应能开出足够多的课程门数，以满足受教育者全方位的需求。就我国高等教育资源现状来看，片面要求学校开设多少门课程也是不现实的。在高等教育资源短缺的现实条件下，也要重视高等教育资源的效率问题。因此，既不是片面追求开设课程越多越好，也不是课程容量越大越好，而是每个学校都应根据自己的具体情况把握好这个度的关系。

弹性学分制下的自主选课。选课后的修读学生人数一般要达到某个下限才能开课，如果课程门数或课程容量过大，但选课学生有限，容易导致教育资源闲置或浪费，产生多门课程“缺额不开”，出现课程不可选问题。因此，课程容量与实际选课学生之间要有一定的比例约束关系：①公共基础课容量与实际学生比为 1.5∶1。因为公共基础课往往同一课程由多名教师开设，选课学生数量也较多，选课余地较大，学生对可选性的要求也比较明显，因此必须保证在最后一个选课的学生有 2/3 以上的选课机会。②学科专业基础课容量和实际学生比为 1.2∶1—1.3∶1。因为学科专业基础课仍有一定的同种课程可供学生选择，这样在选课时应提供一定的冗余量，保证学生在最后选课时仍有近 1/2 的选课机会。③专业课（含专业主干课和专业选修课）容量与实际学生比为 1.1∶1。由于专业主干课往往不会同时开设多门相同的课程，因此学生选课和选教师的机会相对较少，一般只要略超过学生数就能满足学生对课程的可选性要求。④公共选修课容量与实际学生比为 1.5∶1—2.0∶1。公共选修课如人文类、艺术类通识教育课程等，应该让学生有更大的可选性，课程容量相对要求更加宽松。但也不宜超过 2∶1，否则会出现多门课程因为选课人数未达到要求下限而停开，这样反而会使许多学生选上了“开不了”的课程。[①]

2. 师资队伍建设

(1) 从战略高度重视师资队伍建设，扩大教师资源库。教育部2003年公布的高等学校生师比是17∶1（评估要求和合格标准是18∶1，优秀标准是16∶1），实际上某些高校或高校的某些专业生师比高达40∶1，从而导致诸多问题：①教师普遍超负荷承担教学工作量，重任务下势必带来低质量，从而导致教学效果难以提高。②教师教学工作任务繁重，绝大部分时间忙于应付备课、上课，很难抽出时间进行教学研究、知识更新、专业发展和社会实践，极不利于教师素质的全面提高。③由于教学人员数量严重不足，学生在自主选择教师时，多数情况下并没有多少选择余地，某些课程甚至只有一名教师开课，导致自主选择教师成为一句空话。因此，笔者认为，弹性学分制的全面实施，首先必须扩大教师资源库，从数量上缓解矛盾。

(2) 优化师资队伍内部结构，构建高运作效率的学术团队。教师资源库作为一个整体，其所发挥的作用和功能取决于师资队伍的内部结构。学生知识结构和能力体系的形成，依赖于教师群体的知识结构和能力体系宏观框架。因此，各级各类学校在引进人才、培训师资时，要充分考虑各类专业学生的知识结构和能力体系，来搭建具有良好结构的师资队伍内部结构，以形成高运作效率的学术团队。这种良好的师资队伍内部结构，可以从不同层次来考虑，即从专业、系、学院、大学四个不同层次来优化师资队伍结构，从而构建不同层次的师资队伍内部结构。从目前实施学分制的普通高校本科教育现状来看，跨专业、跨系、跨学院选课都能有效地运作，所以在构建专业、系、学院层次的师资队伍内部结构时，重点考虑主干课程和选课频度较高的课程，这类课程必须具有充足的教师资源；尖端学科、专业拓展课程和选课频度较低的课程，则可以通过跨专业、跨系、跨学院选课来实现。目前，各高校的研究生教育跨学校选课能够顺利地实施，但大部分高校本科生的校际选课不具备条件。因此，为保证弹性学分制的顺利实施，学校层次的师资队伍建设，应充分考虑各本科专业的知识结构和能力体系，从而使校内本科教育的教师资源库与之相适应。

(3) 全面提高教师综合素质。教师的综合素质包括人格魅力、教育素质和专业素质三个层次。教师的人格魅力主要表现在个体的思想道德水平和创新意识，从而形成对学生创新教育、创业教育的潜移默化；教师的教育素质则是指

① 刘丽娟．高等学校学分制管理制度［J］．万方学位论文数据库．

在钻研教学方法、研究教学过程、改革教学模式、探索教学艺术等方面的素质和能力；专业素质则是指教师在本专业领域或主攻方向上的造诣和水平。提高教师综合素质是一个老生常谈的问题，在此不作过多叙述。弹性学分制实施中的学生自主选择教师的这种激励机制，既有利于教师队伍的整体素质提高，同时也可能导致在竞争压力下某些教师片面迎合学生要求的问题，这必须引起高校管理者的重视。

（4）扩大本科生导师队伍。学分制的一个配套措施是实行导师制。导师的工作是量大面广的教书育人工作，弹性学分制与本科生导师制的配套实施，要求高校具有丰富的本科生导师资源。导师一方面要充分了解学分制管理的特点与学校的相关管理规定，另一方面要熟悉所指导的学生的专业教学计划所规定的主要课程、实践教学环节以及相关的学科资源和教学内容。更重要的是，导师要全面了解所指导的学生的个性特点、知识背景、能力本底和其他相关条件，有效地指导学生选修课程，真正做到因材施教。高校推行弹性学分制必须配套实行本科生导师制，以提高教育教学效果。有人认为本科生学分制不仅包括选课制，还包括学分绩点制、导师制和聘任制等基本制度，其中选课制是前提，而导师制是实施学分制的重要保证，导师制可以说是学分制的“孪生姊妹”，是学分制顺利实施的制度保障之一。基于弹性学分制的本科生导师制采用了“双向选择”原则，促进教师的良性竞争，能充分发挥高校教师在培养学生中的积极性和主动性。弥补了辅导员体制的缺陷，有效地改变了长期存在的专业教师与政治辅导员各自为政的局面。①

3. 教学设备设施建设

与学年制的刚性教学计划及整齐划一的班级教学管理相比，弹性学分制打破了原有班级的限制，教学进程也更加多样化和复杂化，这些都要求学校具有更良好的教学条件。无论是教室、实验室、校内实习基地、校外实习基地，还是仪器设备、图书资料、实训操作工位等，都要求具有一定的冗余。实施弹性学分制要求学校的实验室、图书馆、教室等全天候向学生开放，给学生的自主学习提供良好的条件和保障。

（三）弹性学分制的教学运行支持系统

1. 建立和完善计算机网络教务管理系统

弹性学分制在教学运行和教学管理上的最大特点就是引入了学生自主选课

① 钟晓敏．实行综合导师制探索教书育人新模式［J］．中国高等教育，2005（6）．

机制。为了实现学生自主选课的操作规范化，保证教学运行和教学管理的正常、有序的进行，需要利用计算机网络平台将大容量的教学信息及时进行处理，并提供给学生、教师和管理人员。试想，面对数万名学生在1—2周内的自主选课、选教师等操作，需要多少管理人员来组织、管理、登记、造册、更改和解释。由此可见，手工操作不可能适应弹性学分制大量信息的有效处理和高效运作，必须实行计算机网络管理，实现网上选课、网上选教师、网上排课、网上成绩查询和网上学籍管理。因此，实施弹性学分制，必须开发配套的计算机网络教务管理系统，全面更新高校教学管理手段和运作模式。

使用计算机网络教务管理系统，一方面可较好地实现学生网上选课、选教师，并及时将学生信息进行综合汇总；另一方面也能有效地提高教学运行管理的有效性，使学籍管理、课程管理、教材管理、考务管理等工作更加规范、高效。计算机网络教务管理系统可灵活地安排课程表中的上课时间，以保证为学生提供多张上课时间表，使学生根据不同的情况灵活选择，只有这样，才能体现学生自主选课的真正意义。学生选课后根据选课的实际情况合理安排课程表中的上课地点，并最大限度地合理使用学校现有的教学资源，科学合理地组织安排、管理好课程教学，最大限度地减少和避免由于学生选课过于分散而产生的冲突；学期结束后由教师登录、汇总学生的考试成绩，并对结果进行统计分析，然后将有关结果反馈给学生所在学院，以便及时对学生进行相应的学籍处理，确定每位学生新学期选修学分的界限。①

弹性学分制下的教务管理系统所对应的是成千上万人次的学生选课操作，同时也要承担教学管理职能部门和相关学院的教学运行管理、成绩管理、学籍管理、考务管理等，对系统具有较高的要求，不仅要求用户界面友好、操作性强，还应具有安全性、容错性、可求助性、可检验性、可维护性、易学性等特点。安全性是指系统应对学生、教师、教学管理人员和系统管理员的权限进行明确的界定和限制，学生、教师和教学管理人员都只能以自己的名义进行相应操作，且不能干预、修改别人的操作。此外，授权输入、编辑的内容应给予明确的时间限制，避免越权操作，同时还要考虑数据备份、数据锁定、防病毒感染等安全性因素。容错性是指教务管理系统是一个开放式的公共操作平台，对操作人员的专业水平要求不能太高，对操作人员出现的不规范操作行为应具有识别和处理功能，系统能鉴别非法的输入与无效的数据。可求助性是指操作人

---

① 秦萌清．从汉堡大学看德国的高等教育［J］．工程学院高教研究，1995（2）．

员如对操作有疑问或对进一步操作不熟悉，均可请求提示，且系统能及时、有效地给出帮助信息。可检验性是指操作人员对操作结果不放心时，可在系统中检验输入结果、验证处理过程，且系统能及时给出反馈信息。可维护性是指系统出现软故障或中途断电时，能自动备份、校验基础数据。易学性则是指系统的用户界面友好，大部分情况下都可根据屏幕提示和菜单功能直接进行操作。

2. 建立与弹性学分制相适应的教学管理机制

弹性学分制作为一种新的教学管理制度，从人才培养方案的制定到教学运行、教学监控、教学评价等都将发生革命性的变化。首先，学校要在正确的办学定位和办学理念的指导下，反复论证和修订人才培养方案，构建科学合理的课程体系，扩大选修课的比例，为学生自主学习提供空间，提高课程教学质量，促进学生的个性化发展。其次，教务管理、考务管理、教学监控、教学评价等，都要能反映弹性学分制的特殊要求，保证弹性学分制的正常运行。主辅修制和双学位制是弹性学分制管理模式的另一项重要内容，就是学生在修读本专业教学计划规定内容的同时，在学有余力的情况下，可辅修其他专业的课程与学分或申请第二学位。学校应为学生修读辅修专业或攻读第二学位创造条件，确定合理的收费标准，以鼓励学生修读其他专业，拓宽知识面。在实际操作中，各种教学管理的规章制度都必须按弹性学分制的要求进行修订，教学管理的操作过程也必须为适应弹性学分制的要求做出调整。弹性学分制下的教学运行具有更大的灵活性，对教学管理提出了更高的要求，同时也对教务处和院系教学管理人员提出了更高的要求。因此，实施弹性学分制的学校，从教学管理人员、教学管理规章制度、教学管理操作规程等多方面都要进行相应的改革和探索，从而保证弹性学分制的正常运行。

3. 建立与弹性学分制相适应的学生管理机制

学分制不仅是教学管理的一种改革，同时也是学生管理的一场革命。学分制在为培养高素质人才注入强大生机和活力的同时，也为学校学生管理工作带来了新的问题和挑战。弹性学分制为学生提供了广阔的发展空间，同时也为学生提供了较大的自由度，使学生管理工作具有更加广泛的多样性和复杂性，刚性化管理显然已不再适应弹性学分制下的学生管理工作，要求学生管理工作更加重视学生的个性特征和个别差异，更加注重学生的全面发展与身心健康。因此，无论是学生工作方面的管理制度，还是操作层面的具体管理措施，都要围绕弹性学分制下的自主学习、全面发展、身心健康来进行。同时，应建立与弹性学分制相适应的德育模式，科学设定德育学分，高度重视思想政治教育和道德品质教育，为培养适应21世纪需要的高素质人才把握方向。随着高等教育大众化的推进和社会就业竞争压力的增加，当代大学生面临更多的困惑与迷茫。弹性学分制下的学生管理工作要适应这种变化与需求，建立健全学生勤工助学中心、心理健康指导中心、学生公寓管理中心等各种保障机构，及时为学生提供帮助和指导。此外，加强学生社团建设，充分利用社团来团结学生、号召学生，通过健康向上的各种活动，形成良好的校风和学风。尽管弹性学分制淡化了学生行政班级的概念，但在学生管理工作中，学生行政班级仍然是学生群体的一种重要基层组织形式。也正是基于实施弹性学分制使学生班级的集体活动时间有所减少，更要注意强化班集体的管理职能，搞好学生班级的党、团组织建设，使其在弹性学分制中发挥更大的作用。

4. 建立健全与弹性学分制相适应的后勤服务机制

弹性学分制的实施是一种教学制度的改革和创新，同时也是高校运行模式的改革，高校后勤服务领域也涉及诸多问题。到本校进行跨校选课学生的膳食管理制度、公寓宿舍管理制度、图书馆开放制度、实验室开放制度等都应针对弹性学分制的要求，进行合理的改革，以保证弹性学分制的全面顺利实施。目前，全国大部分高校的后勤社会化服务工作改革已取得了很多卓有成效的经验，同时也使学校行政得到很大程度上的解脱，有利于学校行政更好地转换职能，做好管理和服务工作。但是，以往的后勤服务社会化改革是在原有学年学时制条件下探索的，在实行弹性学分制时，不可避免地会出现一些新问题，需要有新思路、新视角和新举措来完善后勤服务社会化体系。

（四）弹性学分制的教学管理制度系统

弹性学分制作为一种教学管理制度，是整个教学管理的制度系统的主线或核心。在实行弹性学分制时，必须有一整套与之相适应的制度系统，才能保证弹性学分制的顺利实施，保证各类教学环节的顺利运行，保证教学质量的稳步提高。

教学管理是学校管理的核心，建立健全教学工作管理制度，是学校制度建设的重要组成部分，更是教学工作管理科学化、规范化的需要。因为学校一切工作的目的都是为了实现国家教育目标，培养合格的社会主义现代化事业的建设者和接班人。这就需要创建一个良好教学环境，建立良好的教学秩序，并使所有的教师和全体教学管理人员，都能以教学为中心，全身心地投入自己本岗位的工作，恪尽职守，爱岗敬业，团结协作，在全校形成一个统一、和谐、奋进的教学气氛，真正做到教书育人，管理育人，服务育人。

弹性学分制的教学管理制度系统具有广泛的内涵，如果按照教学管理中所涉及的对象来分，则可分为教学计划管理制度、教学资源管理制度、教学运行管理制度、教学信息管理制度等。

1. 教学计划管理制度

弹性学分制下的教学工作计划管理，是指教务处在工作中根据国家有关部门颁发的教学计划、教学大纲、教科书的内容要求，结合学校自己的教学计划的实际情况，行使好自己的管理职能、逐步将各项计划组织实施，通过不断督促检查、适应性调整，最后完成教学计划内容的管理工作过程。学校的教育工作是为社会培养人才，这就要求学校的工作必须同社会的发展相适应，而各个学校的教学内容、形式、培养目标以及发展规模也都必须遵循一定的计划来完成。随着科学和技术的进步，社会的各项工作都不再是由简单劳动或低级脑力劳动者所能承担得了的，这就要求学校的教学内容不能落后于现代社会的发展趋势。不仅学科会不断增多，而且教学的内容、教学形式也需要不断变化，并引入现代的教育手段。教师的素质需要不断提高，学生的质量要求也越来越高，学校也处于一种竞争状态中，学校办得好，能吸引好学生，这又为培养优秀学生打下基础。优秀学生多，社会的反映好，不论学校的地位、声誉还是办学条件，都会得到进一步提高。显然，面对这种变化，传统的凭经验管理教学的方法已不适应了，必须对学校的教学工作进行计划管理，使全校的教学工作中的各个因素和各个环节有机地结合起来，形成一个良好的教学工作机制，才能具有高的工作效率，富有竞争力。

2. 教育资源管理制度

教育资源是高等学校的物质基础，也是高等学校办学水平和实力的综合指标。对教育资源的管理，包括师资队伍建设、学科建设、专业建设、课程建设和教学设备设施建设等内容。

师资队伍是高等学校最重要的教育资源。弹性学分制对高校教师提出了更高的要求，这可以从师资队伍的数量和质量两个方面来加强管理。目前，许多高校都重视引进高学历、高职称人才，却忽视了对年轻教师的培养和提高，许多高校的年轻教师刚毕业就要上讲台任教，没有一个培养适应期，很不利于年轻教师的成长。因此，师资队伍建设必须有一整套科学合理的规章制度，既要注重引进人才，又要注重留住人才；既要注重名师效应，又要加强年轻教师的培养提高；既要重视教师的专业素质和学识水平，又要重视教师的教育素质和综合素质，为师资队伍建设提供制度保障。

学科建设、专业建设和课程建设是高校永恒的任务，作为高校坚持不懈的基本建设，必须用全面的制度保障，使学科建设、专业建设和课程建设规范化、科学化、高效化、特色化。

教学设备设施是高等学校办学所依赖的物质载体，包括实验和科研使用的各类仪器设备，也包括图书情报资料等信息载体资源，还包括教室、宿舍、运动场、校内外实习基地、图书馆等场地和设施。一所高等学校的办学条件和办学水平，首先就体现在教学设备设施方面，因此这方面的建设普遍受到重视。无论是教学设备设施的添置、更新，还是教学设备设施的维护、管理，都必须具有制度化的管理手段和措施。

3. 教学运行管理制度

高等学校的教学运行管理，包括教学计划管理、学籍管理、课程管理、教材管理、考务管理以及实践性教学管理等内容，也是教学工作规范化管理的重头戏。

（1）弹性学分制下的教学管理运行程序。高等学校的教学运行，贯穿从招生到学生毕业的全教学过程。在这个过程中，教学计划管理主要是指人才培养方案的执行和微调，是实现人才培养规格要求的保证，因此必须维护教学计划的权威性和严肃性。

学籍管理主要是对学生从入学报到至学成毕业的整个过程进行阶段性和全过程的质量考核和管理，是高等学校根据教育目的和培养目标，为控制、激励、调节师生的教学活动而制定的管理规章制度和执行规范。它包括入学与注册管理制度、学分制下的选课管理制度、课程考核与成绩记载管理制度、免修重修管理制度、休学停学与复学管理制度、退学与试读管理制度、考勤与纪律管理制度等一系列的规章制度。

课程建设与管理课程是专业建设和学科建设的基础，课程的质量和水平是学校师资水平、教学质量、教学条件及管理水平的综合反映。抓好课程的管理和建设，可以带动教材建设、实验室建设、师资队伍建设等各项教学基础建设。课程管理的内容包括备课管理、上课管理、布置与批改作业管理、课外辅导管理和成绩考核管理。课程教学管理内容一般都体现在各级各类学校的教学常规中。

教材管理是与整个学校的教学、科研和教学管理联系在一起的，而且受学校整个教学活动的制约。教材工作主要是围绕教材建设、教材研究、教材选用和教材供应等几个环节，进行计划、组织、反馈、控制、供应和结算等方面的综合管理。也就是说，高等学校的教材科应具备计划、组织、反馈、控制、供应和结算等方面的职能。教材管理包括教材订购制度、教材供应制度、教材建设委员会工作制度、优秀教材奖励制度等一系列规章制度，从而规范教材管理的操作过程。

考试的组织与管理的目标是以最小的活动和物化劳动的消耗，取得最好的测试效果。它包括两个方面：考试工作的高质量，即考试的高信度、高效度，考试成绩能够反映考生的真实水平，这是工作目标；考试工作的高效能，即调动考试工作人员的积极性、主动性和创造性，并把个体发挥的能量组合为最大的合力，尽量减少工作过程中人力、物力、财力的消耗，这是效益目标。考试的组织与管理，从横向上说，有考试业务的组织与管理，考试对象（学生）的组织与管理，考试工作人员的组织与管理，考试财务的组织与管理；从纵向说，有考试目标的确定，考试的设计和考试计划的编制，命题的组织管理和考试实施的管理，评卷的组织管理等。考务管理包括学生成绩考核规定、考场规则、考生守则、监考人员守则、考场巡视员守则、考生违纪舞弊处理规定等一系列规章制度。

实践教学环节是培养大学生实际动手能力的重要依托，也是构建大学生能力体系的主要途径。高等教育作为一种职前教育，必须训练学生的动手操作能力，提高学生的应职能力，尤其是职业技术学院，对实践教学环节应给予高度重视。而实验实习管理制度、毕业实习管理制度、毕业论文答辩管理制度、实验设备设施管理制度等，则是实践教学环节正常完成、提高实践教学质量的重要保证。实践教学管理依赖实验室工作实施条例、实验室安全规则、实验员职责、校内教学实习基地管理办法、校外教学实习基地遴选及管理办法、毕业论文工作的暂行规定等一系列的规章制度，来实现实践教学环节在操作层面的规范化。

(2) 教学过程管理制度。这一套机制是对教学计划执行过程的现场观察、监督、指导，可以及时纠正偏离质量目标的行为。

为确立教学工作的中心地位，学校制定了各级领导听课制度，并明确每学期听课应达到最少学时数。听课必须填写听课表，听课表每月汇总交教务处教研科，年终公布领导听课情况。通过听课，各级领导能掌握最真实的教学情况，便于教学管理，达到监控的目的。

课堂教学质量的情况，最直接关系到学校的教学质量。行之有效的监控方法是进行课堂教学质量评估。为了使评估具有全面性，可以采取学生与同行教师参加的综合评估法。评估时，各院系按学校制定的评估量表（各院系也可进行修改）对所有担任本院系必修课和限选课的教师进行评估，评估使用学校特制的评估卡，学生评估占60%，同行评估占40%。为了提高评估的信度，要实行“四个统一”：统一在每个学期考试周前一周内进行评估；统一由教务员或教学秘书具体操作，任课教师一律回避；在一个班内所有任课教师均要进行统一测评；评估数据统一由教务处用电脑进行处理。评估结果出来后，教务处返回各院系，由各院系以适当方式通知受评估教师。评估结果与教师职称评聘和评奖直接挂钩。①

课程考试是学校检测教学质量的“关口”，它不但可以测量学生知识与能力的达到程度，而且可以促进教风和学风的建设。但是，只有合乎质量指标要求的考试，才能起到上述作用；否则，将产生较大的负面作用，既不能正确评价教学质量，又不利于校风建设。为了确保课程考试合乎考试质量指标的要求，根据教育测量学原理和课程考试的特点，制定评估课程考试质量的四项指标：①平均分控制在72—80分（指满分为100分，以下同）；②标准差在7以上；③区分度在0.15以上（指用两端分组法计算）；④信度在0.5以上。监控的方法是：每学期期末考试结束后，对所有必修课和限选课的考试分数均进行抽样，由教务处统一用电脑进行统计分析，打印出《考试质量分析》给任课教师参考，在《教学情况反映》上对符合上述质量指标要求的课程给予表扬，对不合质量指标要求的课程则指出问题所在，帮助他们提高考试质量。坚持这种监控方法，对保证课程考试的质量，并使课程考试向科学化方向发展将起到积极的推动作用。

课程考试质量仅是课程考试管理质量的一部分。课程考试质量检测主要针对任课教师，而课程考试管理质量评估主要针对单位的领导者与管理者。为了从整体上提高各院系的考试管理水平，认真把好培养人才质量的“关口”，根据《学校考试管理规定》制定操作性较强的《考试管理工作质量评定量表》。该量表含“领导重视”、“命题严格”、“考场规范”、“考后工作”及“加分与扣分”这5项一级指标，每项中又有若干二级指标。监控方法是：每学期组织学校评估组对各系期末课程考试管理质量进行评估。通过不断到考场抽测，到院系听汇报、查阅试卷和有关考试管理资料等方式，对各院系课程考试管理质量评定一个分值，同时指出各院系课程考试管理方面存在的主要问题及今后努力方向。然后以评估结果为依据，每学年表彰奖励3个“考试管理工作规范、考试纪律严明、考试效果良好”的院系（室），并授予某年度“考试管理工作先进单位”的称号。如果在各院系考试管理都比较规范的基础上，应该转为针对某些薄弱环节的专项重点评估。这种监控方法能大大地调动各院系领导搞好课程考试管理的积极性，极大地推进了学校课程考试管理规范化和考风学风

① 湖南农业大学．湖南农业大学教学管理制度汇编．湖南农业大学教务处编印，2004.

建设。

将教学事故界定为教学管理部门、教学后勤保障部门、教师、教辅及其他工作人员在教书育人、教学管理和后勤服务各环节中出现的过失或过错。教学事故分为重大、严重、一般三个等级。根据事故等级作出批评、取消评优资格、延迟晋升职称、取消教师资格和给予行政处分等处理。

会议是一种根据上级指示、学校工作需要和主持者的意图，按照一定的议程和规则，集中决策工作的管理形式。为了发挥会议的效率，对会议的类型和规则应作必要的规定，这就是会议制度。为了提高管理的实效，应提高会议效率，每次会议要有明确的目的，集中解决必须经过一定会议才能解决的议题，发扬民主，形成决定，避免形式主义和议而不决的弊端。教学工作例会是指形成惯例的、常规性的教学工作会议。高等学校教学例会制度主要包括以下内容：一是校长工作例会。一般安排在学期初、中期和期末，由主管教学的副校长主持，教务处长主讲。学期初通报全学期教学工作的总体目标设想，部署各项重要工作。中期交流教学情况，期中考核情况，专题研讨教学问题，如教学计划的修订、教学成果的评定、教学研讨等。期末部署期末考务工作和下学期工作安排。二是教务秘书工作例会。每周一次，最好在星期一下午，各系教务秘书参加，交流教学情况，及时解决教学问题，部署近期教学工作。在工作例会上可以收集大量教学信息，为决策提供依据，协调解决实际问题。三是教务处工作例会。每周一次，最好在星期一上午召开，各岗位成员根据岗位职责及近期工作情况，交流进展情况，互通情报，处长安排本周重要工作，强调关键环节，协调分工与合作，体现集体的战斗力，突出中心工作和非常规性工作。

4. 教学信息管理制度

弹性学分制的教学信息管理制度具有广泛的内涵，它包括教师信息系统、学生信息系统和教育资源信息系统等领域的各种规章制度体系，也包括教学过程的实时信息和信息载体所承载的历史信息的有关管理制度，还包括学校内源信息和外源信息的有关管理制度体系。

期中教学工作检查制度。每学期的期中教学检查以学校或教务处名义发文，根据教学管理工作的重点、教学中师生反映比较突出的问题等确定检查内容，由教务处组织，以教学督导团和部分职能部门为主要力量对全校教学工作进行了全面的检查。具体做法是：在调查研究的基础上，抓住当前教师和学生反映的较为突出问题或较为落弱的环节，如教风学风问题、执行教学计划上的偏差问题、教学秩序异常问题、教研室工作制度不够健全等，每次期中教学工作检查均要确定一两个检查重点；采取各系自查和学校抽查的方式；要求各单位分别召开学生代表座谈会、教师代表座谈会、组织听课、问卷调查等方法进行检查，然后针对存在的问题提出整改措施，并将自查报告交教务处，学校检查后，由教务处就检查情况向学校领导进行专题汇报。由学校领导责成相关单位予以改正或答复。这种监控方法，可使学校教学工作中出现的不良倾向或苗头得到及时的纠正，并使教学工作向健康、有序和规范的方向发展，确保了教学质量。

教学督导委员会（或教学督导团）着重对课堂教学过程中的质量进行监控，进行学校教学实习质量评估和实验教学质量评估等。采取的监控方法除听课外，还进行评估、检查、调研等。教学督导委员会（团）是一个综合性的教学信息收集、反馈和教学检查指导组织。

应届毕业生经过在校四年学习，对自己知识与能力的掌握情况比较了解，对学校教学质量有一定的看法，也比较敢于发表自己的见解。因此，在每届毕业生离校前夕，设计问卷进行调查，请他们为母校改进教学、提高教学质量留下宝贵意见和建议，教务处组织各院系认真从中吸取有益的意见和建议，及时制定改进教学和加强教学管理的措施。

了解毕业生质量，对毕业生进行跟踪调查，为学校修订教学计划，进行教学改革和教学建设提供重要的参考信息。一般做法是三至四年左右进行一次跟踪调查。调查采取全面调查和重点调查相结合的方法。所谓全面调查，是教务处按不同的调查对象精心设计调查问卷，并将问卷邮寄给被调查对象本人及其单位。重点调查是教务处抽取部分重点专业的毕业生以及有代表性的毕业生进行详细的调查。调查内容应包括用人单位对学校毕业生的综合评价和各项能力或素质的具体评价，用人单位对学校人才培养的建议和意见，毕业生对自己工作能力和适应社会能力的评价，毕业生对学校教学管理与教学改革的建议和意见。

（五）弹性学分制的教学质量监控系统

1. 弹性学分制下教学质量监控的难点

教学质量是高等学校的生命线。无论是实行学分制，还是实行学年制，高校都应将教学质量的提高作为自己的最重要的目标。学分制有诸多优越性，这是它长盛不衰的内在原因，但它与所有事物一样，在拥有其积极因素的同时，也有其不足的一面。① 就教学质量监控而言，弹性学分制存在以下不足。

---

① 周清明．学分制下教学质量监控探析 [J]. 高等教育研究，2003，24 (5).

（1）开放灵活的培养方案可能导致所选课程体系的不完整性和系统性缺失。众所周知，教学计划是人才培养过程中的设计蓝图，它是针对某一专业领域的知识需求和能力需求而设计的课程体系以及教学过程规划。弹性学分制下的教学计划是相对灵活的，虽然有宽口径、大容量的人才培养方案为学生选课提供了较大的空间，也正是这种较大的选择空间，使学生在选课的过程中，由于知识背景、课程信息等方面的限制，使学生选课不可避免地存在一定的盲目性，这种盲目性所带来的选课结果，势必使学生在全学程内学习的课程体系不容否认地存在着某些缺陷，从而导致人才培养中的知识、能力、素质的不完整性，更谈不上最大限度地发挥教育效能。同时，这种不完整性或不系统性，对教学质量监控产生了障碍，不能从源头上确保弹性学分制下的人才培养质量。

事实上，知识结构和能力体系的构建，涉及教育学原理、认知心理学原理、课程之间的知识链关系等。所以，教学计划必须是专家设计，并经过广泛论证和反复研究，才能形成一个科学的专业教学计划。从这方面来讲，学年制条件下的刚性教学计划是具有优势的。弹性学分制下的教学计划或人才培养方案，只能是在运用教育学原理、认知心理学原理和课程之间的知识链关系的研究基础之上，构建一个具有多维结构的课程体系，再通过群组化选课，来尽量避免学生自主选课所带来的知识结构不完整性和不系统性，同时减少学生盲目选课中可能出现的知识链衔接关系错乱现象。但是，客观地讲，这些措施都只能在一定程度上减少这种盲目性，并不能从根本上解决这一问题。因此，怎么构建弹性学分制下科学合理的人才培养方案，是一个值得探讨的问题。

（2）选课的自主性导致学生学习的“趋易性”。毕竟大多数大学生都很年轻，对知识和能力在社会生活中的重要性认识比较模糊，加上人类本性所具有的“惰性”心理，使学生在选课过程中，不可避免地存在趋易现象，即尽可能选择容易过关或容易完成学习过程的课程，从而导致学生为了学分而避实就虚地去选一些相对容易的课程，这样虽然学分修满了，但真正的质量还是下降了。对于这种现象，校方实际上是很难控制的，因为既然是由学生自主选课，那么无论从理论上还是从实践操作中，校方都不可能直接干涉学生的选课行为，从而导致教学质量监控显得无能为力。

（3）个性张扬有余，约束不足，增加了质量监控的难度。教育不仅是一种个人行为，更是一种社会行为，教育的最终目的是为社会培养合格人才。同时，学校教育本质上是针对一个个群体来实施的，人体行为也必须从属于教学过程中的群体规范。学分制强调学生个性化的发展，虽然在理论上是强调学生的知识结构和能力体系方面的个性化发展，但不可避免地使学生形成了过分地张扬个性的倾向，使学生在学习、生活等方面缺乏应有的约束。由于学生毕竟自律力有限，难免或多或少地出现失误。因此，在学分制下，发展个性与接受约束就成为了一对矛盾，这也为教学质量的监控增加了困难。

（4）实行结果管理，淡化过程管理，教学质量监控难以到位。弹性学分制实际上实行的是一种结果管理，只要修满规定的学分，学生即可毕业，它淡化了对教学质量形成过程的管理。而教学质量是在教学过程中逐步形成的，通过教学过程来逐步形成学生的知识结构和能力体系，如果放弃或淡化过程管理，不可避免地造成某些环节出现真空，监控不到位，使教学质量难以得到保证。

（5）弹性学分制下的学制灵活性不利于形成竞争机制。在弹性学分制条件下，允许学生提前1年或推后2年毕业，学制具有一定的灵活性。在这种灵活性下，少数学生钻制度空子，冲着反正可以推迟毕业，学习不用功，对成绩无所谓，考试不及格反正还可以免费重修，整天游乐玩耍，整个学校的学习风气都会因此受到影响。由于不能对学生形成压力，致使其学习动力不足，从整体上影响了学校的教学质量。

2. 弹性学分制下的教学质量监控系统的构成

教学是由教师、学生、课程、教材、教学设施和教学环境等诸多因素构成的系统，而教学管理则是计划、组织、协调、执行、控制（监控）等诸多环节构成的活动，其中监控的职能在于准确地接收、处理和利用各种反馈信息。教学系统中的诸多因素之间的相互作用以及任何一个因素的变化都会对教学效果产生影响，如果教学系统中某些因素偏离了预定的运行轨道，而这种偏离又没有得到有效的控制，教学系统中各因素之间的矛盾就会增加，就会阻碍教学系统功能的整体发挥。因此，实行弹性学分制的高等学校，必须加强教学质量监控系统的建设，通过对监控主体子系统、监控客体子系统、监控活动子系统和监控目标子系统的合理规划和管理，实现弹性学分制下教育教学质量的有效监控。①

3. 弹性学分制下的教学质量监控机制

教学工作是学校的中心工作，提高教学质量是永恒的主题，重视教学质量、规范教学管理是高等教育走向成熟的标志。实施弹性学分制的高校，必须有一套完善的教学管理机制和规章制度。通过建章立制，保障教学质量监控体系的正常运行，保障教学质量监控队伍的正常工作，也使整个教学工作有章可循，有据可依，从而确保教学质量的不断提高。

① 易自力等．全日制普通高等学校教学全面质量管理导论［M］．长沙：湖南教育出版社，2004.

（1）教学资源监控机制。弹性学分制下的教学资源监控机制，包括对主讲教师的监控，也包括对学科建设、专业建设、课程建设的监控，以及对各种教学设备设施等教学基本条件的监控。因此，这是一套属于前馈控制范畴的监控机制，通过对教学过程的输入进行监控，为教学质量的提高打下良好的基础。

课程是教学计划的基本要素，是学生在校期间获取知识、培养能力的主要载体，因而课程质量的高低，直接关系到学校的教学质量。同时，课程质量又与授课教师的水平、所用教材的质量、教学方法与手段、教学过程中管理水平等密切相关，因而搞好课程建设可以带动相关的教学建设。监控的方法是：学校坚持每年进行一次合格课程验收和校优秀课程评选，并对已评为校优秀课程进行定期检查，一方面可促进其加强建设，向更高的目标前进，另一方面也可防止其出现滑坡的趋势。

为提高教学质量，在教学中必须提倡使用较高水平或较先进的教材。对教材质量的监控就是要切实保证高水平教材进入课堂，决不能自我封闭和片面强调自编率。而统编教材一般是经过部省级教学主管部门委托、组织某课程较具权威或较有教学经验的专家编写的，它体现了一定的先进性和代表性。提倡使用全国或全省统编教材，既可以提高教师的业务素质，又可防止低水平教材的泛滥或某些教师为自身需要（如提职）在编写教材上进行低水平的重复。

（2）教学过程监控机制。弹性学分制下的教学过程监控，涉及一个广泛的范畴，是一套对教学计划执行过程的现场观察、监督、指导的监控机制，通过教学过程监控机制的有效运行，可以及时纠正偏离质量目标的行为。

（3）教学信息监控机制。弹性学分制下的教学信息监控机制，包括对教学信息的接受、处理和反馈等环节，使教学信息成为教学过程的有效调控源。

4. 弹性学分制下的教学质量监控对策

（1）实行本科生导师制，加强对学生的指导。实行与弹性学分制配套的本科生导师制，导师必须在选择课程、制定培养方案、课程学习乃至生活辅导等方面，都要给予学生全面的指导或辅导。导师的选拔要严格，要选懂教育教学规律、学术水平较高、思想觉悟高、对学生富有爱心的教师担任导师。导师对学生指导的好坏要与教师的职称评定、年终考核、年终奖励等挂钩，以增强导师的责任心，强化对学生的指导效果。

（2）采取严格的淘汰制，激发学生的学习积极性。弹性学分制不应该成为少数不努力学习的学生的保护伞，在实行弹性学分制的同时，也应实行严格的淘汰制。对一年未修满规定的年度最低学生者，或累计学分未达到一定数量者，均应淘汰出局。这样，既能使学生保持一定的学习压力，激发学生的学习积极性，又能充分利用教育资源，提高教育效率。例如，有的高校规定，连续2学期专业教学计划以内的学分低于12学分者，予以退学；按学期统计，凡累计不及格必修课达到25学分者，予以退学处理。这些无疑增加了学生的压力，激发了学生的学习积极性，从而促进整个学校的学风好转。

(3) 优化学业评价的绩点制，建立学习竞争机制。在弹性学分制条件下，虽然60分与100分都是一样计算学分，但还采用了配套的绩点制来衡量学生学习的质和量。通过采用绩点制，对学生的学习成绩进行评比，并且与奖学金、三好学生、优秀学生干部等的评比、学位证书的发放以及推荐就业等紧密结合起来，可有效地激发学生的学习积极性，保证教学质量的整体提高。

(4) 实行真正的选课制，提高教师的教学积极性。在弹性学分制下，学生自主选择学校、自主选择专业、自主选择课程、自主选择授课教师、自主选择学习方式、自主安排学习时间和学习进度，在总体思路上是给学生更大的学习自由空间，但这种学习自由是需要充足的优质教育资源来保证的。就其中的自主选择授课教师而言，就对教师提出了更高的要求，形成了教师群体的卖方市场竞争，也激发了教师提高教学水平、钻研业务的积极性，给教师增加了压力和动力。

(5) 积极推行教考分离，严格考试管理。弹性学分制下的同一门课程，学生可以选择不同的教师，假如再由不同的教师进行考核，难免会出现教学内容和考核标准不一的问题，不利于公平、公正地实行选课制。因此，弹性学分制最好能配套实行教考分离。同时，对所有的考试都必须严格管理，保证考试的严肃性和公平性。事实证明，没有严格的考试管理，就没有良好的学风；没有良好的学风，就根本不可能有好的教学质量可言。①

第二节 地方高校的科技创新

一、国家科技创新体系

国家科技创新体系主要由创新主体、创新基础设施、创新资源、创新环境、外界互动等要素组成，《国家中长期科学和技术发展规划纲要（2006—

① 周清明．学分制下教学质量监控探析［J］．高等教育研究，2003，24（5）．

2020 年)》中指出：国家科技创新体系是以政府为主导、充分发挥市场配置资源的基础性作用、各类科技创新主体紧密联系和有效互动的社会系统。目前，我国基本形成了政府、企业、科研院所及高校、技术创新支撑服务体系四角相倚的创新体系，我国科技体制改革紧紧围绕促进科技与经济结合，以加强科技创新、促进科技成果转化和产业化为目标，以调整结构、转换机制为重点，取得了重要突破和实质性进展。

（一）我国科技创新体系的战略演化

（1）形成阶段（1949—1977 年）。新中国成立后，我国迅速组建各类科研机构，制定国家科技发展计划，进行高等学校的社会主义改造，逐步形成国家创新体系。这一阶段主要是为了国防安全的需要，中国的高新技术发展倾向于军事方面，在高能物理、化学物理、近地空间海洋科学等方面进行了不懈努力，“两弹一星”的研制成功是其重要的标志。这些科技的成就，不但大大提高了中国的国际威望，而且促进了此后中国高新技术的建立和发展。此时的国家创新模式主要是“政府主导型”，由政府直接控制，相应的组织系统按照功能和行政隶属关系严格分工；创新动机来源于政府确定的国家经济、社会发展和国防安全需要等；政府是资源的投入主体，资源严格按计划配置，创新的执行者或组织者进行创新是为了完成政府任务，其利益不直接取决于它们的现实成果，同时也不承担创新失败的风险和责任。

（2）发展阶段（1978—1995 年）。这一阶段的主要表现是探索国家创新系统的发展模式和创新政策，出台了改革政策和措施。创新模式主要是计划主导模式，即设立国家科技计划，在国家科技计划中引入竞争机制。这种模式的形成是伴随着中国改革开放的进程而出现的，随着国有企业自主权的不断扩大，市场对企业的调节作用不断增强。通过改革拨款制度、培育和发展技术市场等措施，科研机构服务于经济建设的活力不断增强，科研成果商品化、产业化的进程不断加快，加速了我国国家创新体系的发展。国家科研经费大多以国家科技计划的形式出现，政府工作人员管理着科研经费的配置。国家先后出台了国家重点科技攻关计划、高技术发展计划（“863”计划）火炬计划、星火计划、重大成果推广计划、国家自然科学基金、攀登计划等科技计划。与此同时，为迎接世界高新技术革命浪潮，中国也像许多国家一样兴办了许多科技园区。自 1985 年 7 月中国第一个高科技园区“深圳科学工业区”成立以来，已建立起国家级高新技术园区 52 个，总面积达 676.16 平方公里。

（3）国家技术创新系统阶段（1995—1998 年）。在这一时期，突出了企业的技术创新模式，其显著特点是确立了市场经济的目标，通过企业制度和产权制度的改革，强化企业的创新功能。宏观管理体制也发生了重大变化，政府制定重大科技计划逐步由科技和经济主管部门联合制定，出现了新的参加对象，如国家工程中心（含国家工程研究中心、国家工程技术研究中心等）、生产力促进中心等，加快了科技成果的商品化、市场化。1995 年，国家启动了“科教兴国”战略。1996 年，国家决定启动“技术创新工程”，重点是提高企业的技术创新能力。

(4) 国家创新系统阶段（1998 年至今)。1997 年 12 月，中国科学院提交了《迎接知识经济时代，建设国家创新体系》的报告。该报告提出了面向知识经济时代的国家创新体系，具体包括知识创新系统、技术创新系统、知识传播系统和知识应用系统。1998 年 6 月，国务院通过了中国科学院关于开展知识创新工程试点工作的汇报提纲，决定由中国科学院先行启动“知识创新工程”，作为国家创新体系试点。①

(二) 国家科技创新体系中的政府职能

由于科学技术在现代世界经济发展中的巨大作用，各国经济竞争的焦点已经从产品竞争深入到生产要素的竞争，发展到科学技术的竞争，特别是国家科技创新能力的竞争。国家科技创新体系是现代经济发展的产物，一国的历史传统与社会文化等对于国家科技创新系统的形成与发展有着极为重要的影响。由于国际竞争性质和形式发生了巨大的变化，自 20 世纪 80 年代以来，西方国家政府已经全面介入科学技术知识的产生、扩散和应用过程。

从科技创新的角度看，综合国力竞争使政府职能发生了两方面的变化：一方面，由于综合国力竞争的主体是国家，其实质是国家总体实力的较量，竞争的层次由科研机构和企业上升到国家层面，因而是一种更为综合、更为激烈的竞争。另一方面，在国际经济关系这个层次上，由于科学技术已经成为最重要的战略资源，所以各国政府在技术的民族主义与技术的全球主义之间求得某种平衡，既要控制科学技术的输出，以免使其产生飞镖效应，同时又要最大限度地鼓励科学技术的输入，以免使自身孤立于世界科学技术发展的潮流之外。当今世界的政治同科技的关系日益密切，一个国家科技发展的快慢，首先决定于政策的保障程度及这个国家精神风貌对群体创新意识的影响。当代科学技术已经从生产力体系中的直接因素变为主导因素，而资源、生态环境同科技的制约和互动关系则主要表现在科技既能够促进生态系统的有效管理，同时又能够极

---

① 陈立，等. 中国国家战略问题报告［M］. 北京：中国社会科学出版社，2002；张凤，何传启. 国家创新系统：第二次现代化的发动机［M］. 北京：高等教育出版社，1999.

大地改变资源的利用方式和提高资源的利用效率，进而推动和促进经济的健康发展，保障可持续发展综合国力的提升。

进入 21 世纪以来，科技创新已成为国际竞争中成败的主导因素，科技竞争力将决定一个国家或地区在未来世界竞争格局中的命运和前途，成为维护国家安全、增进民族凝聚力的关键所在。建设国家创新体系，促进科技创新，成为世界各国关心的重要问题。科技发展领域的竞争已经演变成为国际竞争的一个焦点，国家科技创新体系建设也恰恰因此而成为必然。根据综合国力竞争的国际发展态势和中国自身的发展需要，中国适时地提出了建立中国科技创新体系的计划，并迅速地采取了一系列积极有效的实施步骤和保障措施，取得了极具实际价值的成效，推动和促进了中国经济的健康发展，保障了中国可持续发展综合国力的不断提升。

构建中国国家创新体系，核心是要构造有利于提高我国科技创新能力，促进科技与经济紧密结合的体系。既要着眼近期中国科技的发展，又要考虑中长期科技的发展；既要立足国内现有基础和条件，又要考虑尽快构建适合科技创新自身规律和国际竞争的需要，特别是我国加入 WTO 后科技创新的国际竞争将更加剧烈；既要在制度、体制、机制方面进行改革创新，又要注重创造有利于科技创新思想产生的环境和条件，注重创新文化的建设和发展。目前，我国正处于经济的转型阶段，初步建立了社会主义市场经济体制，但仍不完善。只有从整体上推进，才能使我国在现有体制的基础上，构建起功能齐全、符合国民经济发展需求和国际竞争需要的创新体系。应当在可持续发展战略的宏观框架下，在目前已经建立起来的国家科技创新体系的基础上，进一步从国家的层面上对国家科技创新体系进行组织、管理和调控，进一步从资金、体制、机制、政策等各方面强化国家科技创新体系建设，推进中国国家科技创新体系的建设和快速发展，促进中国可持续发展综合国力的不断增强和迅速提升，保障中国在国际竞争中具有坚实的基础和有力的地位，为世界的和平、发展与进步作出更大的贡献。

（三）国家科技创新体系建设

2005 年，国务院发布了《国家中长期科学和技术发展规划纲要（2006—2020 年）》（国发［2005］044 号），明确了中国科学和技术发展的指导方针、发展目标和总体部署，确定了阶段性的重点领域、优先主题、重大专项、前沿技术，提出了面向国家战略需求的基础研究和重大科学研究计划，并在政策保障、条件建设、平台建设、人才队伍建设等方面明确了方向，同时也明确了国家科技创新体系建设的基本思路。

（1）建设以企业为主体的技术创新体系。积极发挥经济和科技政策的导向作用，激励和引导企业真正成为研究开发投入的主体、技术创新活动的主体和创新成果应用的主体。鼓励企业参与国家科技计划项目的实施，对重大专项和科技计划中有产业化前景的重大项目，优先支持有条件的企业集团、企业联盟牵头承担，或由企业与高校、科研院所联合承担，建立以企业为主体、产学研结合的项目实施新机制。实施“技术创新引导工程”，支持企业建立和完善各类研发机构，打造企业技术创新和产业化平台，形成一批集研究、开发、设计、制造于一体，具有国际竞争力的大型骨干企业。鼓励企业与科研院所、高等院校联合，加强工程实验室、工程中心、企业技术中心、产业技术联盟建设，加大现有研究开发基地与企业的结合，建立企业自主创新的基础支撑平台，并着重建立面向企业开放和共享的有效机制，整合科技资源为企业技术创新服务。完善符合市场经济特点的技术转移体系，将技术转移作为科技计划和公共科技资源配置的重要内容，促进企业与高等院校和科研院所之间的知识流动和技术转移。创造各类企业公平竞争的制度环境，打破行业和市场垄断，重视和发挥民营科技企业在自主创新，发展高新技术产业中的生力军作用。

（2）建设科学研究与高等教育有机结合的知识创新体系。第一，深化科研体制改革，明确不同类型科研机构的职责定位，以建立开放、流动、竞争、协作的运行机制为重点，探索实行理事会制度，完善所长负责制，扩大科研机构的管理自主权，健全科研管理制度规范，建立现代科研院所制度。推进社会公益类科研机构分类改革，提高改革验收后人均事业费标准，完善管理和运行机制，形成一批稳定服务于国家目标的高水平公益科研基地。实施中科院知识创新工程三期项目，在基础研究和战略高技术的若干重要领域形成一批具有国际一流水平的研究所。第二，深化高校科研管理体制改革，加强科技创新与人才培养的结合，建设一批高水平的研究型大学。以国家目标和产业需求为导向，进一步推动科研院所、高等学校和企业在科技创新和人才培养方面的合作，促进资源共享，提高原始创新能力和科技成果转化能力。根据国家重大需求，填补研究领域空白，建设一批高水平国家研究基地。探索建立对基础研究、前沿高技术研究和社会公益类研究相对稳定的支持方式。研究建立以财政支持为主的科研机构创新绩效的评价指标体系和定期评价机制，将评价结果作为调整财政资助强度的重要依据。

（3）建设军民结合、寓军于民的国防科技创新体系。深化国防科研体制改革，以促进军民科技资源统筹配置、有效共享为重点，建设军民结合、寓军于民的国防科技创新体系。加大军民科技发展战略和科技政策的协调力度，以组织实施重大专项为突破口，统筹军民科技计划，加大民用企业和科研机构参与国防科技计划的力度，促进军民科技从基础研究、应用研究开发、产品设计制造到技术和产品采购各环节的有机衔接。加强军民两用技术研发，促进军用和民用科技的双向转移以及军民两用技术的产业化。加强军民科技资源的有效集成，建立军民科技基础设施和条件平台有效配置、合理共享的机制。加快国防科研院所体制改革，推进有条件的国防科研机构的企业化转制，探索促进军民科研结合的管理模式，促进军民创新人才的有序流动和优化组合。

（4）建设各具特色和优势的区域创新体系。根据综合协调、分类指导、注重特色、发挥优势的原则，以促进中央与地方科技力量的有机结合，推动区域紧密合作与互动，促进区域内科技资源的合理配置和高效利用为重点，围绕区域和地方经济与社会发展需求，建设各具特色和优势的区域创新体系，全面提高区域科技能力。加强区域科技规划工作，发挥中央财政配置资源的引导作用，统筹区域科技资源，形成合理的区域科技发展布局。东部地区加强高技术的研发和基地建设，大力推动我国自主创新能力和产业技术的提升与跨越，形成具有国际竞争优势的产业；中部地区充分发挥区域综合优势，重点提升农业、能源等支柱产业和新兴产业的技术水平；西部地区综合应用多种科学技术手段，保护和治理生态环境，合理开发优势资源，发展区域特色产业，形成区域创新和新经济增长极；东北地区加强高新技术改造传统产业，积极开拓新兴产业，振兴东北老工业基地。通过重大项目引导，促进跨区域的创新合作和创新联盟建设。发挥高等院校、科研机构和国家高新技术产业开发区在区域科技创新中的引领作用和区域知识扩散中的辐射作用；积极推进科技创新型试点城市工作，强化区域中心城市对区域创新活动的带动作用和对区域科技资源的凝聚作用。要加强对地方科技工作的指导，强化地方科技管理部门的职责。集合中央和地方的科技资源，形成中央和地方联动的机制，支持有条件的地方组织实施国家重大科技项目。地方科技工作要以提升自主创新能力、加强科技成果转化和产业化为重点，加快先进适用技术推广应用，促进地方优势和特色产业发展与社会进步。深入实施“科技富民强县行动计划”，加强对县（市）科技信息平台等科技基础条件建设的支持力度，增强县（市）科技服务和支撑能力，健全县（市）科技机构，推动基层科技队伍的建设。

（5）建设社会化、网络化的科技中介服务体系。按照政府推动与市场调节相结合，发展与规范相结合，全面推进与分类指导相结合，专业化分工与网络化协作相结合的原则，以促进科技成果转化和加强创新服务为重点，建设社会化、网络化的科技中介服务体系。出台支持科技中介机构发展的税收政策，建立有利于各类科技中介机构发展的运行机制和政策法规环境。鼓励多种所有制投资主体参与科技中介服务活动，充分发挥高等院校、科研机构和各类社团在科技中介服务中的重要作用。把依靠中介机构完善管理和服务，作为转变政府职能的重要内容，对科技中介服务能够承担的工作，积极委托有条件的科技中介机构组织实施。通过任务委托等方式，培育骨干科技中介机构，发挥示范带动作用。大力开展培训工作，提高科技中介机构从业人员的业务水平和素质。加强行业协会建设，充分发挥行业协会在推动技术创新中的服务和协调功能。加强先进适用技术推广应用，加快农业技术推广体系改革和创新，鼓励各类农业科教机构和社会力量参与多元化的农业技术推广服务。

二、地方高校在科技创新体系中的地位和作用

（一）大学—产业—政府三螺旋理论

美国学者亨利·埃茨科维兹（Henry Etzkowitz）从麻省理工学院与波士顿地区、斯坦福大学与硅谷两个案例出发而得出的三螺旋理论，对区域经济发展具有十分重要的指导意义。三螺旋理论认为，在知识经济社会，一个国家的强盛取决于它在政治、经济、科技、教育等方面的创新，包括概念层面的“慧件”创新、制度层面的“软件”创新和技术层面的“硬件”创新，而创新的主体是大学—产业—政府以经济发展的需求为纽带而连接起来的整体，通过组织层面制度性或结构性的安排，实现三者信息与资源的分享，达到资源的协同运用和效能整合。大学和研究机构拥有丰富的知识储量、先进的技术研发条件和强劲的知识创新能力；作为产业外在表现形式的企业则具有较强的创新需求和催生高技术产业的物质条件，能敏锐地捕捉市场动态和社会需求；政府拥有资金和组织调控能力，是技术创新政策和环境的创造者或维护者，能够承担一定的技术创新风险。三种力量的交叉影响，形成螺旋式上升的发展格局。

亨利·埃茨科维兹注重从社会学的视角来研究创新活动的组织实现问题，他把大学、产业、政府三方看做社会活动角色，它们不仅是创新的要素，而且还是活动主体，即三者都可以是创新的组织者、主体和参与者，无论以哪一方为主，最终都是要实现动态三螺旋，推动各种创新活动的深入开展。在这个过程中，三方各自起独特的作用，但又和谐地相互作用、协作创新，从而推动区域经济和社会发展。三螺旋理论认为，系统的演化过程包括三个阶段：知识空间、趋同空间和创新空间，这三个空间彼此重叠、相互交叉，在知识经济社会

中利用高技术实现区域创新。知识空间为区域发展提供原料和知识源泉，这就意味着区域里要有一定规模与层次的大学和研究机构。趋同空间是指相关参与者在一起工作的过程中，大学、产业和政府三方的代表反复论证，达成共识，形成战略并把实现这一战略的资源组织在一起时，趋同空间的目的就达到了。创新空间概指组织的创建或改进，目的在于填补在趋同空间被确认的发展缺口，实现趋同空间拟定的战略。创新空间是开展创新活动的空间，高度依赖大学、产业、政府之间的相互作用。①

无论是国家科技创新体系的构成还是三螺旋理论，都表明在现代社会中，高等学校在国家经济社会发展的特殊地位和作用。在目前中国高等教育领域，地方高校已成为高等学校的主要力量，地方高校在国家发展和综合实力提升方面具有重要的现实意义和特殊的历史地位。

（二）地方高校是我国科技创新体系的重要力量

《国家中长期科学和技术发展规划纲要（2006—2020年）》中明确：大学是我国培养高层次创新人才的重要基地，是我国基础研究和高技术领域原始创新的主力军之一，是解决国民经济重大科技问题、实现技术转移、成果转化的生力军。加快建设一批高水平大学，特别是一批世界知名的高水平研究型大学，是我国加速科技创新、建设国家创新体系的需要。我国已经形成了一批规模适当、学科综合和人才会聚的高水平大学，要充分发挥其在科技创新方面的重要作用。积极支持大学在基础研究、前沿技术研究、社会公益研究等领域的原始创新。鼓励、推动大学与企业和科研院所进行全面合作，加大为国家、区域和行业发展服务的力度。加快大学重点学科和科技创新平台建设。培养和会聚一批具有国际领先水平的学科带头人，建设一支学风优良、富有创新精神和国际竞争力的高校教师队伍。进一步加快大学内部管理体制的改革步伐。优化大学内部的教育结构和科技组织结构，创新运行机制和管理制度，建立科学合理的综合评价体系，建立有利于提高创新人才培养质量和创新能力，人尽其才、人才辈出的运行机制。积极探索建立具有中国特色的现代大学制度。

从表3—1资料可以看出，高等学校在我国现行国家科技创新体系中具有十分重要的作用，高校在为社会经济发展培养高级专门人才的同时，也为经济社会发展的科技创新做出了巨大的贡献，在这些科技创新的贡献中，地方高校的贡献份额是居于主体地位的。

---

① 韩高军．三螺旋理论视角下的创业型大学［J］．教育学术月刊，2010（6）：41—43，111.

表 3—1 高等学校科研活动情况

指　　标	2006 年	2007 年	2008 年	2009 年	2010 年	2011 年
学校数（个）	1867	1908	2263	2305	2358	2409
R&D机构（个）	4154	4502	5159	6082	7833	8630
R&D人员（万人）	42.1	44.8	47.8	50.9	59.3569	63.1728
R&D人员全时当量（万人年）	24.2	25.4	26.6	27.5	28.967	29.922
R&D经费支出（亿元）	276.8	314.7	390.2	468.2	597.2984	688.8413
发表科技论文（篇）	830948	905985	964877	1016345	1062512	1109965
出版科技著作（种）	34633	35733	37541	40919	38101	37472
专利申请受理数（件）	24490	29860	40610	56641	72744	95592
专利申请授权数（件）	12043	14111	19248	25570	37490	53055

注：R&D (Research and Development)，指在科学技术领域，为增加知识总量以及运用这些知识去创造新的应用进行的系统的创造性的活动，包括基础研究、应用研究、试验发展三类活动。

资料来源：中华人民共和国国家统计局．中国统计年鉴（2012）[M]．中国统计出版社，2013.

（三）地方高校是促进地方经济发展的技术依托

（1）校企合作的人才培养。校企合作是学校与企业建立的一种合作模式。当前社会竞争激烈（包括教育行业），大中专院校等职业教育院校为谋求自身发展，抓好教育质量，采取与企业合作的方式，有针对性地为企业培养人才，注重人才的实用性与实效性。校企合作是一种注重培养质量，注重在校学习与企业实践，注重学校与企业资源、信息共享的“双赢”模式。校企合作做到了应社会所需，与市场接轨，与企业合作，实践与理论相结合的全新理念。订单式培养是近年来校企合作培养人才的一种新模式。订单式培养是指地方高校根据特定企业的人才需求，针对性地开设一些特色化的课程和实践教学环节，使所培养的人才尽可能与企业实际需求接轨，实现地方高校与企业用人的双赢。

（2）校企合作的技术开发。地方高校与当地企业的合作可以是全方位的，其中校企合作进行技术开发，在各地都有许多成功的典型和运作模式。校企合作的技术开发，可以是单项目的针对性技术开发，通过地方高校和企业双方签订委托开发协议，地方高校利用人才智力优势解决企业的技术难题，企业则为地方高校提供一定的经费支持。在实际运行中，地方高校与企业的合作，可以是以学校为单位，也可以是校内教学、科研机构与企业合作，还可以是地方高校的教师或科研人员直接与企业合作，使地方高校成为当地企业发展的智力支撑。

(3) 地方高校与地方政府的合作。地方政府为了促进地方经济社会发展，必须科学制定各类发展规划，针对地方经济开发针对性的关键技术和综合技术，还必须针对地方社会发展的矛盾和问题探索研究有效的解决办法和实施策略，这些都可以依托地方高校的人才资源、技术优势和科技创新平台，通过战略研究、技术咨询、成果推广转化、关键技术开发、现实问题解决策略研究等途径，促进地方经济社会发展，同时也推动地方高校的内涵式发展。

(四) 地方高校是区域创新体系的主力军

《国家中长期科学和技术发展规划纲要（2006—2020 年)》明确要建设各具特色和优势的区域创新体系。充分结合区域经济和社会发展的特色和优势，统筹规划区域创新体系和创新能力建设。深化地方科技体制改革，促进中央与地方科技力量的有机结合。发挥高等院校、科研院所和国家高新技术产业开发区在区域创新体系中的重要作用，增强科技创新对区域经济社会发展的支撑力度。加强中、西部区域科技发展能力建设。切实加强县（市）等基层科技体系建设。

区域创新体系研究得到重视的另一个重要原因是美国硅谷的崛起，硅谷的神奇让人们认识到地方高校在区域创新体系中扮演的重要角色。区域创新体系研究的另一个思想来源是产业集聚。区域创新体系的主体要素包括区域内的企业、地方高校、科研机构、中介服务机构和地方政府，功能要素包括区域内的制度创新、技术创新、管理创新和服务创新，环境要素包括体制、机制、政府或法制调控、基础设施建设和保障条件等。主体要素、功能要素、环境要素三个部分构成区域创新体系，地方高校是区域创新体系的重要主体要素。地方高校的人才资源、技术优势、科技创新平台为区域创新体系建设提供了良好的现实基础，美国硅谷的崛起主要依托斯坦福大学、伯克利大学和加州理工大学等高等学校的雄厚科研力量，为我国区域创新体系建设提供了成功的经验。

三、湖南农业大学的实证研究

作为一所具有 60 多年办学历史的地方高校，湖南农业大学以提升自主创新能力为主线，大力推进科技创新引导工程、科技创新基础工程、科技创新支撑工程三大工程建设，努力服务经济社会发展，取得了突出成效，为学校未来科技发展奠定了一个坚实的基础。2011—2012 年，学校在科技创新方面主要取得了以下成绩：一是科研经费实现较快增长。连续两年到位科技经费突破 2 亿元，共计达 4.1 亿余元。连续两年到位科技经费在湖南省的省属高校中继续保持第一，在全国农业高校中位居前列。二是争取国家科技项目资源的能力明显增强。在基础研究领域，近两年主持承担国家自然科学基金项目 74 项，主持承担国家社科基金和教育部人文社会科学研究项目 27 项，实现了主持“973”计划项目、国家社科基金重大项目的突破。三是科技创新平台建设取得新进展。2011 年学校参与组建的“土壤肥料资源高效利用国家工程实验室”、“水稻国家工程实验室”、“柑橘资源利用省部共建国家工程实验室”获得国家发改委批准立项建设，牵头组建的“国家中药材生产（湖南）技术中心”获得工信部批准立项建设，牵头组建的“油菜生物学与遗传育种三熟制重点实验室”、“华中地区作物栽培科学观测实验站”获得农业部批准立项建设。2012 年学校牵头申报的“湖南省葡萄工程技术研究中心”、“湖南省多熟制工程技术研究中心”以及“湖南省中国特色社会主义研究中心湖南农业大学基地”3 个省级科技创新平台获得批准立项建设。四是科技成果取得新突破。2011 年，官春云院士获得湖南省科学技术杰出贡献奖，实现了我校获得湖南省最高科技奖的重大突破；2012 年，同时获得 1 项国家技术发明二等奖和 1 项国家科技进步二等奖，实现了我校国家技术发明奖零的突破。2011—2012 年我校获得的省自然科学一等奖、省科技进步一等奖和省技术发明一等奖的份额占到了全省农业领域的 75%，占全省所有省属高校的 40%。2011—2012 年审定动植物新品种 41 个，获得授权专利 217 项，专利申请数与授权数在湖南省省属高校中位居第一。2011—2012 年发表 SCI 收录论文 332 篇，其中影响因子 3.0 以上的 SCI 收录论文 70 篇、6.0 以上的 8 篇，并首次实现了在《Nature》署名发表文章零的突破。

（一）以科学发展观为统领，准确把握科技工作发展方向

（1）在发展战略上加快转变科技发展方式。近年来，学校科技事业虽然取得巨大成就，实现了快速发展，但是科技发展总体上还是属于规模驱动型的外延式发展。高层次人才、团队，高水平的创新平台，高级别的科研课题，特别是高档次的论文专著、高水平的科研成果、服务经济社会发展的影响力等反映科技发展的内涵性指标与先进兄弟院校相比，仍有一定差距，科技创新还不能全面满足经济社会发展需求。要实现科技工作又好又快发展，转变科技发展方式是必然选择。一是要加快实现科技发展以量的扩张为主向规模增长与质量提升联动转变，注重创新内涵质量和效益。二是要加快实现从单一学科到学科交叉融合的转变，关注通过学科交叉产生新兴的学科方向和研究领域，通过交叉、融合、创新形成重大重点科研项目（群），培育重大科研成果。三是加快实现从数字提升到品牌声誉提升的转变，关注学科声誉、团队声誉以及创新品牌与影响力。

（2）在发展路径上坚持走特色化、差异化发展之路。面对难得的发展机遇和日趋激烈的竞争形势，湖南农业大学作为省属农业高校，必须加快科技发展，在未来激烈的竞争中谋得一席之地，掌握科技发展的主动权。华中农业大学通过打造“一枝花、一株稻、一头猪、一支苗、一棵树、一粒豆”“六个一”的特色创新品牌，使其在杂交油菜、绿色水稻、优质种猪、动物疫苗、优质柑橘、试管种薯等研究领域站在国内外的创新前沿，其国家级创新平台、国家级创新人才和团队、国家级重大重点项目及其重要科技成果大都产生于此。湖南农业大学必须坚持走特色化、差异化发展之路。一是要围绕国家战略需求，调整和优化学科布局，支持各学院、各学科制定实现不同学科特点的差异化内涵发展路线图，实现从同质化到特色化、差异化的转变，构建特色学科群。二是围绕现代农业产业发展重大需求，立足自身基础与条件，以产业链上的重大科学问题与关键技术为核心，不断凝练学科特色研究方向，打造一批在国内外有重要地位和重要影响的特色创新品牌。三是要加强优势学科与其他学科交叉融合，培育新兴的特色学科方向，以优势培植特色，以特色强化优势，互促共进，带动学校其他学科和研究领域的整体创新能力和水平的提升。

（3）在创新组织方式上大力推进协同创新。现代农业相对于传统农业而言，其内涵不断丰富、外延不断拓展，不仅包括农业产前、产中、产后三个环节，而且还涵盖了农工贸、产加销、运建服等跨农产业，现代大农业是一个纵横交互的大产业系统。在这样一种背景下，科技创新要全面支撑现代农业产业发展，推进多学科、多单位、多团队、多资源协同创新是必然要求。作为一所农业高校，湖南农业大学是湖南省农业科技创新的主体力量，进一步提升全面支撑和服务经济社会发展和现代农业发展的能力和影响力，就必须大力推进协同创新。一是以创新需求为导向，深化学校管理体制、科研组织、教师考核、资源配置、国际合作等方面的综合改革，推进学科交叉融合和创新资源共享，突破学科与学科之间、部门与部门之间以及人才、学科、科研之间的壁垒，构建学科、人才、科研“三位一体”的协同创新模式。二是要以自身技术、人才优势为依托，以新农村发展研究院建设为载体，不断开拓学校与企业、地方政府、行业部门及其他高校院所之间的协同创新，建立一批面向科学前沿、面向行业产业和区域发展重大需求的协同创新大平台，充分发挥我校在区域农业科技协同创新中的引领作用，形成大协同的创新格局。三是要探索完善协同创新机制，促进学校创新资源与其他协同体创新资源的集聚和融合，充分释放人才、资本、信息、技术等创新要素的活力，为推进协同创新提供有力保障。

（二）着力加强科研项目库建设，促进科技发展方式转变

科研项目库建设是促进科技发展方式转变，推动科技内涵式发展的重要举措和重要抓手。通过项目库建设，准确把握创新需求，凝练特色研究方向，实现特色化、差异化发展；能够有效促进各学科围绕特色研究方向，开展协同创新；能够引导学校科技人员特别是年轻人汇集到优势特色研究领域的重大重点项目研究上来，带动创新人才培养，促进创新团队建设。加强项目库建设，确保项目库建设出成效，重点要抓好以下几个主要环节。

（1）把握建设程序与要求。一是要在认真分析和把握国家战略需求、现代农业发展需求、其他创新主体的优势以及学校自身创新优势与条件的基础上，凝练出特色化、差异化的研究方向。二是要针对每一个特色研究方向，突出学科交叉融合，谋划重大重点项目库建设，建成重大重点项目群。三是要引导各学科、人才围绕特色研究方向及其重大重点项目，开展协同创新，加强重大重点项目的培育与建设，组建跨学科、跨专业、跨部门的创新团队，全面带动创新人才培养。四是要充分利用重大重点项目库，积极争取国家、省等科技计划项目的支持。

（2）明确建设主体。校内各学院及各级各类科技创新平台是项目库建设的主体。各学院和校管科技创新平台要成立项目库建设小组，专门负责项目库建设。组织各学科及其科研人员在认真分析需求以及其他创新主体的优势与自身条件的基础上，凝练出特色化、差异化的研究方向，启动完成项目库建设；在实施过程中，要根据情况变化对项目库项目及时进行补充和更新。在项目库建设过程中，要制定严格的项目库建设评审标准，要组织专家对每个申请入库的项目进行充分论证，必须在通过专家论证后方可入库，确保项目库建设质量。学校科技处负责全校科研项目库建设的指导和管理，具体组织和协调跨学院、跨学科、跨学校的重大入库项目建设。

（3）建立和完善科研管理和考核机制。一是学校组织申报的各级各类科研项目，原则上从项目库中选择推荐；重大重点项目的组织和申报，必须从项目库中产生。学校每一位教师至少要融入一个科研团队、一个教学团队、一个服务团队，成为“三位一体”教师，这是现代大学对教师的基本要求。二是科技资源配置重点向入库项目倾斜，切实加强入库项目的培育与建设。三是加强项目库建设考核，将项目库建设情况及项目出库率纳入校院两级目标管理考核范畴，不断促进项目库建设质量。

（三）突出强化科研项目实施与管理，全面提升科技创新内涵质量

科研项目能否取得好的成效、大的成果，关键看项目实施与管理是否到

位。加强项目实施与管理已成为推进科技工作内涵式发展的关键措施与重要保障，应切实摆在更加突出的位置。抓好科研项目实施与管理，核心是要制定好科研项目实施与管理办法，明确项目实施与管理的各个主体及其职责，切实引导项目实施转变到提升创新内涵质量及效益上来。重点是通过建立和完善以下几项制度来实现：

（1）建立项目执行情况公开制度。每年将每个科研项目到位经费情况、年度执行情况、中期检查情况、经费使用情况、成果与知识产权情况、实施效益情况等在全校一定范围内公开，供科研人员之间相互学习、相互交流、相互监督，以达到鼓励先进，鞭策后进，全面促进共同提高科研项目实施的质量与效益。

（2）建立科研项目内部合同管理制度。对科研项目实施内部合同制管理。要求重大重点项目负责人和项目组成员签订合同，明确责、权、利，明确研究任务和相应的经费量，并对合同执行情况进行问责和问效。

（3）建立科研人员诚信制度。研究制定科研人员信用评价指标体系，建立信用数据库管理系统。每年对科研人员在科研项目与奖励申报、项目立项、预算、合同制管理、检查评估、经费使用、验收等主要环节，以及项目评审、专家咨询等活动中的表现进行信用记录。信用记录结果进入数据库管理系统，定期或不定期公开科研人员的信用记录，并加强信用记录结果的应用，将其作为职称评聘、项目与奖励申报、评奖评优的重要依据。

（4）建立和完善科技督导制度。在实行科技督导制度的前提下，要不断完善科技项目督导制度内涵，特别是对一些重大重点项目的实施进展与成效进行重点督导。成立科技经费督导小组，加强对科研项目经费预算编制及执行、经费收支、结余经费使用等情况的督导，及时纠正存在的问题，保证科研项目按计划顺利实施，提高科技经费的使用效率。

（四）加强科技创新平台建设与管理，充分发挥平台聚集作用

科技创新平台是集合创新要素、聚集创新资源的重要支撑。科技创新平台的根本任务就是通过凝练研究方向，开放共享科技资源，最大限度地聚集项目、聚集人才，最大限度地释放创新活力。科技创新平台与科研机构相比，其显著特点就是项目、人才集聚性强，资源开放性强，科研竞争性强。

（1）重点抓好科技创新平台的建设。在继续抓好全校科技创新平台建设的同时，重点要突出抓好两个重要平台的建设。一是继续加强省部共建国家重点实验室培育基地“湖南省作物种质创新与资源利用重点实验室”建设，以国家重点实验室培育基地为基础，整合全校资源和力量，全力做好“作物种质资源与代谢调控国家重点实验室”的筹建与申报工作，力争尽早申报成功，实现国家重点实验室的重大突破。二是加快“植物功能成分利用国家工程技术研究中心”建设。进一步理顺关系，健全制度，加快国家工程技术研究中心的中试车间、人才队伍等方面建设，带动和引领全校科技创新平台建设。

（2）制定科技创新平台管理办法，强化平台管理。通过管理办法的制定与实施，提升平台管理水平，充分发挥平台聚集项目和人才的作用。一是进一步明确平台主任的职责。制定岗位责任制，明确平台主任的责、权、利。平台主任不仅要完成相应的研究工作，更要对整个平台的建设与运行管理负责。二是加强平台主任竞聘与考核。重点把凝练平台研究方向、开放平台资源、吸引相关人员到平台开展研究，聚集科研项目到平台实施等方面的机制与业绩，作为平台主任竞聘与考核的重点内容，促进平台建设效益与管理水平的提升。三是建立平台管理运行情况公开制度。将平台研究方向的凝练情况、聚集项目的情况、聚集人才的情况、仪器设备及科技资源的开放共享情况、平台创新业绩情况以及平台中期考核、建设验收情况等，在学校一定范围内进行公开，加强对平台建设与管理运行情况的监控。

（五）大力推进协同创新与服务

以国家新农村发展研究院建设和国家农村农业信息化示范省建设的契机，大力推进协同创新与服务，进一步提高创新能力和服务经济社会发展的能力，已成为湖南农业大学转变科技发展方式、推进科技内涵式发展的重要手段与重要途径。

（1）以新农村发展研究院基地建设为基础，构建协同创新平台支撑体系。选择一批新农村发展研究院区域综合试验站、特色产业基地和分布式服务站，通过加强与地方政府、区域内高校和科研院所、涉农企业的合作，整合相关资源，将其打造成为集野外观测、试验、研究和示范于一体的野外科学观测台站和野外研究基地，构建从实验室平台到野外基地平台一体化的协同创新平台支撑体系。

（2）以新农村发展研究院基地建设为载体，全面构建有效组织协同创新体系。一是重点围绕湖南省优势和特色产业发展需求，以新农村发展研究院基地建设为载体，大力推进校校、校所、校企、校地深度合作，联合组建以湖南农业大学牵头的产业技术创新战略联盟，构建起有效组织协同创新体系。二是以新农村发展研究院基地建设为载体，引导各学科围绕现代农业产业发展各个环节的需求，凝练优势特色研究方向，开展协同创新，促进社会科学与自然科学、自然科学各学科之间的交叉融合，构建起校内协同创新体系。三是发挥协同创新的引导和聚集作用，引导校内外科研人员积极深入新农村发展研究院基地，结合生产实践开展科学研究。同时，聘请一批基层的涉农部门技术专家、涉农企业技术骨干、农村科技大户等为新农村发展研究院的兼职教授或副教授，联合组建产业技术创新团队，共同开展产业技术的协同创新。

（3）以新农村发展研究院基地建设和信息综合服务平台建设为依托，探索协同创新服务新机制、新模式。一是推进新农村发展研究院基地与信息化服务平台紧密对接，推进学科专业链与基地产业链紧密对接，探索和实践团队创新与社会服务高效协同的服务模式，有力支撑经济社会发展。二是鼓励学校科技特派员、专家和科技人员，充分利用信息综合服务平台，到基地开展创新创业，领办经济实体，服务地方经济发展，带动广大农民增收致富。三是开展战略研究，建立以学校产业专家、社科专家为核心的战略研究创新联盟，重点开展现代农业产业发展的理论创新、整体战略、产业规划等方面的研究，为各级政府和部门决策提供重要依据。四是大力宣传学校在协同创新与服务方面的典型，提升学校的影响力和品牌效应。

（六）注重加强管理创新，为科技工作营造良好环境

科技管理是科技创新的重要组成部分，是影响科技创新能力与水平的重要因素。面对科技发展的新形势、新机遇、新要求，必须从狭隘传统观念走出来，以新的视野、新的方式来加强科技管理工作、创新科技管理工作，全面提升科技管理水平。

（1）大力开展管理咨询。转变管理观念，鼓励各学院、学科聘请校外著名管理专家和专业管理机构等，围绕研究方向的凝练、人才队伍建设、科技发展、管理创新等方面开展管理咨询，提出适应本学院、本学科的特色化、差异化的科技发展路线图和具体措施。

（2）强化现有政策的执行。一是尽快启动校“1515”人才计划的实施，真正培养造就一批科技领军人才、学术带头人和学术骨干。二是抓好“神农学者”计划的实施质量，真正把学校急需的高层次学术人才引进来，实实在在为学校发展服务。三是尽快启动实施杰出青年科学基金培育计划，力争早日实现国家杰出青年基金人才的突破。四是尽快启动实施“浏阳河学者”计划，延揽一批国内学术界精英和相关管理部门的管理专家，指导、帮助和带动我校相关优势和特色学科领域的科技创新和人才培养。五是创新校院两级目标管理考核，实现由单纯的量化考核向量化考核和管理创新考核并重的方式转变。

（3）加强科技管理队伍和信息化管理建设。加大对科技管理人员的教育与培训力度，提高校院两级科技管理人员的素质和服务意识，努力建立一支奉献精神强、创新意识强、管理能力强的高素质科技管理人才队伍。进一步完善学校科研管理系统，强化信息化管理手段，提高科技工作的信息化、规范化和科学化管理水平。

第三节 地方高校的社会服务

人才培养、科学研究和社会服务是高校的三大职能。与前两种职能相比，社会服务强调的是高等学校作为一个学术组织直接为社会做出的多方面的贡献。从广义的角度看，高校的社会服务职能涵盖了高校的三大职能，也就是说高校的三大职能都是在实现对社会的有效服务。从狭义的角度看，高校的社会服务职能是指除了人才培养和科技创新以外，高校直接服务社会经济发展及其所产生的效果。除了正常的教学、科研活动以外，高校为了满足社会直接的和现实的需要，利用自身的各种资源和优势，在相对比较短的时间内，有计划、有目的地直接参与社会政治、经济、文化、科技、教育和产业发展等领域，解决社会现实问题。

一、服务地方是地方高校的历史使命

（一）西方高校的职能演变

（1）中世纪大学——培养人才的殿堂。从西方高等教育的发展历程来看，一般认为意大利的萨莱诺大学和波隆那大学、法国的巴黎大学、英国的牛津大学和剑桥大学是当时最早的大学。欧洲大学的出现和迅速发展，体现了当时欧洲社会的新需求，中世纪后期社会需要大量受过培训的专职人员，如国家机构的完备需要配备训练有素的官吏，教会势力日渐增长需要更多通晓教义能说会道的神职人员去不断扩大它的影响，日益复杂的法律诉讼需要懂得法理和能言善辩的律师、法官，人们的健康需要专门的医生。在这些需求刺激下，大学的产生便成为必然。从当时的社会背景可以看出，中世纪大学的办学模式一开始便带有一定的专业性，即培养社会所需要的专门人才，使人才培养成为大学最早也是最基本的社会职能。

（2）德国柏林大学——发展知识的"象牙之塔"。19 世纪德国的国家主义正处于上升阶段，对普法战争失败原因的反思，对急于在工业发展上赶超英法的期望等，种种推动力汇集在一起推动德国高等教育进行了一场根本性的变

革，使大学成为国家科学创新的重要力量。在这场变革中，最引人注目的是洪堡（Alexander von Humboldt，1769—1859）创立的柏林大学，它倡导大学自治、学术自由、教学与科研相结合，把学术研究引入了大学，从而发展了大学的职能——发展知识和科学研究。但德国大学所倡导的科学研究，主要是培养具有高级抽象思维能力的学者，只注重理论研究不注重实际，把纯学术看得至高无上，把脱离社会实际的职业看得至高无上，学术自由仅仅是纯学术自由，这样大学走向了社会的边缘，成为“象牙之塔”。

（3）威斯康星大学——直接为社会服务的职能。促使大学最终走出“象牙之塔”，率先使培养人才、发展知识同直接为社会服务“三位一体”的是美国的大学。美国大学在学习德国式大学的学术氛围的同时，将美国人的“求实精神”注入办学思想和办学实践中，形成了美国大学独特的办学风格，并引发了大学的第三职能的发展。1862 年，美国总统林肯签署了著名的《莫里尔法案》，将公共土地或相等的土地期票赠与各州作为建立一所从事农业和机械工程教育学院的经费资助，并要求所建立的农业和机械工程学院的主要课程应按照各州议会所规定的方式，传授农业和机械专业知识。这些学院在历史上被称为“赠地学院”。其中最典型的是康乃尔大学的建立和威斯康星大学的创办。康乃尔大学的办学思想是大学向所有人开放，向所有学科开放。为体现这一思想，康乃尔大学提出了“适用于所有目标”的课程计划，各门课程具有同样的地位和威望。威斯康星大学提出大学的基本任务是把学生培养成有知识、能工作的公民；进行科学研究，发展新知识、新文化、新科技；传播知识给广大民众，并帮助解决社会生活中的各种问题。为落实其办学思想，威斯康星大学专门设立了一个知识推广部，提供函授、学术讲座、辩论与公开研讨、信息与福利四个服务项目；同时发动大学教授服务于州政府，参与决策和管理工作；发动大学教师到农村、工厂，直接巡回指导工农业生产。

20 世纪以来，随着政治民主、经济增长、人口激增、知识爆炸等进程，高等学校日益呈现出多元化、巨型化、国际化的特点。1963 年，美国加州大学校长科尔出版了《大学之功能》一书。他认为，现代大学已经成为社会的知识工厂和思想库，成为科技进步的“孵化器”和社会进步的“加速器”，由社会边缘“象牙之塔”演变为现代社会的“轴心机构”。这充分地表明高等学校的培养人才、发展科学、服务社会的职能已经在教育界形成共识。

（二）我国高校的职能发展

中国最早的高等学校可以追溯到战国时期的“稷下学宫”和汉代的“太学”。但是中国古代大学没有严格意义上的办学理念，办学的目的就是要“成熟的人”和体格健全的人，是为统治阶级服务的。从其办学目的和办学理念上来说，还是以培养人才为其主要职能。

我国近代大学的创办始于第二次鸦片战争之后。1898年，清政府创办的京师大学堂，是中国近代第一所最完备的公立大学。1912年1月3日，中央临时政府在南京成立，1月9日成立教育部。此后，教育部开展了资产阶级教育改革，颁布了一系列的高等教育法律法规。其中，《大学令》明确要求高等学校要以“教授高深学术、养成硕学闳材、应国家需要”为宗旨，“应国家的需要”就充分体现了高等教育为社会服务的思想萌芽。1929年颁布的《中华民国教育宗旨及其实施方针》明确指出：“中华民国的教育，根据三民主义，以充实人民生活，扶植社会生存，发展国民生计，延续民族生命为目的，务期民族独立，民权普遍，民生发展，以促进世界大同。”进一步明确了高等教育必须服务社会和国民经济。当时以蔡元培、梅贻琦、张伯苓为代表的一代教育大师在大力传播欧美大学理念的同时，结合中国实际提出了自己的许多创见，为我国建立近现代大学奠定了思想基础。

新中国成立后，为满足新中国建设发展的需要，国家教育主管部门提出了教育必须为国家建设服务，学校必须为工农兵服务的指导思想，并积极借鉴苏联教育经验，采取了一系列的政策措施。1950年6月召开的第一次教育工作会议通过了《关于实施高等学校课程改革的决定》，明确“为加强教学与实际结合，高等学校应与政府各业务部门及其所属企业和机关，建立密切联系，高等学校的教师应与上述部门的工作、生产和科学研究作适当的配合”。1959年教育部在青岛召开高等工业学校教育计划座谈会，提出“加强生产劳动教育，把生产劳动列入教育计划，并且以教学为主，使教学、科学研究与生产劳动相结合”。在这种背景下，地方高校积极开展各种社会服务活动，密切了地方高校与地方经济社会发展的关系。

在计划经济时代，地方高校的办学主要是被动地接受上级教育管理部门的指令和安排，可以说其社会服务活动都是在贯彻执行上级指示和要求的前提下开展的，在大部分时间里，地方高校仍然比较封闭地完成各自的任务，社会服务职能的体现并不充分，没有形成地方高校和区域经济社会发展的双赢格局。

改革开放以后，地方高校不断适应社会发展需求，逐渐开展多样化的社会服务。尤其是20世纪90年代以后，我国的高等教育迎来了新的发展契机。现代大学理念的研究有了新的进展，高等学校的办学也出现了空前繁荣的局面。1998年高等学校扩招，为提高高等教育教学质量而推行的“985工程”、“211工程”以及“高等教育教育质量报告”等一系列措施的实施，都是高等教育改革与发展的新体现。大学与社会的逐渐接轨，产学研基地的建立更是我国高校第三大社会职能——直接服务社会的职能的日臻完善。

知识经济时代的到来，使得国际社会政治、经济、文化、科技发展全球化的趋势越来越明显，未来社会发展呈现出相互依存、共同发展的局面。作为全球化进程中社会的“轴心机构”的大学，对于解决人类全球化发展带来的种种矛盾负有特别的使命。作为知识的传播者、保管者、创造者的大学，在智力资源作为发展因素与物质资源相比将越来越占优势的未来社会，高等教育和高等教育机构的重要性将会日趋增加。

（三）地方高校社会服务现状分析

随着中国高等教育事业的迅速发展，地方高校的社会服务职能已引起地方高校和地方政府以及社会各界的高度重视。地方高校根据自身资源优势和实际情况，不断挖掘学校内部潜力，有效对接社会需求，积极开展各种形式的社会服务，逐步形成了一批具有社会影响力和鲜明特色的社会服务品牌项目。

（1）服务于政治文明。1858 年，马克思在《政治经济学批判》序言中，非常明确地把人类文明分为物质文明、政治文明、精神文明。政治文明是人类改造社会所获得的政治成果的总和，通常表现为一定社会形态中关于民主、自由、平等、解放的实现程度。[①] 高等学校所聚集的人才资源和智力资源，在服务于政治文明领域具有很大的发展空间：①致力于纠正社会意识形态领域的认知偏差，为构建社会主流价值观贡献地方高校的力量。在拜金主义和物欲横流的社会，地方高校的教师和所培养的人才应该成为公民的典范，在重构社会主流价值观中贡献自己的力量。②为政府决策提供咨询和监督，促进社会民主、公平、正义。③创新社会管理机制，维护社会和谐、稳定发展。④广泛融入区域社会，积极发现现实社会问题，并为解决这些现实社会问题提供实施策略。

（2）服务于经济建设。地方高校在为经济建设服务的过程中，无论涉足什么领域或产业，其目的都是为了提高人的素质和发挥物的效能，推动人与物在新的水平上实现新的更高层次的资源配置。具体来说，地方高校服务于经济建设，宏观层面可以协助地方政府进行区域战略规划设计，中观层面可以协助地方政府或部门进行产业发展规划和提供政策性建议，微观层面应为企业和产业提供技术服务，从不同层面推动地方经济健康、可持续发展。

（3）服务于文化传承。文化铸就国魂民风，是民族凝聚力和创造力的重要

① 成丙炎，朱红．对高校社会服务职能内涵的思考［J］．研究与探索，2008（5）：35—37.

源泉，越来越成为综合国力竞争的重要因素。地方高校在社会主义文化大发展、大繁荣中具有重要的地位和作用，尤其是在地方特色文化、乡土文化的传承和地方文化资源挖掘、整理、传播等方面具有其独特的历史使命

二、地方高校的产学研结合

产学研结合是指企业、高校及科研院所这三个技术创新主体要素按照“利益共享、风险共担、优势互补、共同发展”的原则，共同开展技术创新和人才培养活动。随着我国经济社会发展和科技进步，产学研结合这种在国外行之有效的技术创新模式也迅速在我国发展起来，并取得了良好的效果。

（一）产学研合作的机制研究

机制是客观存在的，是在一定条件下系统内运作的方式，它是各事物主体间协调方式、动作规则等关系的总和。在产学研合作中，企业、高校、科研机构是活动的基本主体，三者关系平等，都是从自身优势出发获得最大利益需求。当主体各方以自身优势换取对方优势，这种合作活动的动机便形成了。具体合作方式则是以各自实物资产和无形资产比照特定条件下的价值量进行配置，使合作体从事新的经济活动成为可能，既共同分享所带来的利益，又共同承担风险。

（1）结合机制。产学研结合机制具体表现为：①教学、科研、生产相结合。是指教学、科研、生产三方以人才、技术、效益为结合点，遵循市场经济规律、教育教学规律和科技发展规律，逐步形成互利互补、良性循环、共同发展的合作关系。②理论与实践相结合。包括理论原理与生产实际相结合、理论研究与应用研究相结合、理论学习与投身生产实践相结合。③教育与生产劳动相结合。包括学校教育与社会教育相结合、传授知识与培养实践能力相结合、传授理论与培养创新能力相结合、互动教育与自我教育相结合。产学研结合机制使实践从盲目走向自觉，使理论从含混趋于清晰，形成产学研联合的循环加速机制。

（2）动力机制。动力机制是产学研联合的结合动力，来源于结合领域内的总目标和根本利益的一致性，表现在高质量的产品和高质量的人才通过科学技术将各方利益捆在一起，并通过优势互补而达到共同发展的目标。产学研联合的动力机制在于：企业依靠高校和科研机构的科技优势和人才优势，不断取得优越的人才支持和技术支持，不断提高自身的技术创新能力和市场竞争力。学生在实践中提升了自身的能力和素质，同时在客观上部分地弥补了企业人力资源不足，对企业作出了贡献，创造了价值，企业必然给予一定的报酬或奖励，

调动了学生参与实践的积极性。教师、科研人员有了企业作为科研成果的中试基地和产品“孵化器”，同时企业为科学研究、技术开发提供命题和实施条件，极大地调动了他们参与产品开发、技术创新、科研立项的积极性。共同的利益目标和优势互补催化了产学研协作合力的凝成，成为推动产学研联合的巨大动力。

(3) 管理机制。管理机制是产学研联合管理工作中的各种运行机制和制度，包括导向机制（利益导向机制和行为导向机制）、调节机制（自我调节机制和管理制度）、激励机制、约束机制等。

(二) 产学研合作中的问题探究

地方高校积极进行产学研合作的探索和实践，取得了许多成功的经验，但也发现在实践过程中存在一些问题，制约着产学研合作的健康发展。

(1) 企业信誉与合作精神。企业信誉和合作精神是影响产学研结合的关键因素。追求利益最大化是现代企业的生存策略，关键在于追求利益最大化的过程中是否存在短视行为，产学研结合实际上是企业追求利益最大化的一种有效途径，但部分企业管理人员没有真正意识到这种合作潜在价值和承担风险的责任意识，从而形成一些对教师、科研人员和学生的信誉问题，在合作过程中也可能出现一些合作精神方面的缺失，从而影响产学研合作的全面推进。

(2) 合作各方的相关管理体制不健全。产学研结合是构建在多个利益主体的基础上的，利益主体的利益诉求各有自己的立场和原则，必须通过构建科学的管理体制，规范各方行为，避免不必要的纠纷和误解。

(3) 知识产权保护的制度困境。由于我国知识产权制度建设起步较晚，在产学研合作中存在诸多制度困境。一是惩罚力度不够，法律规定的赔偿额较低，难以起到威慑作用；二是缺乏维护知识产权公平竞争的反垄断措施，导致部分领域出现滥用知识产权的垄断行为；三是知识产权权属政策缺乏系统性，忽视了公共技术资源的扩散责任和监督管理。知识产权保护方面的制度困境，在一定程度上制约了产学研合作的各方积极性。

(三) 促进产学研合作健康发展的对策

(1) 构建利益与风险共担的产学研合作创新机制。科学研究和技术开发具有高风险性和高收益性，这种高风险性和高收益性并存，决定了产学研合作必须构建利益与风险共担的合作机制。多数企业认为，产学研合作创新的市场研究应该以自己为主，那么创新成果的市场适应性风险就应该由企业来承担，为了把高校和科研机构向生产领域和市场方向推进，鼓励它们与企业长期合作，在分配中减少先期技术转让费预付的金额，采用提成、技术入股、技术持股等分配办法，使高校和科研机构应得的报酬与企业的经济效益挂钩，减少企业的风险压力。另外，技术创新项目的技术可实现性判断和实现的程度掌握在研究人员手中，企业往往认为这方面的风险应该由高校或科研机构承担，但高校和科研机构也可以把企业向研究开发的源头方向推进，让企业尽早参与研究开发，分担研究开发费用和风险。因此，企业、高校和科研机构在产学研合作创新中必须具有风险责任分担的意识，构建创新主体要素的平等市场主体地位。

（2）加快体制创新，营造有利于产学研合作创新的整体环境。产学研结合涉及经济体制、企业体制、科技体制和教育体制的配套改革。从经济体制来看，产学研结合中的资源配置与重组，必须按市场规则办事，摆正政府与产学研单位的关系，强化对产学研结合的服务和政策扶持。从企业体制来看，企业要加大产权改革力度，建立货币资本与人力资本运营有机结合的“双本运营”产权制度。从科技体制来看，要在国家创新体系框架下，加快区域创新体系建设，促进区域科技资源的高效配置和综合集成，提高科技创新能力。从教育体制改革来看，必须科学构建与产学研合作相适应的人才培养模式，使高等教育进入经济建设主战场。

（3）建立和完善产学研合作创新的风险投资机制。发达国家的经验表明，加快风险投资体系建设，可以有效地弥补科技成果转化阶段，企业、高校和科研机构筹资能力、公共财政支持、社会资金投入和金融信贷之间的不足，通过寻求多元化的投资主体来拓展资金来源，建立完善风险投资的政策支持体系和科技成果转化的风险评估体系，以分散和降低产学研合作创新的主体要素的投资风险。①

三、湖南农业大学的实践：“双百”科技富民工程

“双百”科技富民工程是我校2004年正式启动的与地方“联姻”的新型农村科技服务体系建设模式，既可以促进地方经济的发展，又可以促进高校自身教育和科技事业的发展。2005年已纳入湖南省科技厅星火富民重大专项。“双百”，即由湖南农业大学组织100支由教学科研人员、研究生和高年级大学生组成的科技服务小组，对口联系100个在全省选定的由种养加大户、涉农企业和农村专业技术合作组织的示范基地。通过3—5年对接，把湖南农业大学的一大批科研成果推向农村，实现科研与推广、教学与服务、专家与农民的紧密

① 顾伟忠，刘兰．我国产学研合作存在的问题及其政策研究［J］．北京机械工业学院学报，2006，21（1）：74—78，86.

结合，提高农业科技的入户率，实现服务一批示范基地，培育一批乡土人才，带动一方百姓致富的目的。同时，在项目建设过程中，通过开展新型农村科技服务体系的理论研究和创新，构建以农业大学为主体的星火科技富民的长效机制。

（一）项目实施的意义和必要性

农业科技示范推广作为农业科技创新成果的一种重要的、有目的的扩散方式，已经过了一个多世纪的发展和完善，迄今世界上约80%的国家都建立了适合本国经济发展需要的农业科技推广体系。虽然各国农业科技推广体系各异，但全球农业科技推广模式主要可归结为五种：以政府农业部为基础的农业推广模式、以大学为基础的农业推广模式、农民合作经济组织推广模式、企业推广模式、咨询推广模式。

我国一直实行的是以政府为主的农业推广模式，主要表现为：以行政指令为工作驱动力，而非以利益关联为工作动力；以技术为导向，而非以农户需求为导向，科技推广与农业科研、教育系统严重分离。虽然这种推广模式曾为我国农业科技进步作出了很大贡献，但由于其严重的弊端和缺陷，已不能完全适应市场经济要求和当今农村经济发展的需要。因此，建设“双百”星火科技富民工程既符合我国进行农业推广活动的客观需要，也符合建立新型多元化农业科技推广服务体系的改革大趋势，也是十分必要的。具体地说，有以下四个方面的意义：

（1）探索构建适应时代发展要求的一种新型的“产业链式科技推广服务体系”，弥补现有科技推广体系之不足，适应市场经济日益深化和“三化”进程中农业产业化发展，打造优势农业产业链，为我国高等农业院校提供可供借鉴和推广普及的科技富民新模式。

（2）探求该体系有效的组织架构与运行机制（包含适合的产权安排、有效的治理模式和切实可行的管理制度），为政府及其部门决策提供科学依据。

（3）通过该项研究，实现农户与企业的科技需求与农业大学及科研院所的科技供给的有效连接，并研创和筛选出与我省优势农业产业链相配套的专用性“科技套餐”（技术群），既为创新农业产业链服务，为农民增收服务，也为科技计划与管理机构的科技立项决策提供优选序。

（4）围绕湖南省优势农业产业及其链条的延伸，通过“双百”示范与推广及其与龙头企业的有效连接，为农业产业创新与结构升级提供系统、配套的“技术群”服务，提高科技成果的入户率及其转化效益。

（二）项目实施的基础与优势分析

项目承担单位是湖南农业大学。长期以来，该校把科技富民作为学校的一项重要工作，特别是近十年来，在开展科技示范基地建设和农村科技服务体系建设等方面积累了较丰富的经验，取得了显著成效，为新时期开展“双百”星火科技示富民工程建设奠定了良好的基础与优势。

（1）具有开展“双百”科技富民工程建设的人才和技术成果。湖南农业大学是一所农、文、理、工、经、管、法、教育、医学和艺术多学科的教学研究型大学，拥有一支高素质的科技创新队伍和高水平涉农学科的科技创新平台，并形成了一批农业科技创新成果，特别是在水稻、油菜、茶叶、柑橘、生猪、农产品加工、农业生物技术等领域拥有大批成熟的技术，具有较明显优势，湖南农业大学正逐步成为湖南省农业科技创新重要的源头。

（2）具有开展“双百”科技富民工程建设的网络和基地。近十年来，湖南农业大学针对湖南农业产业化发展、农业增效、农民增收，加速科技成果转化，加强与各市（州）、县和企业的联合，已经建立了40多个紧密结合型的科技示范基地。同时，建立了与省内外互通的农业大学网站，开辟了科技服务与培训专栏，较好地为企业和农户提供了技术咨询和培训服务。

（3）具有开展“双百”科技富民工程建设的经验。湖南农业大学在开展科技富民的实践中，坚持“产学研”结合，推行“大学＋公司＋农户＋基地”和“大学＋协会＋农户＋基地”等多种运行模式，较好地解决了科技推广开发经费，取得了良好的效果。2001—2005年，全校共推广各类技术成果100多项，获得科技推广开发经费1000多万元；组织开办各类技术培训班近500期，发放各类培训教材和资料30余种，共计40多万册，培训农民、基层农村科技人员和农业企业技术人员达60多万人次，在科技富民方面积累了较丰富的经验。

（三）项目实施方案

（1）建立“双百”科技富民工程中心。经过资源整合，把原来的科技推广服务部新建为“双百”星火科技富民工程中心，该中心成为学校的专门机构，有相对的独立性，并建立有效的运行机制，从组织结构和运行机制上确保“双百”星火科技富民工程顺利实施。

（2）选择对接的科技示范基地。根据我省不同区域的特点和实际，并兼顾种植、养殖、水产等农产品的产业类别和区域优势，在调研的基础上，与各市、县科技部门一起，对示范基地进行选择和布点。

（3）根据选择确定的示范基地，组建对应的科技服务小组。

（4）科技服务小组与示范基地进行对接，开展技术服务。服务的主要内容包括制定基地产业发展规划，技术瓶颈的合作攻关，现有科技成果（技术）的推广转化、人才培训与培养，农村专业合作组织构建等。服务的主要形式是有偿服务与无偿服务相结合。对一些适用技术的推广、咨询、培训进行无偿服务，在对接合作过程中产生的有知识产权的技术成果或专利成果的产业化，则由科技服务小组在学校指导下与示范基地签订有关转化合同，以维护成果持有者各方的权益。

(5) 在实施“双百”科技富民工程建设的过程中，深入开展科技富民服务体系、模式创新的理论研究。

(四) 基本技术路线及建设目标

项目建设的基本技术路线如图 3—1 所示。

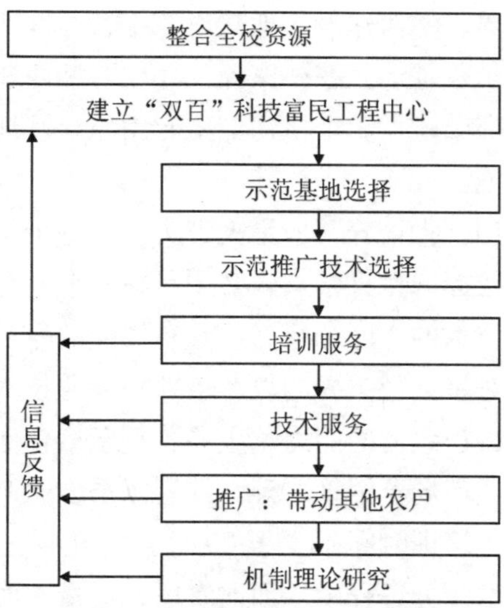

图 3—1　“双百”科技富民工程技术路线

“双百”科技富民工程的建设目标：

(1) 新品种示范基地建设。组织学校科技服务小组携带科技成果进驻布点的科学示范基地，推广动植物新品种，种好示范田，搞好示范场，办好科技示范片，带动产业示范带，推广栽培养殖新模式，达到提高单产、节约成本、安全高效和带动农民增收的目的。力争 3 年内，在常德、株洲、湘潭、衡阳等商品粮食集中产区，选择 15 个乡村布点，建设 30 个水稻新品种示范推广基地；在常德、益阳、岳阳商品棉油主产区选择 15 个乡村布点，建设 15 个油菜、棉茶新品种示范推广基地；在洞庭湖区选择 9 个乡村布点，建设 9 个淡水鱼新品种及高效养殖基地；在邵阳、永州选择 4 个乡村布点，建设 4 个柑橘品种改良示范基地；在长沙、郴州选择 2 个乡村布点，建设 2 个烟草新品种及高效种植示范基地；在怀化、湘西选择 4 个乡村布点，建设 4 个肉牛、肉羊新品种及高效养殖基地；在怀化、张家界选择 4 个乡村布点，建设 4 个特种水果新品种示范基地。

（2）产业化示范基地建设。主要围绕区域特色产业，充分利用大学自身的人才和技术成果优势，加强与农业企业联合，加快与农民紧密结合型的产业化示范基地建设，并通过与企业共同建立技术开发中心等形式，加强新产品的开发，延伸产业链条，提高产品附加值和科技含量，提升产业竞争力，带动农民增收。3 年内，重点在常德、衡阳、益阳建立 8 个无公害优势稻米产业化示范基地；在湘潭、岳阳等生猪集中产区，建设 5 个生猪新品种繁育和产业化示范基地；在岳阳、张家界、湘西建设等地建设 5 个茶叶产业化示范基地，在衡阳建立 2 个水果产业化示范基地，在张家界、怀化、湘西建设 5 个中药材产业化示范基地；在永州、邵阳建立 3 个柑橘加工专用原料基地，在益阳建设 2 个苎麻产业化示范推广基地。

（3）星火科技培训。①培养基地星火带头人。每个示范基地至少选择和培养 1 名星火带头人，选择的星火带头人必须是在一个乡村内能够以非正式方式影响其他农户采纳新技术的态度和行为，具有较强的号召力，并圆满达到了预期效果的优秀农民。对星火带头人的教育培训除专业技术知识的必要培训、指导外，培养他们依靠科技致富的能力，主要着重于培育他们的市场意识、现代经营管理理念以及现代市场营销策略等。计划每季度脱产培训不少于 1 次，一年内共培训 4 次以上，培训时间不少于 20 天。②开展先进适用技术培训。科技服务小组在开展技术服务过程中，面向农民开展量大面广的先进适用技术培训，提高基地农民依靠科技致富的能力。

（4）机制研究。在实施“双百”科技富民工程建设的过程中，深入开展星火富民科技服务体系、模式创新的理论研究，构建以湖南农业大学为主体的星火富民的长效机制。

（五）主要措施

1. 统一认识，大力推进“双百”工程重点产业技术联盟基地建设

“双百”工程是一项系统工程，它涵盖了我校教学、科研和服务社会等各个方面的内容。“双百”工程建设的最终目标，就是要把“双百”工程打造成为集科技创新、人才培养、成果转化、技术服务等多功能于一体的综合性平台，打造成为新时期我省乃至国家层面农村科技服务体系建设的新亮点和新样

板，打造成为提升学校办学水平和地位的重要品牌。经过 5 年的努力，可以自豪地说，“双百”工程建设迈出了坚实的步伐，完成了阶段性任务，取得了骄人的成绩。同时，我们也要清醒地认识到，在“双百”工程建设还存在这样或那样的问题，离我们设计的长远目标还有一段较长的距离，还有许多方面需要加强和改进，主要有：一是与优势结合需要进一步加强。目前，“双百”工程建设总体上与学校的优势学科、优势人才结合还不够，与我省的农业优势产业、特色产业结合还不够，真正做出特色、做出亮点、做出影响的基地还不多，领军人才和学术带头人在推进“双百”工程建设的重要作用没有得到充分发挥，“双百”工程在支撑我省农业优势和特色产业发展的潜力没有得到充分释放，工程的影响力还没有在更大范围、更高层次充分显现出来。二是基地选点布局需要进一步调整。我们过多地关注基地的服务需要，而在基地自身的影响力和发展潜力、基地对学校科技创新和人才培养的带动、基地对我省优势产业发展的支撑等方面，认识不够，重视不够。在选点布局上，造成了单一性的小基地较多、综合性的大基地较少，科普服务性基地较多、创新性基地较少，做出小成绩的基地较多、做出大成果的基地较少。基地的布局与建设，还不能有效支撑我省优势产业的发展，还不能满足学校学科建设、科技创新、人才培养的需求。三是科技支撑能力需要进一步提升。目前，我校科研一方面还存在着科研力量较分散、科研方向较分散、科研课题偏离生产实际的问题，另一方面就是产业技术创新链构建力度不够。这在很大程度上造成了我校针对产业发展的成果不多、可转化的成果不多，特别是针对我省优势产业、主导产业和特色产业技术创新链上的高水平成果更少，引领和支撑产业发展显得有点力不从心。四是建设机制需要进一步创新。目前，很多科技服务小组还仅仅是把基地建设停留在简单的技术培训、咨询或低水平的科技合作开发层面，还没有真正把基地定位在科学研究、人才培养、成果转化和服务体系建设的高度，定位在综合性的野外科技平台的高度来对接建设，与基地的合作关系不紧密，长效性、紧密性的对接建设机制与模式尚未形成。我们开展“双百”工程建设，既要在帮助基地做强做大的同时，更要在建设过程中探索科学研究、人才培养、成果转化和服务体系建设的新机制、新模式。特别是要利用基地平台，坚持到农业生产实践去找新品种资源，去找关键技术和科学问题，并通过资源研究和关键技术突破，发表高水平的论文，获得高水平的原创成果。目前，总体来讲，我们在这方面做得还不够，必须大力加强。

面对这些前进和发展中的问题，面对当前日益多变的新形势，要想在新阶段加快“双百”工程建设，更好地发挥“双百”工程的品牌效应，尽早实现

“双百”工程的最终目标，加快产业技术联盟建设是根本出路，也是必然要求。正如湖南省科技厅王柯敏厅长2009年3月来我校考察时所指出，“双百”工程无论是作为一种新型农村科技服务体系，还是作为一种产学研结合的综合性平台，必须要重点围绕我省农业优势和特色产业发展来布局，必须要通过产业技术联盟的建设和产业技术链的构建，强化“双百”工程科技创新、人才培养、成果转化、技术服务与示范的功能，强化引领和支撑我省农业优势和特色产业持续发展的能力。做到了这一点，无论对是工程本身的品牌效应，还是对学校整体科技发展水平，都会有很大的提升，也才能更多地得到国家和省里更大力度的对口支持。

2. 把握“双百”工程重点产业技术联盟基地建设内涵

“双百”工程重点产业技术联盟基地建设具有丰富的内涵，它的核心实质就是产业技术联盟建设，它不仅是“双百”工程建设工作思路的创新，更是我校未来科技发展的一种基本指导思想，是我校坚持产学研结合办学特色，促进学科建设和人才培养，全面提升内涵发展质量的一种战略选择。它的深层次内涵，体现到科技创新上，就是通过构建产业技术联盟，提高科技创新整体实力，提升学校科技发展的核心竞争力；体现到学科建设上，就是构建产业技术联盟，促进学科融合，促进优势带弱势，实现学科发展整体上质量、上水平；体现到人才培养上，就是通过构建产业技术联盟，引导我校广大科技人员到生产第一线去寻找科技资源、寻找科研课题，取得原创性成果，引导青年教师和学生深入农村、深入基层、深入企业，在生产实践中去磨炼成才；体现到服务社会上，就是通过构建产业技术联盟，全面支撑我省优势和特色产业的发展，促进农民增收，提高我校为地方经济建设服务的能力，全面提升我校的办学地位和影响力。

因此，要抓好“双百”工程重点产业技术联盟基地建设，我们必须从以下几个方面把握其内涵要求：

（1）在产业领域上，要突出“双优势”选择。一个是产业优势。所选择的产业必须是我省的农业优势和特色产业，具体讲就是水稻、油菜、茶叶、柑橘、马铃薯、葡萄、生猪、烟草、棉花、苎麻、淡水鱼等我省主要优势和特色产业，“双百”工程重点产业技术联盟基地建设就是要围绕这些优势和特色产业发展进行。另一个是创新优势。在这些优势和特色产业技术链上，我们至少在某一个环节或某一个方面已形成一定的优势和特色，有领军人才、学术带头人和创新团队，通过产业技术联盟建设，能够在产业技术链上带动相关学科协调发展和产业技术创新团队集群的形成，能够带动和支撑产业持续快速发展。

“双百”工程重点产业技术联盟基地启动建设，应同时具备产业优势和创新优势这两个基本条件。

（2）在产业基地布局上，要突出区域特色。同一个产业在不同的区域有不同的侧重点、不同的特色。比如茶叶产业：对安化来讲，特色是黑茶；对石门来讲，特色就是绿茶。又如：柑橘产业，对湘西来讲，特色是椪柑；对永兴来讲，特色就是甜橙。因此，“双百”工程重点产业技术联盟基地布局，一方面要根据区域特点，体现区域代表性，而且必须是地方政府有强烈愿望，迫切需要发展的优势和特色产业。另一方面要充分考虑产业技术链的构建，产前—产中—产后全领域布局，鼓励区域性“农业龙头企业＋示范基地”进入产业技术联盟重点基地。每个“双百”工程重点产业技术联盟基地布局一般为5—10个。

（3）在科技创新上，要突出产业技术链构建。每一个产业技术联盟要从产前的基础研究、产中的攻关研究、产后的产品加工和产业经济与政策等研究领域进行全方位设计，构建起从产前、产中、产后紧密相连的产业创新技术链。目前，我校主要在农作物新品种选育、栽培和动物品种繁育、养殖等方面有优势，而在加工、机械、产业经济与政策等方面优势不强。在建设进程中，继续做强做大优势的同时，重点加强加工、机械、产业经济与政策等方面的创新。要充分发挥优势学科、优势研究领域和领军人才的带动作用，带动弱势学科、弱势研究领域创新能力提升，促进学科交叉融合和创新团队构建，形成产业创新团队集群，全面支撑产业发展。

（4）在建设机制上，要突出产学研结合的创新。要从全面提升基地产业发展水平的高度，谋求与基地的深层次科技合作，促进产业资源、政府资源、企业资源与我校的学科优势、技术优势、人才优势紧密结合，形成以我校为核心的产业技术创新资源联盟。要从全面提升学校内涵发展的高度，探索与基地紧密型的合作机制与模式，真正把产业技术联盟打造成推进科学研究（包括基础研究、应用技术研究）、人才培养（包括领军人才培养、创新骨干培养、产业技术人才培养、创新团队培育、本科生与研究生培养）、科技服务（包括成果转化与示范推广、产业技术服务体系建设）的综合性野外平台，打造成提升学校办学水平和地位的品牌。

（5）在建设方式上，要突出与信息化服务手段的紧密结合。利用信息化服务手段，示范引导基地是提升产业技术联盟基地的带动力和影响力的重要途径。当前，每一个产业技术联盟要结合我校正在承担的湖南省农村信息化服务体系建设项目，组建起以我校为核心，省、市、县专家以及农民专业合作社组织负责人、种养大户、技术能手、农业企业负责人参与的产业技术专家服务团队。要将联盟基地的专家团队、技术成果、建设成效与经验等进入信息化服务体系数据库，实现基地建设和信息化服务手段的有效对接，促进各有关政府部门、企业、专业合作组织的资源向基地集成，引导和带动“一乡一品”或“一县一品”的发展，打造产业品牌。

3. 落实“成熟一个、启动一个”的项目启动建设策略

启动建设办法：“成熟一个、启动一个”。每一个重点产业技术联盟基地要求由领军人才或学术带头人牵头建设。启动建设程序：第一步，加强战略研究。每一个重点产业技术联盟基地启动建设前，都应组织有关专家加强战略研究，弄清产业发展的现状和存在的问题，产业技术未来发展的趋势，以及我们已有的基础和优势等。第二步，制订详细的建设方案。在建设方案中，要根据产业技术联盟基地建设内涵要求，明确建设目标、任务和措施。特别是要按照构建产业技术链的思路，凝练优势研究方向，找准产业发展的关键技术和共性技术，明确产业各环节的主要研究内容，同时，选择和布局好基地，组建好相应的研究团队。第三步，建设方案报学校审批可行后，正式启动建设。

目前，我们第一批只启动水稻、油菜、茶叶、柑橘、马铃薯、葡萄、生猪、烟草 8 个重点产业技术联盟基地建设，今后在条件成熟的时候，再启动第二批、第三批“双百”工程重点产业技术联盟基地建设。同时，“双百”工程一般基地下一步也将作出重大调整，重点也将围绕产业技术链的构建进行布局。“双百”工程将着力建设起“重点产业技术联盟基地、一般基地”两个层次的对接建设体系，完善对接建设机制和模式，真正实现“双百”工程建设的新跨越。

4. 集成整合全校资源，加大投入力度

(1) 集成科技资源。学校以“双百”工程名义争取到的资金，主要用于产业技术联盟基地建设的运行管理费，重点支持领军人才和学术带头人组织产业技术联盟基地之间的学术交流，促进学科融合，带动产业创新团队建设。学校每年从科研管理费中筹集一定数量的经费，支持重点产业技术联盟构建，重点支持产业技术链上的基础研究以及机械、加工、产业经济与政策等研究创新领域，每年发布指南，以课题形式公开申报，重点向 35 岁以下的年轻人倾斜，引导他们的研究向优势产业领域靠拢，经过 3—5 年持续支持，促使形成创新小团队，争取到更高级别的科研课题。学校已设立的科学基金项目也集中往这方面倾斜。学校加大财政投入，每年预算经费用于“双百”工程产业技术联盟基地和一般基地建设的工作经费。学校将全力支持重点产业技术联盟争取国

家、省各类科技计划项目，特别是在申报和推荐项目指标方面，给予重点保障。

（2）集成人才队伍建设资源。学校即将启动实施的“1515”人才计划，在各个层次的人员遴选、人员配备等方面，将重点向产业技术联盟倾斜。特别是100个中青年创新骨干的培养，学校将重点按照优势产业创新领域进行布局，发布指南，公开申报，优先保障产业领域创新和产业创新团队构建的人才需要。这项措施由人事处牵头，科技处等部门配合落实。

（3）整合学科建设资源。产业技术联盟建设是提升学科建设水平的重要途径。当前，我校的优势和重点学科绝大多数涉及我省优势和特色产业领域，因此，学科建设特别是当前学校确定的作物遗传育种学、果树、茶学等国家重点培育学科，要突出加强学科资源集成，要把产业技术联盟建设作为学科建设的重要着力点和投入重点，培养出高水平人才，取得高水平、有影响力的成果，为最后冲刺国家重点国学科奠定坚实基础。

（4）集成国家农业产业技术体系建设资源。国家农业产业技术体系建设的核心目标就是构建产业技术大联盟，省里也将启动产业技术体系建设。因此，目前我校争取到的12个国家农业产业技术体系科学家岗位，其工作重点和资金都要融进“双百”工程重点产业技术联盟基地建设。学校对每个岗位科学家将提出具体的建设任务，明确考核要求，充分发挥岗位科学家在建设产业技术联盟中的牵头作用。

（5）实行科研岗位津贴配套投入。学校将于2013年启动实施科研工作量津贴补贴办法，产业技术联盟基地建设作为一项重要内容，纳入补贴办法，每个产业技术联盟建设基地只要经考核合格，学校每年将给予一定科研工作量津贴补贴。

5. 配合协调，合力推进

职能部门之间、职能部门与学院之间，要加强配合，形成合力，把重点产业技术联盟基地建设的各项配套措施落实到位。暑假期间，科技、研究生、教务、学工、团委等各有关职能部门和有关学院要统筹协调，安排一大批中青年教师、研究生和本科学生到基地从事20天以上的科学研究、教学实习或社会实践活动。全校所有教师和学生的科技下乡和社会实践活动，都要落实到“双百”工程基地。

6. 完善机制，加强考核管理

制定颁布《“双百”工程重点产业技术联盟基地建设管理办法》，完善激励和约束机制。在产业技术联盟基地建设中，对做出显著贡献的团队和团队成员，学校除给予科研工作量津贴补贴外，还将给予特别的表彰和奖励，并在评奖、评优和职称评审时，同等条件下予以优先对待。对于考核不合格的产业技术联盟基地，学校要予以公布，进行通报批评，并扣发科研工作量津贴补贴；同时还要与团队的评奖、评优挂钩，与学院领导班子目标管理考核挂钩。实施重点激励和约束两个层面，保障重点产业技术联盟基地顺利实施，确保“双百”工程出成效、出效益。

（六）“双百”工程建设的主要成效

“双百”工程自2004年启动实施以来，在全校上下特别是科技服务小组和基地人员的共同努力下，取得了令人瞩目的成就。概括起来，主要有以下几个方面：

（1）有力促进了地方经济社会发展。工程实施以来，学校在湖南省内共布局建设了109个基地，基地地域覆盖了我省所有市（州）和近80%的县（市、区），基地种类涉及专业户、涉农企业、新农村示范村和农村专业技术合作组织，基地产业涵盖种植业、养殖业、加工业等多种行业。5年来，学校近4000多人次教师走进农村、走近农民，把新品种、新技术送到企业、送到田间地头，共推广动植物新品种和新技术200多个（项），与企业联合开发新产品110多个，增加经济效益40多亿元，带动农民增收20多亿元。

（2）显著提升了学校科技创新能力和人才培养质量。在工程实施进程中，学校坚持将科研目标、人才培养目标与基地产业发展目标紧密结合，充分利用基地这个平台，加强科技创新和人才培养，打造了教学、科研和服务社会的综合性平台，取得显著成效。5年来，全校承担的科研课题有60%以上在基地完成，取得的科技成果有80%在基地得到转化，形成了一批紧密型的创新团队；与基地联合共建了30多个技术研发机构，与基地共同承担了国家、省、市科研课题40多项，合作开发、推广新技术项目近120余项，取得自主知识产权成果近30项，获得横向科技经费过亿元；共有2万多人次的本科学生到“双百”工程基地完成了实习、实践和科研活动，有100多名博士和硕士研究生到基地开展科研工作，完成了毕业论文。特别是我校广大师生通过参与工程实施，在生产实践中得到了磨炼，更加牢固地树立了“学农、爱农”的思想，提高了科技创新能力和社会活动能力。

（3）大力增强了学校服务经济社会发展的能力和影响力。工程经过5年的实施，已成功探索和实践了产学研联盟、科技致富能人带动和科技特派员服务等几种新型农业科技服务模式，已初步构建起一种以农业大学为主导、产学研紧密结合的新型农村科技创新与服务体系，有效地促进了我校科技创新、成果转化与农业生产的紧密结合，促进了我校科技资源与企业科技资源、地方政府科技资源的紧密结合，促进了我校科技创新、人才培养和地方经济建设的紧密结合，产生了较大的社会影响，品牌效应日益凸现。5 年来，我校以“双百”工程实施为平台，先后与娄底、益阳、株洲、湘西 4 个市（州）和 20 多个县（区）签订了科技合作协议，在共建农业生产示范基地、培养科技人才、转化科技成果等方面开展了广泛合作。有 10 个县（市）政府正在与我校联合共建科技富民强县示范县和新农村科技示范乡镇。“双百”工程不但纳入了《湖南省科技发展第十一个五年规划纲要》，而且，在 2008 年教育部对我校本科教学工作水平评估中，“双百”工程作为我校产学研结合办学重大特色项目的核心内容，得到了专家组的高度认可。中央电视台、《光明日报》、《中国教育报》等主流传媒对“双百”工程的建设成效，给予了重点报道和高度评价。

第四章 地方高校的管理创新

在以扩大高校办学自主权的高等教育体制改革背景下，地方高校积极探索管理创新，积累了许多成功的经验，涌现了一大批改革成功的典型，使近十多年来中国高等教育领域的改革和创新表现出前所未有的新气象。

第一节　地方高校规范化行政管理[①]

高校管理行政化的问题自20世纪90年代进入大众视野，“高校去行政化”被社会广泛关注。国内一些知名专家学者、大学校长纷纷发表见解，深入分析“高校去行政化”的问题。基于我国历史文化背景和目前现实，一味强调“去行政化”，并不能从根本上解决高校现存的一些实际问题，尤其是我国高校，随着学校办学规模的逐年扩大，其办学道路和学校职能得到发展，但内部的管理将更加复杂，“去行政化”在我国高校中还仅仅停留在一般的倡议上。同时，“行政化管理”也是一种管理手段，并不是说我国高校“去行政化”就不存在管理活动了，同样需要一套管理体系和机制来使其运行。“去行政化”作为一种方式可以尝试，但不是唯一的方式。结合我国高校管理现状，将我国高校诸多管理问题的突破点放在行政权力的规范化运行上更切合实际。因此，搞清我

① 本节内容原载于《高等农业教育》2011年第9期，部分改编。

国高校行政规范化管理的内涵，找出存在的问题，探讨行政规范化管理的对策，才是目前亟待解决的问题。

一、地方高校行政规范化管理的内涵

地方高校的行政规范化管理是以有效实现学校教育工作为目标，以规范化的行政管理机制的运行为手段，使学校各种资源的使用效率得以最大的发挥。高校的行政规范化管理作为一种管理手段，是为高等教育、科学研究活动服务的。行政规范化管理的主体是相关的职能部门，其成员是涉及组织、人事、统战、宣传、社保、财务、保卫等方面的专业管理人员和执行者。目前我国高校的行政管理体系基本上套用了政府管理体制，机构的设置和人员的配置层次分明，是一种层级的管理模式，隶属关系明确，一级负责一级，下一级对上一级负责，学校行政决策由上至下逐级落实，形成了明显的金字塔式的组织结构。

地方高校行政规范化管理的具体职能分为校内事务和校外事务两大部分。校内事务主要是处理好四大关系：行政权力与学术权力的关系、学校整体发展与教师员工个人发展的关系、行政管理人员与师生的关系、行政管理部门的设置与其职能之间的关系。校外事务主要包括协调好学校与上级领导机构的关系、学校与所属地区政府部门的关系、学校与相关业务单位的关系、学校与兄弟院校及校友之间的关系、学校与社会公共事务之间的关系五个方面。

二、地方高校行政规范化管理存在的主要问题

（一）管理机制问题

我国高校管理机制问题主要包括管理治理结构、管理机构设置、管理方式、管理效率等方面的问题。目前我国几乎所有的高校都是采用金字塔式的科层治理结构，学校的每个行政部门和行政工作人员按照岗位责任被固定在不同的层级上，由高到低，自上而下，构成犹如金字塔分布的等级层次，依靠行政部门和行政工作人员行使行政权力来实现其职能。学校的所有资源都在行政部门的掌控之下，行政权力对资源分配有着很大的影响，这在一定程度上滋生了权力崇拜思想，导致了官僚主义盛行。

我国高校行政机构的设置基本上是以政府机关为参照，机构众多，分工太细。而且学校除了行政机构外，还包括因教学、科研、研发等自身业务工作的需要而设定的业务机构，高校内行政机构与学术机构林立，机构臃肿、职责不清，办事效率低下。我国高校行政管理的主要方法是靠各类规章制度和岗位职责来约束行政工作人员，督促其履行工作职责。这种机械的管理方法确实可以

保障政令畅通，但也容易使行政工作人员办事墨守成规，循规蹈矩，缺乏主观能动性，竞争意识与创新意识也逐渐被磨灭。这种机械式的管理方式与高校所崇尚的创新思想、创新意识是不相符的，极大地抑制了行政部门的活力及行政人员创造性的发挥，从而影响我国高校的持续性发展。

（二）学术管理问题

学术研究是高校的一项重要职能，学术管理的独立性和权威性是神圣而不可侵犯的。但目前我国高校在学术管理方面，几乎都是按行政管理的模式来实施，行政权力挤占学术权力的现象比较普遍。在具体工作中，行政权力与学术权力的边界模糊，其主体、客体及实现方式交叉重叠的部分很多，两种权力容易混淆，行政权力越位、学术权力缺位的现象严重。很多学术活动的发展方向、学术话语权、决策权、评价权均被一些主要行政领导的意志所替代，学术活动中的民主讨论、协商表决也只是走走过场，学术机制失去了权威性和独立性。学术机构和规章制度仅仅只是一种摆设，从某种意义上讲，学术机构成了领导手中的一张牌，有需要的时候就拿出来，学术组织只能听命于行政指令，独立自由开展学术研究的权力有限。这种状况长期的存在，久而久之就会使高校科研思想僵化，使科研人员失去信心和动力，从而导致高校科研失去活力。

（三）行政权力泛化、滥用问题

我国的高等教育法明确规定高校实行的是“党委领导下的校长负责制”，组织原则是“民主集中制”。但在我国的高校中，真正按民主原则开展工作的相对较少，实行高度集中的居多，我国高校内部行政管理权力泛化、滥用的现象严重。在具体管理措施的制定过程中，往往缺乏认真调研和充分讨论，都是主要校领导一锤定音，决策制定的随意性较大，科学性被大大地削弱。同时，在决策的执行过程中，也同样缺乏严格组织、指导、监督决策落实的手段，存在着只求执行、不求结果，只重形式、不重过程的现象。由于高校行政管理权力的过度集中及缺乏有效的监督，使得我国高校行政管理职能相对滞后，行政工作思路有悖于服务对象，从而导致高校行政管理中自由主义和分散主义盛行，行政管理者高高在上，具体执行者依赖性严重，对于领导指示从不研究，各行其是，各自为政，大大影响了管理效率。另外，由于高校的行政权力泛化、滥用，潜在地强化了官本位思想，弱化了普通老师和科研人员的民主权力。大多数教师都以谋得一官半职为追求目标，任何活动都离不开行政的影子，按行政套路在实施。这也在一定程度上限制了我国高校的整体发展。

三、地方高校行政规范化管理体系的构建

（一）转变思想观念，构建我国高校行政规范化管理的理念体系

管理观念的转变是推动我国高校行政规范化管理的先决条件。一直以来，我国高校行政管理工作受地方政府部门工作理念的影响，表现出管理硬化、崇尚权力、轻视知识、过分注重程序等弊端，大大影响了管理效率。受传统管理观念的影响，我国高校行政管理工作人员在思想上将教师和学生看做管理的对象，而不是把教师和学生作为服务的对象，从服务的角度开展工作。因此，转变思想观念是改进我国高校行政管理工作的首要任务。具体来说，应包括以下三个方面的内容：首先，重视人本理念。强调高校的主体是老师和学生，所有行政管理工作都是为他们服务的，所有行政管理工作的出发点和落脚点都是为了满足他们的需要，是为了促进教师和学生的全面发展，从而促进学校的发展。其次，重视服务、效率、质量的理念。行政管理人员必须认识到高校行政管理工作的性质、职能，摆脱官本位思想的束缚，端正工作态度，树立服务意识、效率意识，注重服务质量的提升。最后，重视能力、智力的理念。行管人员的能力、智力水平对高校管理服务工作至关重要，不同的管理岗位需要不同的专业技术人才，要打破传统的论资排辈、经验主义的观念，加强引智工作和员工继续培训工作。只有转变了思想观念，才能充分发挥行管人员的主观能动性，从而提升管理的效率和质量。

（二）规范运行程序，构建我国高校行政规范化管理的制度体系

高校行政管理包括教学、科研、学生管理、后勤、基建、财务等诸多方面的事务，明确各行政职能部门的权限和行使范围，在行政管理中建立一种真正的分工、协作与制约的关系，并使其规范化的运行，这是实现我国高校行政规范化管理的关键所在。同时，科学合理的制度体系是实现我国高校行政规范化管理的重要保证，学校必须建立一套健全的行政管理制度，使各类事情都做到有规可循、有法可依，用人性化的制度来规范高校主体的行为，化解学校发展过程中的各种利益主体之间的矛盾。我国高校行政规范化管理制度体系的建立主要从以下四个方面考虑：首先，建立目标考核管理制度和校、院两级管理制度。将权力适当下放到各个学院和职能部门，明确各单位的任务分工、工作重点，按照设定的工作目标实施考核评估，充分发挥各单位的主观能动性。其次，加强集体领导负责制度建设。充分发挥集体的作用，克服个人经验主义，使行政管理工作更加科学、公正。再次，完善激励制度，提高管理工作实效。建立恰当的激励制度，打破用资历定先后的模式，充分调动行管人员的积极

性，在工作上，适当引入市场竞争机制，实施竞聘上岗机制；在收入分配上，淡化职位因素，优劳优酬。最后，完善各类奖惩制度，并严格按规定执行，逐步形成纪律严明的行政管理工作作风。

（三）提高干部素质，构建我国高校行政规范化管理的人力资源体系

高校行政管理权力能否规范行使，除了有健全的制度体系做保障外，更重要的取决于使用者的道德素质、业务素质和法律素质。高校行政管理工作人员既要熟悉高校管理的运行规律和特点，具备尊重知识、尊重人才的意识，又要恪守职业道德，办事公正透明，具有很强的法制观念。科学合理的高校行政管理人力资源体系应该严格把好三道关：一是把好“入口关”。按照公开选拔、择优入取的原则，将优秀的人才引进、吸收到行政管理队伍中来。二是把好“使用关”。制定合理的管理制度和公平、公正的考核奖惩办法，既要对行政干部严格管理，又要通过恰当的激励机制充分调动其工作积极性和主观能动性，营造出一个良好的工作环境。同时，还应结合管理人员个人的特点，将其放在最适合的岗位，对于胜任岗位的提拔重用，不适合岗位的及时调离，尽量做到人尽其才，努力形成科学合理的用人机制。三是把好“培训关”。将行政管理队伍的继续培训纳入学校发展规划，并有计划的组织实施。鼓励行政管理人员积极参与在职教育和在职培训，加强行政管理干部专业理论和业务知识的学习，引导其掌握最新的专业知识，以学习、创造性的思维开展工作，从而提升我国高校的行政管理能力和管理效率。

（四）健全学术组织，构建我国高校行政规范化管理的学术体系

高校行政管理工作的目的是为了保证教学、科研工作的有效运行，对上起到参谋作用，对下强调服务功能。在我国高校的治理结构中，应充分发挥专家学者的作用，提高学术权力的地位，将相关学术问题的行政决策建立在学术权力充分发挥的基础上。高校应建立健全诸如学术委员会、职称评审委员会、教授委员会等学术组织，将职称评审、科研项目立项、学科建设等纯粹的学术事务交予学术委员会处理、决定。另外，对于学校发展的相关大事，学术委员会和教授委员会应从学术的高度给予咨询、建议和评价，从而保障学术权力应有的地位和权力，实现真正意义上的行政权力与学术权力的适当分离。学校主要行政领导要给予学术权力充分发挥的空间，不能过多干预学术决策，主要将精力放在学校持续发展的目标定位和组织实施上，使行政管理工作为教学、科研工作提供保障和服务。学术组织又反过来为行政管理工作提供智力支撑，为行政管理工作出谋划策，从而真正实现学术权力与行政权力的良性互动。

（五）营造民主氛围，构建我国高校行政规范化管理的考核与监督体系

我国高校行政管理运行的最终目的是保障高校培养人、发展人和完善人目标的实现，为使行政管理服务于这一目标，使行政权力不越位、不错位、不缺位，充分重视纪检监察、工会、督察等部门的建设和发展，营造校内民主氛围，是行政管理规范化运行必不可少的环节。可通过上述这些部门工作的开展，深入基层了解群众，如实反映行政权力的运行走向，从而及时调整行政权力的发展方向。另外，还需积极推行行政执行监督问责制和建立科学的绩效考核办法。一方面，建立执行监督制度。由学校督察、监察部门牵头组成学校重大决策执行督察小组，对执行部门、学院进行评估、监督，对相应执行部门或执行人员追究失职责任，并将失职惩治与职务晋升、岗位津贴等挂起钩来，以保障学校重大政策的落实。另一方面，制定科学合理的工作绩效考核办法。采用主管领导打分、各职能部门之间互评及民意测试等方式开展，对行政工作人员及行政部门的工作任务进行考核，看其是否完成职能目标。绩效考核有利于激发行政工作人员及部门间的竞争意识，充分调动工作积极性。

第二节 地方高校的后勤社会化改革

一、地方高校后勤社会化改革发展现状

（一）后勤社会化改革的政策演进

高等学校后勤工作是一项基础性和保障性的工作，也是一直困扰高校发展的节点，现在的大学几乎是一个小社会，学校要从幼儿园、小学、初中、高中一直办到大学，学校有食堂、餐馆、酒店、招待所和宾馆，有校医务室或校医院，有小车队、客车队和汽车运输队，有派出所、校保安队，有清洁公司、旅行社、印刷厂、出版社等，几乎社会所有的部门大学都有。有一个不完全统计，大学后勤人员占大学整个职工的半数以上，大学校长的主要精力花在了学校的后勤上，大学承载了太多社会应该承载的功能和责任，这种办学模式极不利于大学的发展。

早在 1985 年的《中共中央关于教育体制改革的决定》中就提出“高等学校后勤服务工作的改革，对于保证教育改革的顺利进行极为重要。改革的方向是实现社会化。学校所在地方的党政领导机关要把解决好这个问题的责任担当

起来”。1993年，中共中央、国务院发布的《中国教育改革和发展纲要》又提出：“学校的后勤工作，应通过改革逐步实现社会化”。1999年1月，国务院批转教育部《面向21世纪教育振兴行动计划》，对高校后勤改革提出了明确的要求：“加速学校后勤社会化改革，精简分流富余人员。高等学校招生计划的扩大要同学校后勤工作社会化的进度挂钩。选择若干条件较好的城市组建企业化经营管理的高校后勤生活服务集团，从事学生公寓物业管理以及学校后勤生活服务。争取在3—5年内，大部分地区实现高校后勤工作社会化。”1999年6月，《中共中央国务院关于深化教育改革全面推进素质教育的决定》中进一步指出：“加大学校后勤改革力度，逐步剥离学校后勤系统，推动后勤工作社会化，鼓励社会力量为学校提供后勤服务，发展教育产业。”这充分说明，高校后勤改革一直是高校总体改革的重要组成部分，应该引起社会各界的高度重视。

1999年12月14日，教育部、国家计委、财政部、建设部、人民银行、税务总局联合发布《关于进一步加快高等学校后勤社会改革的意见》，明确了后勤社会化改革的目标与步骤：“高等学校后勤社会化改革的总体目标是：从2000年起，用3年左右的时间，在全国绝大部分地区基本实现高等学校后勤社会化，建立起有中国特色、符合高等教育特点与需要的新型高等学校后勤保障体系。改革的目标分两步实施：第一步，从现在到2000年，所有高等学校的后勤服务经营人员、相应资源及操作运行，都成建制地从学校行政管理系统中分离出来，组建自主经营、独立核算、自负盈亏的学校后勤服务实体。第二步，从2000年底到2002年底前后，在高等学校后勤系统规范统筹的基础上，在省、自治区、直辖市及其他合适的范围内，组建跨高等学校的后勤服务集团（实体、中心或公司），以专业化、集约化、企业化等形式，承担本地区范围内高等学校的后勤服务保障工作。此前，从高等学校规范分离出来的后勤服务实体，如无特殊情况，一般都应通过并入、托管、联办、连锁、股份合作等形式进入此类集团。此后，为满足高等学校发展而增建的各类后勤服务设施，一般均应由此类集团统筹建设并管理。”这有力地推动了中国高校后勤社会化改革。

（二）地方高校后勤社会改革现状

20世纪80年代初，高校后勤改革借鉴农村和城市经济体制改革的经验，首先从食堂改革起步，由单项定额承包发展到综合定额承包，继而深化全面改革管理体制和运行机制，由点及面、由浅入深扩展到整个后勤部门，逐步开始了后勤社会化改革的探索，初步把后勤“统得过死，包得过多”，平均主义，吃“大锅饭”的单纯行政管理体制，改革为采取部分经济核算的半企业化管理体制。同时，改革传统的经营管理方式，逐步实行定额管理，实行了与个人工作实绩挂钩、体现按劳分配的分配办法。

进入 20 世纪 90 年代，后勤改革开始了管理体制和运行机制的改革，通过改体制、转机制、引入企业化管理，发展到小机关、多实体或小机关大实体、大服务模式，继而又发展到组建后勤服务集团。尽管如此，时至今日，30 多年的改革，中国高校在计划经济体制下形成的“学校办社会”的大学后勤格局并没有从根本上改变，高校后勤社会化改革的步伐依然不适应高等教育事业改革和发展的需要。

高校后勤社会化改革必须始终坚持为学校教学、科研和师生服务的宗旨，要有利于提高后勤服务的质量和管理水平，有利于减轻学校负担，提高办学效益，有利于保证学校的发展与稳定。这是推进改革应该遵循的指导思想和原则，也是检验改革成功与否的重要标准。

大学后勤改革的基本思路是后勤要从学校事业管理体系中分离出来，通过分流与重组，纳入市场经济体制，剥离学校办社会的职能，形成由政府主导、社会承办、学校选择的机制，以建立满足学校办学需要的、社会化的后勤第三产业和社区服务体系。大学后勤要遵循市场经济的规律，按照产业运作的方式，实现资源的合理配置和集约化，把原来属于事业型、福利化的高校后勤发展成为相对独立的教育产业，提高服务质量和经济效益。具体包括：在管理体制上，改革由学校直接管理、全包统管的模式，让后勤与学校分离，按照社会化大生产的原则融入社会第三产业之中。在资产制度上，明晰后勤资产产权关系，明确资产保值责任，盘清学校后勤的国有资产，明确学校的资产所有权和经学校授权的后勤经济实体的资产使用权。高校后勤除少数关系学校事业发展的公益性服务以外，其他多数服务实体应直接由社会投资。在劳动用工制度上，建立社会化的劳动用工和社会保障体系。

高校后勤社会化改革经过多年的探索和实践，基本实现了“学校减负、师生受益、后勤增效”的改革预定目标，逐步形成了符合我国国情、适应市场经济体制的新型高校后勤保障体系，为我国高等教育的跨越式发展做出了突出贡献，并将支撑和促进未来一段时间我国高等教育的内涵式发展。① 地方高校后勤社会化改革所取得的成就主要表现在三个方面：一是后勤运行机制不断规范。各地高校结合本校实际，重视并认真研究新组建的后勤服务实体的运行和

① 胡博，聂亚珍．社会化中高校后勤改革的对策 [J]．民营科技，2012 (4).

管理问题，不断明晰教育行政部门、学校、学校组建的后勤服务实体的责任与义务，在制度和机制方面不断创新，后勤服务的管理体制和运行机制正逐步朝着适应市场经济和高等教育事业的方向发展，市场机制在高校后勤资源中的作用逐步提高。二是后勤服务质量明显改善。以学生食堂为例，由于引入了竞争机制，品种增加了，质量提高了，价格稳定了。三是后勤服务的保障能力显著增强。尤其是在高校扩招的过程中，市场机制的作用使高校后勤服务体系的保障能力迅速提升，切实保证了高校后勤服务的要求。

（三）地方高校后勤社会化改革的问题探讨

地方高校后勤社会化改革主要有三种类型：一是高校自己成立法人公司（后勤服务集团），采用企业化运作，为地方高校提供饮食、住宿、贸易、运输、物业管理、医疗服务、辅助教育（中小学和幼儿园）等全方位的服务。二是高校虽然成立了公司，但并没有登记为独立的企业法人，公司运作借鉴或引入了部分企业管理要素。三是仍然保持在学校后勤处或总务处领导下的“小机关、大服务、多实体”模式。近年来，可以说高校后勤社会化改革进入了“停滞期”，甚至有部分地方高校收回了食堂、超市、公寓等的管理权，回到了责任承包阶段，其原因是多方面的。

（1）进入高校服务市场的社会企业运营困难。高校后勤社会化改革的方向之一是引进社会企业参与高校后勤服务，但社会企业进入高校后勤服务领域受到多方面因素的影响，其中不乏高校“衙门化”带来的负面影响，企业经理人员可能遇到一些意想不到的“关卡”，从而造成企业运营困难。

（2）高校内部分流的困境。对于一些新升格的本科高校或高职高专，没有赶上2000—2004年的高校后勤社会化改革高潮，一直沿用“小机关、大服务、多实体”模式，一旦实施后勤社会化改革，将后勤服务体系的相关人员分流到公司进行企业化管理，必然触及一部分人的既得利益，同时也使后勤职工有被“边缘化”的感觉，从而加大改革难度。

（3）企业法人的营利性与高校公益性的矛盾。部分地方高校收回食堂、超市或公寓等，其中一个重要原因就是企业法人的营利性与高校公益性之间的矛盾。高校环境相对封闭，企业法人如果片面追求营利，价格可能失控，必然激发矛盾，从而使部分学校简单化处理，干脆收回由后勤处统一管理和控制，表面上问题得到了缓解，但又使高校再度深陷后勤管理的烦琐事务之中。

二、国外高校后勤社会化模式与借鉴

（一）以英美为代表的学校为主模式

英美等国的高等学校设有专门的后勤管理机构，一般由专门的校领导负责分管后勤服务工作，由专业的服务机构来承担后勤服务，其社会化的程度不尽相同。规模大、办学历史悠久的学校多为自己直接经营，但也有不少高校引进社会企业经营。如康奈尔大学的食堂则自主经营、自负盈亏，不以营利为目的，但要求收支平衡。斯坦福大学实行半企业经营模式，水电费单独核算。美国40%的高校采取竞标方式引进社会企业来经营食堂，校方和社会企业通过严格的合同来规范彼此的权利和义务。英国高校实行服务、咨询和学生自助的后勤服务管理体制，学校通过校内外两条途径来解决学生住宿问题，学校的住宿办负责学生的住宿安排，校内住宿的学生饮食由学校解决（费用含在住宿费中），校外住宿的学生自行解决饮食。英美两国还有一个共同特点，就是积极吸收学生加入后勤服务中来，为学生提供勤工俭学岗位。①

（二）以德法为代表的专门机构模式

德国和法国高校的后勤社会程度极高，高校一般不设后勤管理机构，而是由专门的机构来负责，如德国的大学生服务中心和法国的大学生事务中心，学校则集中精力管理好教学和科研等工作。德国的大学生服务中心，任务是为全国300所高校的大学生提供学习期间涉及的经济、社会、健康和文化方面的服务，中心的经费20%来自国家的投入（用于支付大学生公益活动支出），其余80%则为经营收入。大学生在获得中心良好服务的同时，也可以积极参与其中，将其当成他们社会实践的平台。法国的大学生事务中心是一个由政府管理的机构，主要负责全国大学的后勤服务工作，经营管理食堂和公寓等。

（三）以日本为代表的专门机构与学校合作模式

日本的高校都设有事务局或庶务课，负责协调后勤服务工作，同时还成立了“全国大学生生活协同组织联合会”，其实质是一个师生自我服务的合作社，负责经营食堂和宿舍，为师生提供服务。全日本有187所高校成立了该组织的分支机构，持有联合会证件的师生，在食堂、住宿等消费项目上可享受优惠，管理人员则由联合会聘任有经验、有能力的人来担任。②

（四）与我国取得的经验比较

国外高校的后勤服务具有以下特点：一是食堂和公寓等固定资产投资都由

---

①② 姚睿．对高校后勤社会改革实践的思考［J］．北京教育：高教，2012（9）．

政府负责（民办学校除外），社会化的仅仅是经营权。二是政府和高校都重视学校后勤工作，由政策和法律来规范保证后勤的运行，通过政府财政或税收政策来弥补低于市场价经营的损失。三是有规范的行业标准，行业监管到位，企业成熟度高。从国内后勤社会化改革比较成功的学校来看：一是外部条件。主要表现在规模大，具有稳定的消费群体。二是内部因素。学校重视后勤服务工作，在人事制度改革和资金支持上保持了延续性。与国外高校相比，我国地方高校后勤社会化改革所欠缺的：一是市场经营主体不成熟，企业经营的规范度、行业标准的制度和法律保障等都不到位。二是国有资产的界定以及工商、税收政策等扶持政策都有待进一步完善。

三、地方高校的校园市场开放策略

高校后勤社会化改革，自 1999 年上海会议启动以来，已经走过了十多年的风雨历程。改革提高了高校后勤服务质量，促进了高校的大发展。但是，改革也遇到了许多困难，如何推进高校后勤社会化改革仍处在艰难的探索之中。

（一）开放校内市场是推进高校后勤社会化改革的客观要求

高校后勤社会化改革，是为了适应我国社会主义市场经济的需要，针对高校在计划经济条件下形成的、用行政手段对学校后勤全包统揽管理模式存在的种种弊端提出来的。改革的目的是要依据高校后勤的产业属性，按照社会化大生产的原则，将高校后勤服务融入社会第三产业之中。其基本途径是通过“改制重组，内聘外引”等方式，对内改革高校后勤管理体制和运行机制，对外引进社会力量参与高校后勤服务，通过公平竞争，优化资源配置，形成多元化、全方位开放的后勤服务保障体系。由此可见，开放校内后勤服务市场是高校后勤社会化改革的客观要求。

从改革的实践看，只有开放高校后勤服务市场，才能深化高校后勤社会化改革。高校后勤社会化自实行第一步改革以来，各高校内部后勤服务系统虽然从学校行政系统中分离出来，组建了按企业化模式运作的经济实体，或注册为法人实体，但是仍然处在封闭、垄断运行状态，故改革未能取得预期的效果。不少高校后勤服务实体“穿新鞋，走老路”，甚至有少数高校后勤服务实体又回到改革前的行政系统，人、财、物又纳入学校统一管理，致使改革停滞不前。但是，也有不少的高校大胆尝试，积极稳妥地开放校内后勤服务市场，取得了较好的效果。例如：南昌大学、华东交通大学、浙江理工大学、国防大学、中国科技大学、复旦大学、华东师范大学等 68 所高校将 100 多个食堂委托给江西中快餐饮集团经营；山东滨州学院、山东经济学院、青岛职业技术学院将学校物业管理委托山东明德物业管理公司经营；湖北美术学院除饮食服务由内部后勤服务实体承办外，其他后勤服务项目全部委托社会企业经营。部分高校将校园环境卫生服务项目托管给社会专业物业公司经营，不但提高了服务质量，降低了管理成本，而且克服了学校内部后勤服务实体服务中用工、分配、管理的种种矛盾。

（二）开放校内后勤服务市场亟待解决的问题

随着我国社会主义市场经济体制的不断完善，开放高校后勤服务市场的条件日趋成熟。但是，目前确有不少实际问题亟待解决，突出的问题有以下两个方面：

（1）开放市场，高校内部后勤服务实体如何定位。按照改革之初的设想，在实现高校后勤服务系统从学校行政系统整体分离后，应在2—3年内，将分离出来的后勤服务实体注册为法人实体，参与社会行业竞争。由于资产、“老人”等方面的政策原因，多数高校至今仍未能解决这一问题。关于高校内部后勤服务实体定位问题，应调整思路，将原来通过内部后勤服务实体注册为法人实体进入市场的思路，调整为通过开放校内后勤服务市场，选聘社会企业取代内部后勤服务实体，对高校内部后勤服务实体则通过改革予以解体，从而实现高校后勤管理与服务职能的分离。理由有三：其一，将高校内部后勤服务实体组建为法人实体，不但政策、法律上难以操作，而且很难摆脱传统管理模式的影响，难以实现社会化改革的目标。其二，随着我国服务业的快速发展，社会企业能为高校后勤服务提供保障，解散高校内部后勤服务实体，不会影响高校后勤服务工作。其三，经过多年的改革，高校后勤服务系统的“老人”问题已得到有效的控制，除了一部分管理人员外，真正一线的后勤职工基本上是社会聘用工，解散内部后勤服务实体，他们的劳动关系随之解除，可以合理规避用人风险。少数正式职工，年纪大的可以通过提前退休退养消化，年轻的通过转岗、转换身份重新安置。至于内部后勤服务实体的管理人员，开放校内市场后，多数人仍然要代表学校从事对社会企业服务的监管工作，成为学校行政系统的工作人员。对于高校内部后勤服务实体的定位，是开放高校后勤服务市场的关键，因此，必须解放思想，转变观念，敢于舍弃。

（2）开放市场，如何维护高校后勤服务公益性。高等教育是公益性事业。在我国经济社会发展还不充分的条件下，与教学、科研、师生生活紧密相连的高校后勤服务工作，在一定的时期内，维护其某些服务项目的公益性是十分必要的，关键问题是怎样去维护。长期以来，人们认为要维护高校后勤服务的公益性，只能依靠高校内部后勤服务实体。而开放校内市场，让社会企业来经营，由于其营利性，就不可能维护高校后勤服务的公益性了。从高校内部后勤服务实体与社会企业的性质看，上述观点不无道理。但是，维护公益性的目的是要使被服务的对象得到实惠。

从目前高校内部后勤服务实体运行的情况看，由于管理体制和运行机制上的原因，人力成本、管理成本普遍偏高，运行总成本大大超过社会平均水平。而社会企业机制灵活，效率高，运行成本低，虽然要取得一定的利润，但是服务价格水平不一定比高校内部后勤服务实体高。这里值得指出的是，目前高校后勤服务价格水平比社会企业价格水平低，并非完全是其非营利性带来的，更多的是国家和学校福利性政策支持的结果。例如，目前在高校的饮食服务中，内部食堂享受政府免税、资产“零租赁”、平价水电气优惠等。据调查，仅以上三项合计可降低成本13%—15%。近年来，由于饮食原材料价格大幅度上涨，政府、学校还给予内部食堂较大额度的专项补贴。假如对进入高校从事饮食经营的社会大众餐饮业给予同等政策支持，应该说，社会企业也能提供与内部食堂同等水平，甚至更优惠的服务。因此，维护高校后勤服务的公益性不在于由谁经营，关键在于健全保障机制。建立既能体现公益性，又能适应社会主义市场经济体制的长效机制。例如，给予进入高校后勤服务市场企业免征税收的照顾，将国家、学校给予的政策支持，由暗补改为明补，直接补给高校内部消费者等，而高校后勤服务则完全按市场运作，从而促进服务质量的提高。

（三）积极稳妥地开放校内市场

市场是把“双刃剑”，开放校内市场，一方面通过竞争，实现资源优化配置，提高服务质量；另一方面如果处理不当，监管不力，有可能引发质量、安全、保障问题，甚至影响学校的发展稳定。因此，在具体操作上，一定要积极稳妥。

首先，必须健全高校后勤服务市场监管制度。一是要建立严格的准入制度。选聘具有合法经营资格、有实力、讲信誉的企业进入校内后勤服务市场。二是要建立公正、公平的竞争机制。采取公开招标的方式，选聘优秀企业经营，争取最优惠的服务。三是严格契约管理。签订规范的合同，明确学校与企业的权利和义务。四是建立健全考核评价制度。严格奖惩，确保服务质量与安全。

其次，根据高校后勤服务市场的不同类型分步实施。从高校后勤服务市场与学校教学、科研、师生生活的关联程度看，可分为紧密型服务市场和次级服务市场。紧密型服务市场是指与教学、科研、师生生活关联程度高的服务市场。紧密型服务市场主要有水电保障、饮食、宿管、医疗等服务市场。次级服务市场是指与教学、科研、师生生活服务相对次一级的服务市场。次级服务市场主要有环卫、绿化、物业维修、商业等服务市场。在开放高校内部后勤服务市场的过程中，可先开放次级服务市场，积累经验，待条件成熟，逐步开放紧密型服务市场。

最后，对社会企业进入高校内部后勤服务市场的经营要作一定的限制。一是要对服务价格进行必要的限制，保持微利经营。社会企业经营的价格水平要适应学校财力状况和师生的消费水平。二是要对服务市场的规模进行限制。既要防止垄断经营，又要防止过于分散；既要保持充分竞争，又要保持适度规模经营。如规定餐饮市场规模在 10000 人左右的，一般不少于 3 家企业经营。三是要对社会企业的经营方式进行限制。原则上只能给予经营权，不能赋予投资权，这是因为，社会企业进入高校投资，涉及产权方面的政策、纠纷难以处理，更重要的是要使高校后勤服务市场保持灵活的退出机制，以便及时淘汰不合格企业。因此，目前对进入高校后勤服务市场的企业，只能采取委托、租赁等不涉及产权的方式经营。

四、加快推进后勤社会化改革的对策

地方高校后勤社会改革是高校内部管理体制改革的重要内容，同时也是高等教育发展的一种必然趋势。在后勤社会化改革进程中面临“困境”是不可避免的。但困境并不是无法突破的怪圈，只要认识深刻、思路清晰、措施得当，是完全能够走出困境的。①

（一）明确改革的目标与方向

高校后勤社会化改革的目标是建立起有效的“市场提供服务、学校自主选择、政府宏观调控、行业自律管理、职能部门监督”的新型高校后勤服务保障体系。社会化就是要借助社会资源和社会力量，为高校分担后勤服务工作，让高校集中精力搞好教学和科研。在我国市场经济体制日益完善，社会化服务产业体系快速发展，人事制度改革不断深化，现代大学制度逐步构建和广大师生服务需求日益多样化的新形势下，对地方高校后勤社会化的目标赋予了新的内涵，必须结合学校和区域经济社会实际，进一步理清思路，有组织、有计划、有步骤地稳步推进后勤社会化改革，加速构建新型后勤保障体系。

（二）把握改革的重点与难点

高校后勤社会化改革是对特殊历史时期所形成的中国高校后勤体制和运营

---

① 王子荣．高校后勤社会改革的回顾与展望［J］．攀枝花学院学报，2012，29（4）．

机制的一次重大变革。历史和实践已充分证明，传统的后勤体制严重制约了高校的发展，必须让“高校办社会”的现状彻底改变。对于大多数地方高校而言，尤其是新升格的本科高校和职业技术学院，要切实保障改革成果、进一步加快推进改革进程，当务之急是按照市场经济规律，打破现有的后勤运作模式，通过深化内部改革，按照管理职能部门、经营管理实体合理分开的要求，转变和完善管理体制和运行机制，组建自主经营、自负盈亏、独立核算，具有法人资格的经济实体，促进后勤服务实体与学校剥离，使其成为具有完全民事行为能力、能承担民事责任的企业法人，与社会企业一起参与市场竞争，真正实现地方高校后勤服务领域的资产多元化、服务多样化、管理企业化、运作市场化的服务保障体系，以确保高等教育事业健康稳定发展。

当然，地方高校在积极推进后勤社会化改革的同时，对于其内部职能部门应进一步明晰职责和权限，后勤处或总务处作为高校后勤服务保障体系的职能部门，其主要职责是代表甲方（学校方）对社会化经营实体进行监督和协调，切实保证服务对象（师生）的权益。

（三）创新改革的思路和措施

地方高校后勤社会化改革的思路也就是改革后的目标模式。对于高校来说，采取何种改革模式，将直接决定着后勤社会化改革的成效乃至成败。从我国高校后勤社会化改革的发展历程及目前大多数高校所采取的模式来看，有独立法人模式（学校组建后勤服务集团，登记企业法人）、完全社会化服务模式（引进社会企业法人参与高校后勤服务）、契约模式（或称甲乙方模式，学校后勤处将后勤服务工作分散承包给不同经营实体）等，这些模式在不同地区、不同高校都有其可取之处，在实践中也形成了良好的效果，但具体某所地方高校应该采取哪种模式，受制于多方面因素的影响。例如，学校所在地的地方政府支持力度，社会第三产业发展水平，学校办学历史的长短，学校领导的思想认识，后勤职工的自身素质，现有后勤实体的市场竞争力和综合实力，以及学校所在地的经济社会发展水平等。①

在明确了后勤社会化改革的思路以后，必须有一系列后勤社会化改革的具体措施，这里不作详细讨论。值得注意的是，随着信息技术的飞速发展，后勤管理网络信息化建设以及 IT 技术在后勤服务体系中的应用是非常重要的。对于后勤服务经营实体而言，如何练内功、创品牌，提升服务质量，则是经营者

---

① 黄益方．高校后勤社会改革路径选择［J］．高校后勤研究，2012（2）．

始终必须重视的因素。

第三节　校院二级管理体制改革的研究与实践

组织是权力的物质外壳，组织形式是实现权力和利益的重要手段，因此，地方高校实行怎样的组织建构，是大学治理结构研究的重要内容，同时也是大学管理体制改革的基本内涵。目前世界上的大学组织结构基本为两种形式，即校、系两级结构和学校、学院、系三级结构。在我国地方高校中，称为“大学”的高校一般有学校、学院、系三级结构，称为“学院”的高校一般是学院、系二级结构。本节所讨论的校院（系）二级管理体制改革，实际上强调管理重心下移，即学校决策层将管理权力重心下移到其二级教学单位。

一、校院二级管理的内涵与特点

组织是世界上一切管理活动赖以存在的物质载体，无论是作为静态的组织实体，还是作为动态的组织职能，组织在管理活动中都起着重要的作用。使组织发挥良好的效果，产生最大的组织效率，必须设计合理的组织结构。对于地方高校而言，只有建立适合大学组织高效运营的内部管理体制及其运行机制，才能为实现大学的组织目标提供强大的组织和制度保证。

（一）校院二级管理的基本内涵

从大学组织内部管理体制改革的现状来看，建立二级管理模式是大学组织继承自身办学传统的结果，同时也是响应社会、经济发展的需要；从形式上来看，基于学科内在逻辑关系建立的二级学院，有着其特殊的内在学术逻辑关系，必须根据学科发展需要来调配资源，从而呼唤相对独立的管理权；从内容上来看，实行校院二级管理，能够使学科之间以及教学、科研与行政之间乃至学校与社会之间的有机联系得到进一步的整合和优化，确保大学组织内部权力结构或者管理模式更趋于合理化。基于这一思路，地方高校实行二级管理时，大都按照学科群组建二级学院（或系），这种校院二级管理模式的基本内涵至少包括以下三个方面：

（1）学校实施宏观层面的管理。从治理理论来看，学校是组织的权力中心，处于权力的顶端。地方高校为了更好地实现内涵式发展，主动适应社会改革和形势发展的需要，通过合理组建二级学院，调整学校、职能部门、二级学院之间的责权利关系，改变了原来以职能部门为主体的管理模式，转变为以二级学院为主体的管理模式。二级学院在学校总目标和宏观办学理念的指导下，享有相对独立的办学自主权，更好地促进了学科的整合和发展，有效激活其内部办学活力，提高教育教学质量和办学效益。校院二级管理不同于行政领域的二级管理，它实施的是目标管理与过程管理相结合、宏观管理与微观管理相统一的管理思路，学校偏重宏观层面的管理、指导和目标制定，学院偏重微观层面的执行和目标的实现。

（2）职能部门履行调控、协调、指导职能。建立校院二级管理模式，关键在于调整和理顺学校内部各单位之间的责权利关系，通过管理重心下移和管理权力下放，激发校内各级组织的内在活力。在实施校院二级管理时，学校职能部门代表学校对二级学院进行资源配置和调整、管理协调、工作指导，切实服务二级学院。同时，职能部门将学校总目标按业务归属分解到各二级学院，自身则发挥监督、评判、指导、协调作用，为二级学院完成目标营造良好的内部环境。

（3）二级学院是一个相对独立的学科建设实体。学院拥有教师的人事权力，包括教师的选聘、培养、使用、发展、评价等。同时学院也是学校各种行政命令的具体落实部门，学校的所有发展规划都依赖学院来落实。为了保证学院的健康发展，学院必须拥有一定的财权，除教师的基本工资由学校统一发放以外，教师福利、教学和科研经费、教师奖励以及学生的一些基本费用都应以学院为单位支出。学院最核心的功能是学科建设，学院所拥有的各种权力都是围绕学科建设而设置的，学院的人事权是为了学科的队伍建设，学院的财权是为了学科的基础建设和发展。

（二）校院二级管理模式的特点

我国高校的二级管理模式是在借鉴英国牛津大学和美国哈佛大学等国外高校“学院制”管理模式的基础上形成的，其主要特征是学院在接受学校领导的同时，享有一定的自主管理权力。

（1）自主性。与二级管理模式对应的是一级管理模式，即学校层面的集权管理模式。校院二级管理使组织结构更大程度上实现了扁平化，使二级学院拥有了更大的自主权，从而为学科建设搭建了更好的发展平台。校院二级管理模式把学校从一般人事、学术、财务管理等琐碎事务中解放出来，让学校领导集中精力处理学校发展大事，改善学校的外部环境；学院实行行政长官负责制，利用所控制的人事、学术、财务资源，组织教学、科研和学术活动，促进学院的发展。

（2）协作性。在校院二级管理模式下，学院根据学校的总体安排和部署，在课程建设、专业建设、学科建设等方面享有一定的自主权，同时又要在学校的领导下与各职能部门和相关学院沟通协调，通过自主办学、学科整合、资源优化配置等手段，激发办学的内部动力。学院与学院之间各负其责，各行其是，各尽其责，共同完成学校交办的任务，促进全校办学目标的实现。

（3）高效性。地方高校实行二级管理后，使学校的管理重心下移，促进了“锥形”管理向“扁平形”管理的转变，实现了校内更有效的沟通和协调，激励了教师和员工的积极性，提高了整个学校的执行力和管理效能。通过根据学科内在逻辑和发展规律组建学院，有利于实现资源优化配置，集中相似的教学科研资源，形成强大的科研学科群和教学队伍，提高了教育教学资源的使用效率。

（4）实用性。在目前形势下，地方高校面临着巨大的就业安置压力，学校必须把提高就业质量和水平当作重要任务。随着社会化分工的不断发展，社会需要的人才朝着专业化和复合化趋势发展，实行校院二级管理模式以后，学院可以自行根据人才市场的需求，对培养目标、专业设置、培养方案和教学内容进行改革，并使这类改革体现极大的时效性，更好地培养专业型与复合型人才，拓宽人才培养口径，促进学生更好地就业，提高学校的核心竞争力。①

二、校院二级管理的基本思路

（一）实现三个转变

（1）学校：实现从“具体指挥”到“宏观控制”的转变。中国高校实行“党委领导下的校长负责制”，校领导是学校发展的决策层。作为决策者的校领导们，如果被太多的具体事务缠绕，其思维模式就会趋向微观化，出现这种状态就是地方高校决策层的悲哀。实行校院二级管理体制改革，将权力重心下移到二级学院，校领导们就可以从人事、财务、事务管理中解放出来，集中精力加强学校发展问题的思考和研究，既有利于二级学院的学科建设、专业建设和课程建设，同时也有利于学校领导的宏观控制，促进学校的内涵式发展。

（2）职能部门：实现从“管理”到“服务”的转变。地方高校设置的诸多职能部门，是代表学校进行人、财、物及其他校务工作的加强管理。传统的高校管理模式，职能部门成为资源控制部门和事务管理部门，随着高校扩招后教

① 陈芳．论高校二级管理模式特点及教育管理之创新［J］．宁德师范学院学报（哲学社会科学版），2012（1）．

育教学资源迅速增加以及纷繁复杂的具体事务，职能部门的管理难度也大幅度增加。实行校院二级管理体制改革以后，与之相适应的资源优化配置和管理重心下移，职能部门也必须实现角色转变，从对资源和事务的具体管理转变到对二级学院的资源分配、过程监控、沟通协调、指导疏理等服务性职能上来，二级学院的自主发展很可能导致各自为政，单纯从本学院的效益最大化考虑，造成教育教学资源的重复建设，同时也可能导致不同学院间的差异过大，为此，职能部门必须站在学校全局高度，加强协调、沟通和指导，促进学校的协调发展。

（3）学院：实现从“被动行动”到“主动发展”的转变。实体化的二级学院已不再是一切听从学校安排，而是根据自己的学科专业特点和建设需要，制定学科建设和自主办学的目标，并自主采取恰当的行动，促进学科发展。在校院二级管理模式下，在管理重心下移的同时，人、财、物等资源也配置到相关学院，学校层面对二级学院的管理或干预程度大幅度降低，搭建了良好的学院自主发展平台。因此，学院层面必须从“被动行动”转变为“主动发展”。

（二）实行二级管理的条件

地方高校实行校院二级管理体制改革，必须做好充分的前期工作，扎实做好相关准备，切实保证校院二级管理体制改革取得成效。

（1）根据学科性质组建二级学院。地方高校实行校院二级管理，科学组建二级学院是关键。任何大学组织二级学院，都必须建立在通用的学科专业门类基础之上，在满足规模性、综合实力性、学科融合性、前瞻性等条件的基础上，遵循“大学管理模式与学生培养模式相协调”这一基本原则，以一个一级学科或几个相关性很强的一级学科为基础来组建二级学院，达到消除原来专业、学科间的壁垒，促进边缘学科、交叉学科发展的目的，最大程度上实现学科优势互补和学术资源共享，从而凭借学科群和大学科优势，培养厚基础、宽口径、高素质的人才，促进学校教学、科研水平的整体提升，为实现学校资源的优化配置和有效利用奠定基础。①

（2）合理调整校院二级管理的职能权。校院二级管理体制改革的职权调整是一个系统工程，必须统筹考虑。①明确二级学院相对独立办学的实体地位。实行校院二级管理体制改革，管理重心和权力下移是前提，责权利统一是关键，必须明确二级学院相对独立办学的实体地位，充分调动二级学院对教育教

---

① 刘天佐，周清明．高等学校构建校院两级管理模式若干问题［J］．教育研究，2005（11）：39—43.

学资源的优化配置和充分利用的积极性、主动性和创造性，充分激发二级学院在人才培养、科学研究、社会服务等方面的内在活力。②理顺学校与二级学院的管理职能。学校的职能是加强外部环境建设，实现内部的宏观控制，对共性的事务和问题进行有效整合和管理，保证学校的整体发展方向和目标实现。二级学院作为相对独立的办学实体，实行院长负责制，拥有学院范围内一定的政治权力、行政权力和学术权力。③调整学校职能部门的管理职责。由于管理重心和权力下移，学校职能部门的具体管理任务大幅度减少，管理职责主要转变到统筹、协调、监督、指导等服务性职责上来，为此，职能部门要强化服务意识，形成“服务基层、服务师生”的管理理念，处理好与二级学院的职责关系，主动转换管理思路、转变管理职能、转换管理方式。[①] 同时，由于管理重心下移到二级学院，学校职能部门的具体管理任务减少了，人员配备方面也必须考虑优先基层。

（3）建立健全校院二级管理的配套制度体系。任何改革都必须有配套的制度保障，校院二级管理体制改革涉及全校，没有配套的制度保障，必然导致运行失控。①建立配套的校院二级财务管理体制。校院二级管理的管理重心和权力下移，按照“事权与财权统一”的原则，学科建设和专业办学方面的经费控制权必须下放到二级学院，实行配套的校院二级财务管理体制改革，明确院长为本学院的财务责任人，学校财务处主要负责对二级学院的经费进行合理分配，实现“一级核算、二级管理”的财务管理体制，同时鼓励二级学院利用闲暇的教育教学资源创收，实现开源节流。②建立配套的人事分配管理制度。人事分配管理制度改革，首先要把与学院有关的人事权下放到学院，使学院拥有人员聘任、岗位调整、职务晋升等方面的权力。在分配制度上，按照“效率优先、兼顾公平、多劳多得、优劳优酬”的原则，引入竞争机制，强化岗位责任，淡化身份意识，实行全员聘任制和岗位责任制，推行除教职工基本工资以外的教学科研工作量、奖金、福利和岗位津贴等的二级分配制度，形成二级学院教职工的主人翁意识，促进学院的个性化发展。③建立校院二级管理的行为规范体系。校院二级管理体制改革并不是任由二级学院各自为政，必须建立规范有效的组织管理制度，使二级管理科学化、制度化、规范化。这可以通过建立健全一整套目标管理制度和考核评价办法来规范职能部门和二级学院的管理行为，促使二级学院由外在的强制性过程管理转化为内在的自我控制管理，促

---

① 陈笃彬，林建全，黄江昆．地方性本科院校实施校院二级管理研究［J］．泉州师范学院学报（自然科学版），2010，28（6）：70—75.

进二级学院在学科建设和教学科研等方面的协调发展，进而推进整个学校的内涵式发展。

三、校院二级管理的运行机制

要建立一套与校院二级管理体制相适应的运行机制，必须正确处理好二级管理中的决策权、执行权和监督权三者之间的关系，构建一套完善的目标管理机制、权力制衡机制、监督制约机制，确保校院二级管理能够健康、有序、规范、高效的运行。

（一）目标管理机制

实施目标管理，使地方高校从原有的具体管理方式和直接管理手段转变为监控管理方式和间接管理手段，实现从过程管理到目标管理的转变。具体而言，地方高校可以根据其一定时期内的发展目标和发展规划情况进行有效的目标任务分解，形成一个科学的目标管理体系，然后再将这些目标任务下达到职能部门和二级学院，作为它们各项管理活动的目标指向，学校则以年度为单位考核各职能部门和二级学院的目标任务完成情况和工作绩效，从而推动学校的内涵式发展。关于目标管理的具体内容将在下一节详细介绍。

（二）权力制衡机制

本书第二章关于大学治理结构的论述中，阐述了大学的学校层面的权力制衡机制，通过“党委领导下的校长负责制”形成“党委领导、校长治校、教授治学、民主管理”的治理结构，从而实现政治权力、行政权力、学术权力、民主权力的有效运作与合理制衡。实行校院二级管理体制改革以后，这四种权力同样存在于二级学院，如何构建有效的权力运作机制和制衡机制显得非常重要。

实行校院二级管理体制改革，大多数地方高校都明确为“院长负责制”，即院长是学院行政的第一责任人，在这个基础上，如何构建合理的二级学院内部治理结构，是校院二级管理体制改革成败的关键。

（1）党政联席会是二级学院的最高决策机构。学院的党、政两条线，党总支书记及其领导下的党总支委员会主要负责党建和政治思想工作，院长及为其配备的副院长则主要负责学院的教学、科技、开发及其他行政工作。分工是明确的，但遇到学院发展大事或重大决策，必须提交党政联席会讨论决策，党政联席会成为二级学院的最高决策机构。为了协调党、政两条线的工作，大部分地方高校在干部配备方面，都采用党总支书记兼副院长、院长兼党总支副书记，这样就构建了二级学院集体决策的重要平台。党政联席会一般由党总支书记主持，党总支委员和院长、副院长参加，通过会议讨论形成决定或决议。在遇到党政联席会议决策中有重大分歧时，一般采用“票决制”形成终结性结论。

（2）基于“院长负责制”的院长办公会议制度。二级学院的院长负责制，一般配备1—3名副院长协助院长分管教学、科研、开发等工作，分管副院长在院长授权范围内实施管理，遇有较重大的决策需提交院长办公会议讨论。院长办公会议由院长主持，办公室主任负责会议记录，分管副院长提出议题并做出相关说明后集体讨论，最后由院长形成结论。

（3）基于学术权力的教授委员会制度。二级学院有关教学、科研等方面的学术权力主要体现在院级教授委员会（或学术委员会，为了精简机构，一般学院层面只设立一个学术组织，并且这个学术组织是学院层面的学术决策机构），院级教授委员会或学术委员会的全体会议是学术事务的最高决策机构，会议由主席（或主任）主持，按照章程规定召开会议，以“票决制”形成终结性结论。

（4）基于“教代会”的民主管理与民主监督。一般情况下，学院层面的“教代会”实际就是教职工大会，常设机构为学院工会，院长、副院长的选聘以及人事分配制度改革等方面的重大问题，必须提交“教代会”讨论，在存在分歧的情况下必须以“票决制”形成终结性结论。目前实行校院二级管理的地方高校，一般都配套实行了院长、副院长竞聘上岗，这是实现民主管理和民主监督最有力的武器。此外，地方政府的组织部门每年组织干部考核，学院的领导干部也必须接受教职工的民主评议，这也成了体现民主管理和民主监督的重要途径。

（三）监督制约机制

缺乏完善的监督制约机制，仅靠管理人员的道德情操和自我约束力是不符合管理原则的。监督制约机制是大学组织权力运行系统不可或缺的重要组成部分，权力没有监督和约束，就会失控，滋生腐败。除了前面提到的民主监督机制以外，校院二级管理体制改革还必须建立健全学校层面和学院层面的监督制约机制。

（1）学校层面的监督制约机制。学校对二级学院的监督制约机制主要体现在三个方面：①来自目标管理的绩效考核及其奖惩措施。对于实施了目标管理的地方高校，目标管理的绩效考核是监督二级学院最有力的举措，与之配套的奖惩措施则更直接地激励着二级学院“主动发展”。②来自职能部门的相关事务管理监督。二级学院的教学、科研、社会服务乃至人事权、财务权等，都有相应学校职能部门的监督和指导，这种监督和指导相对来说更加专业或内行。③来自学校督导团的监督和指导。大多数地方高校都成立了督导团，督导团对二级学院的教学、科研或其他工作的过程监控，成为学校了解二级学院相关信息、指导学院工作、监控运行过程的重要措施。

（2）学院层面的监督制约机制。除了前述的学院层面权力制衡机制所体现的党政分权、集体决策、民主管理以外，学院还可以组建院级督导团，对学院教学、科研和其他工作进行过程监控和指导，促使学院健康发展。

四、湖南农业大学的实施策略

（一）二级管理的资源配置策略

在校院两级管理模式下，高等学校必须以规范学院的设立与调整为起点，通过相应管理体制与运行机制的建立，强化校内公共资源的建设，从而避免结构性的重复投资与浪费现象发生，实现校内资源的合理配置，提高学校资源的利用效率。

（1）根据不同的学科性质，规范学院的设立与调整。学院的设立与调整应根据不同的学科性质，将相关性较强的学科集中到一起，以一个一级学科或若干个一级学科为基础来组建学院，达到消除原有专业、学科之间的壁垒，促进边缘学科、交叉学科、信息学科和大学科群的不断涌现，实现学科交叉、学科综合、学科优势互补与学术资源共享，从而凭借学科群和大学科优势，培养厚基础、宽口径和强适应性的适应现代科学知识综合性高素质人才，促进学校教学、科研水平的提高，为实现学校资源的优化配置与有效利用奠定基础。

（2）明确不同的建设目标，强化校院两级资源配置。现阶段我国高等学校资源配置过程中的主要问题是教育经费投入严重不足与重复建设和浪费现象同时并存，校院两级资源配置结构极不合理。笔者认为，在校院两级管理模式下，学校资源配置可以按照两个层面进行：在校级资源配置的层面上，以加强校内公共资源的建设为重点；同时，强调学校层次的放权，强化校院两级资源的合理配置。在院级资源配置的层面上，必须强调学院层次的相对“集权”，彻底打破教研室之间的“山头”界限与学科建设经费、科研用房是教授私人财产的现状，建立学院资源统一规划、合理配置、院内共享、对外服务的管理制度。

（3）采取不同的提供方式，提高资源的利用效率。对于体育场馆、公共教室、校园网络、图书馆、学生生活服务设施以及全校性的公益设施等校级公共资源，可以采取由学校负担建设资金的公共提供方式；对于中心实验室、实习基地、专用设备以及院级实验室等院级或校院两级共管的公共资源，可以采取混合提供方式，由学校、学院与社会资金共同投资建设，实行有偿使用、市场运作的模式。在保证正常教学需要的前提下，既可以向校内科研与生产提供服务，也可以在高校之间甚至向社会提供服务，强化资源共享，提高资源的利用率。

（二）二级管理的管理职权调整策略

在校院二级管理模式下，学院是作为教学活动与管理的主体，其管理职能将由现在单纯教学活动的执行者向具有综合管理职能的相对独立办学实体转变，因此，必须从调整校院二级管理职权的角度，强化学院的管理职能。

（1）转变观念，摆正行政管理与学术管理的位置。当前，我国大学内部的行政化倾向严重，主要表现为职能部门权力过大、对学校学术事务干预过多以及行政权力的“泛化”与学术权力的“弱化”等特点。要改变我国大学管理行政主导的现状，一是要改革我国高等学校管理体制，政府应通过对高等教育评价制度与拨款机制的建立，实现高等教育管理重心的下移，变现行高等学校管理的“国家控制模式”为“国家监督模式”。二是要通过组织制度确定学术组织的权力地位，树立其应有的权威。实现学术事务与行政事务的适当分开，建立学术事务充分依靠学术专家的制度。三是要建立健全大学学术民主管理机构，充分肯定和重视教师在学术管理中的地位和作用，倡导追求学术理想，弘扬学术精神。

（2）精简机构，实现管理重心与权力导向的下移。在学校内部权力结构的划分上，根据校院二级管理的要求，学校一级的行政部门，一方面需要把一些权力集中起来，进行集权管理，行使包括制定目标、监控考核、研究政策、宏观调控、对外联络在内的五大职能；另一方面应坚持学术自由，进行适度的分权，采取集权与分权相结合的方式进行管理，把基层学科和课程的调整与设置权、科研项目管理权、教师聘任权、资源分配权、人事权等学术、行政权力下放给学院一级，使学院具有包括自主用人权、自主管理权和自主配置院内资源权等权力，扩大中下层学术自主权，实现学校管理重心与权力导向的下移。

（3）实施职员制，规范校级行政部门的行为。建立职员制度，就是倡导行政管理人员的职业化，建立“淡化级别、强化职责、事职相符、责薪相对、能上能下、能进能出”的干部用人机制。并通过适度剥离服务性职能，达到管理与服务职能的适当分离，强化学校的宏观管理职能与学院的学术管理职能，建立机关服务中心，实行专业化管理，调整部门职能、减少条块分割，提高行政效率。

（三）二级管理的财务管理体制

（1）明确校院二级的支出责任，实现事权与财权的有机统一。根据校院二级管理模式的要求，校院二级支出责任的划分，应按照强化目标管理与宏观控制、降低管理重心与简政放权的原则，将能下放的职责尽量明确给学院。保留在学校本部的支出，是为了实现学校的职能而设立，主要包括三个部分：一是维持学校机关运行的支出；二是离退休人员的支出；三是涉及公共资源以及基本建设等不宜下放或确实无法下放的支出。下放到学院的支出，是为了实现学院的职能而设立，主要包括两个部分：一是基本支出，即学院的运行支出，包括人员支出、学生支出与运行费用三个部分，它是维持学院正常工作秩序的基础，学校必须将这些支出明确到各学院，让学院进行自主管理，做到事权与财权的统一；二是专项支出，它的设立是为了解决学校不同阶段的发展重点与突出问题，有利于实现学校的发展目标与提高资金使用效益。

（2）确定相应的分配模式，实现财力资源的合理配置。在分配要素的确定上，应设立包括学生规模、职工队伍、学科构成与科研水平等多因素的指标体系，以照顾不同学科类型、不同生源层次、不同办学规模与不同办学水平学院的现状与发展要求；在分配模式的构建上，应该按照“效率优先、兼顾公平”的原则，采用“运行经费＋专项经费”的模式，建立“运行经费”按公式计算分配，“专项经费”由职能部门与相关学术机构按项目递补的学校财力资源配置制度，解决校内资源配置过程中个别与一般、重点与一般等问题，实现学校财力资源的合理配置。

（3）建立合适的财务管理体制，实现集权与分权的有效结合。校院二级管理模式下的财务管理体制，应在《高等学校财务制度》的统一要求下，根据学校权力结构的划分与校院两级管理职能的特点，按照事权与财权相统一的原则，建立“统一领导、分级管理”的财务管理体制及其“院为主体，权责明晰，一级核算，二级管理”的高等学校财务工作运行机制。具体来说，在这一体制模式下，学校的财务政策、财务资金、会计核算工作与会计人员等应由学校统一管理，学院作为管理的主体，则应负责预算的编制、院内管理制度的制定、经费的审批与使用、职工收入分配等具体的财务管理工作，既扩大学院自主管理的权力，又加大了学院自我约束的责任。

（四）二级管理的配套改革与评价机制

由于校院二级管理涉及制约因素十分复杂，必须进行相应的配套改革，并通过有效评价与监控机制的建立，才能确保校院两级管理模式的成功实施。

（1）推进学校服务社会化改革，营造良好的办学环境。校院二级管理模式实施以后，学校公共服务职能必须从管理工作中分离出来，组建独立运行的服务体系，并按照服务产品的性质，采取不同的生产与提供方式，建立符合自身规律的运行模式。①按照私人产品性质，改革后勤服务模式。建立后勤服务有偿使用制度，建立内部成本核算制度，实行企业化模式运作。②借鉴公共产品与私人产品的生产方式，改革教学服务模式。一是对教学行政服务与校级公共教学资源采取公共提供的方式，由学校承担运行费用；二是对教学后勤服务项目，采取市场提供的方式，由用户（学院）付费使用；三是对中心实验室、实习基地等教学物力资源的建设与使用，采取混合提供的方式，由学校承担建设责任，由用户（学院）付费使用。③建立公平竞争的高校服务市场体系。

（2）完善学校质效评价体系，强化学校的监督职能。①建立科学的教学评价体系。对学院的评价包括正常的教学评价与办学水平综合评价两种形式。正常的教学评价工作应当结合日常的教学督导、教学检查、学科与专业评估等工作进行；学院办学水平综合评价应借鉴教育主管部门对于高等学校的评估办法，采取以本科教学工作为评估对象的教学评估形式，结合院长任期目标考核进行。②建立有效的预算监督体系。预算监督体系包括强化预算编制与严格预算执行两个环节。首先，根据学院事业发展计划与学校年度财务预算，强化以学院为主体的二级预算编制工作，树立院级预算的权威；其次，学校财务部门要根据国家财政方针政策，监督学院严格执行预算，促使学院自觉遵守国家财政制度，建立科学的学院内部民主理财机制。③建立严格的院长任期目标考核体系。院长的任期目标考核要通过建立相应的指标体系与完善相应的考核机制来实现。

（3）建立学院自我约束机制，落实学院的发展责任。①健全学院行政管理组织，建立有效的决策机制。学院应建立“院长全面负责、党组织政治保证、教代会民主管理”的高效能的决策执行系统与决策反馈系统，健全院长负责制下的行政管理组织。②健全学院学术权力组织，建立有效的咨询机制。学院应健全以教授为主体的院学术委员会、学位委员会、专业与课程委员会等学术权力组织，通过明确学术权力组织的性质与职权范围，充分发挥其在教学、科研方面等学术事项咨询与审议的职能以及教学质量监控与教师业务考核上的主导作用。③健全院级教代会制度，建立有效的监督机制。

第四节　地方高校目标管理的探索

在20世纪90年代加快高校内部管理体制改革的进程中，我国大部分高校都先后引入了在企业中比较有效的目标管理理论和方法。[①] 目前，不少地方高校正在探索和实践具有地方高校特色的目标管理，涌现了不少成功的经验，也发现了一些问题。如何恰当地实行目标管理，成为地方高校内涵式发展的重要内容。

一、地方高校实行目标管理的现实基础

（一）主动适应是地方高校目标管理的现实需要

任何一种管理理念和方法都不具有超凡神力，都是有一定条件限制的。地方高校实施目标管理，必须充分考虑高等教育的社会需求，尊重学校现有条件，考虑高校内部相关人员的需要，才能最大程度地发挥目标管理效益。

（1）适应社会发展：目标管理的社会使命。高等教育作为社会的一个子系统，与社会有着密切联系。社会一方面为高等教育提供实施各类活动的环境和必要的物质、精神条件，另一方面为高等教育提供了目标指向，高等教育的一切活动都要有利于社会的发展，要为社会发展服务，这就是高等学校的社会责任。地方高校实施目标管理，必须充分考虑其社会责任，目标指向是明确的，地方高校必须服务地方经济和社会发展，人才培养质量始终是摆在第一位的，同时也必须考虑支持地方经济和社会发展的科技创新和社会服务，在目标管理实施方案和指标体系中必须把这些重要目标摆在应有的位置，从而更好地实现地方高校的社会使命。

（2）适应学校实际：目标管理的行动起点。不同层次、不同类型的地方高校，其具体发展目标是各不相同的，不同地方高校有不同的办学基础和现实条件，校情是地方高校目标管理的行动起点。首先，地方高校的目标管理必须与自身在中国高等学校体系中的地位相吻合。地方高校是一个庞大的集合体，本科高校和高职高专的校情差异很大，公办高校与民办高校性质不同，不同高校的办学历史和办学实力各不相同，目标管理必须充分考虑地方高校在中国高等

① 董泽芳，何青，熊德明．关于75所高校目标管理实施现状的调查［J］．高教发展与评估，2009（2）：15—21.

学校分类体系中的定位。其次，地方高校的目标管理必须与自身的办学基础和现实条件相吻合。高校的办学基础是其赖以维持的前提条件，包括基本办学设施、教学科研仪器设备、师资队伍、经费保障、教学科研水平、后勤服务管理等。根据地方高校在办学基础和现实条件方面的差异，可以分为基础薄弱型、基础一般型、基础扎实型；新升格或新组建的地方高校一般基础薄弱，办学历史悠久的地方高校一般基础扎实。对于基础薄弱型地方高校，目标管理应强化建设目标指标的量化考核，促进学校跨越式发展；对于基础扎实型地方高校，目标管理应强化学科建设成果和质性考核，促进学校内涵式发展。

（3）适应个体需要：目标管理的动力之源。目标管理需要一种自我控制、自我激励的氛围，各级领导、广大教职工和学生都需要对学校的发展目标有统一的认识，地方高校的目标管理必须适应人的发展，充分考虑教师、员工、学生的发展需要，使他们在内心深处感觉自己的成长和努力与学校的发展是紧密相连的，是有价值的，从而提高完成目标的自觉性、主动性和积极性。对于地方高校而言，学校的发展表现在人才培养、科技创新和社会服务方面的具体成果，这些成果是广大教师个人发展成果的累积，同时这些成果也使学生和社会受益，“发展就是硬道理”在地方高校可以得到充分的体现。

（二）适度超越是地方高校目标管理的理想诉求

目标管理的基本理念之一就是在完成过去目标的基础上，不断提出新的目标，不断超越目标，如此循环地螺旋式上升，从而实现学校的发展。当然，这种超越是有一定限度的，无限超越仅仅是幻想，适度超越才是目标管理追求的理想境界。

（1）适度超越社会发展，彰显大学精神。引导社会发展是大学的历史使命和现实社会责任，同时也是大学精神的重要体现。地方高校实行目标管理，必须适度超越社会发展，要有一定经济社会发展方面的前瞻性考虑，在目标制定时，不能过分追求大学的功利价值，在教学、科研和社会服务等方面更要彰显人文精神价值，除了在物质和金钱上对社会具有依赖性外，还要与社会保持一定的距离，要对社会上那些落后的、腐朽没落的东西进行批判、否定，同时更有责任去探索解决这些问题的途径和方法。因此，地方高校目标管理中应把创新性目标摆在比较重要的位置，在教学方面鼓励追踪学术前沿，及时把新理论、新知识、新技术、新方法传递给学生；在科研方面提倡不断推陈出新，不仅要追求数量的突破，更要强调质的飞跃。

（2）适度超越学校现实，促进大学可持续发展。适应学校的办学基础和现实条件，是强调立足点要明确，适度超越学校现实，才是实现地方高校可持续发展的动力源泉。地方高校在制定学校发展目标时，必须对国家政策和法律法规、自身的任务有正确的认识，必须对自身的周边环境、人文情况和历史、现状作出详尽的分析。更重要的是，必须对学校自身的优势、劣势分析透彻，克服劣势发挥优势，对未来发展可能达到的目标进行科学预测，制定出有激励作用的先进目标，实现对学校现实的适度超越。

（3）适度超越个人现状，实现人的全面发展。目标是在现状基础上通过努力能够达到的预期状态，它是个体或组织引起行为最直接的动机，设置合适的目标会使人产生想达到该目标的成就需要，因而对人具有强烈的刺激作用和激励效果。地方高校的教职工绝大部分都受过良好的教育，有着较高的成就动机，希望实现个人价值。因此，地方高校的目标管理对本校教职工和学生的期望值可适度拔高，促使他们实现个人的发展。

（三）适应与超越是地方高校目标管理中的动态过程

适应与超越是一对互为递进的范畴，适应是超越的基础和前提，超越的阶段性成就又需要适应来加以维持、巩固和发展，超越的目标应不断地指向新的适应，适应和超越是进化、发展过程互为工具、互为目的、互为环节的结果。[①] 地方高校实行目标管理，必须恰当地处理好社会、学校和个人之间的关系。大学不能逢迎现实，但也不能漠视现实，它必须面向市场经济主战场办学，积极主动地参与到经济建设中，把自己的科技创新和文明成果推向市场，并从社会和市场中获取营养。另外，社会的快速发展和科学技术的不断进步，会产生一系列新的问题和需求，需要高校的智力集团进行攻关解决，为社会进步履行高校的社会责任。在处理目标管理与校情的关系时，应在尊重校情的基础上进行资源的优化整合，最大程度地挖掘内部潜力，不断提出新的发展目标，推动学校可持续发展。在制定个人发展目标时，没有发展和进步，只将维持现状作为目标，难以维系人们的热情，不能发挥激励作用，不仅不能实现个人发展，组织发展也必然成为空谈。[②]

二、地方高校实行目标管理的理性思考

（一）地方高校实施目标管理的组织气氛营造

组织气氛是组织内部环境相对持久的特性，是一系列可测量和不可测量的

---

① 杨昌勇．也论教育之适应与超越：对鲁洁教授“超越论”的商榷［J］．教育研究，1997（3）：24—26.

② 熊德明，董泽芳．论高校目标管理中的适应与超越［J］．广西教育学院学报，2012（1）：26—29.

工作环境属性的总和，是诱发和形成组织成员行为的重要变量。良好的组织气氛可以提升组织成员的满意度、积极性和主动性。增强组织气氛观念，可以帮助管理者掌握和改进组织行为模式，引导和增强组织成员的行为动机，提升组织效率，有效达成组织目标。高校的组织成员是一个特殊群体，他们有知识、有教养，善于独立思考，并以自己独有的方式体验生活，有强烈的自尊心和自我实现欲望。因此，地方高校实施目标管理，必须坚持"以人为本"理念，充分运用民主管理方式，着力提高全体师生的积极性、主动性和创造性，使全体师生从学校发展的总体目标来思考和决策个人的发展目标，把制定和落实学校的组织目标与实现个人的社会价值紧密联系起来，从而促进学校效能的最大化。

（1）上下同欲的组织气氛是目标管理的基本"软环境"。地方高校实施目标管理时，不仅需要完善的组织结构、严格的规章制度和明智的决策机制，同时也需要一种"上下同欲"的组织气氛，即上至各级领导，下至广大教职员工和学生，都希望学校对学校发展目标具有统一的认识、一致的行动、和谐的氛围，并自觉地将各自的事业心、责任心和工作业绩与学校发展目标达成一致。事实上，上下同欲的组织气氛在目标管理中具有十分重要的作用。一是导向作用。把全体师生的个人发展目标引导到与学校发展目标相一致的方向上来，是目标管理成功的重要因素，没有一个自上而下的统一目标和上下同欲的组织气氛，目标管理就会变成一种被动约束，就会失去组织凝聚力和组织活力。二是约束作用。营造积极的上下同欲的组织气氛，目的是使全体师生积极地朝着学校发展目标努力贡献自己的一份力量，使朝目标努力变成每个人的自我约束动力。三是凝聚作用。上下同欲是一种极强的组织凝聚力，它像一种黏合剂，把各个方面、各个层次、各个部门的人团结在地方高校神圣使命和发展目标周围，对学校发展产生一种凝聚力和向心力，使广大师生员工的思想和命运与学校的安危和发展联系起来，使他们感到个人的工作、学习和发展等任何事情都离不开学校这个集体，校兴我荣，校衰我耻，与学校同呼吸共命运。四是激励作用。上下同欲组织气氛的核心是创造出一种组织共同价值观，同时也是一种人人受尊重、受重视的文化氛围。正确的价值取向和文化氛围往往能产生一种特殊的激励机制，使每个成员做出的贡献都会得到其他组织成员的赞赏和鼓励，由此激励员工为实现自我价值和学校发展而不断进取，乐于奉献。

（2）目标管理的组织气氛营造策略。地方高校实施目标管理，积极营造上下同欲的组织气氛是全面推进目标管理的重要保障，不是说领导想干什么，而是学校发展需要这么干。为此，一是要建立一种体现高度人文关怀的领导模式。目标管理是一种刚性管理，绩效考核有很大比重的量化考核指标，目标管理的结果运用也直接关系到员工的切身利益，这在物质生产领域（企业）已产生了很广泛的成效。但是，地方高校毕竟属于精神产品生产领域，很多内容并不能像物质生产领域一样进行量化管理，不可控因素相对来说更多，也更复杂，很多方面需要各级领导的理解和支持，既要实行目标管理促进学校的内涵式发展，同时也要体现人文关怀，尽可能消除各类抵触情绪，形成和谐发展格局。二是要建立良好的沟通协调机制。从表面上看，目标管理是各单位完成各自目标任务，个人履行个人岗位职责，但事实上高等学校的组织目标不是各二级单位的目标任务的简单叠加，必须形成良好的沟通协调机制。如果各自为政、各行其是，缺乏必要的沟通和协调，势必形成一种组织内耗，结果当然是组织目标难于实现。三是要建立合理的弹性制度规范。制度规范是刚性的，是行为准则的“底线”要求，如果制度规范过于具体或“高标准”，势必形成一种照章办事的机械思维。地方高校实行目标管理，各部门和个人都已形成朝着目标任务努力的组织氛围，相应的制度规范必须做出一定的改革，在不违反原则的前提下适当留下一定的空间，并使这些空间在合理授权范围内执行，从而促使全体员工自觉主动地承担工作任务和责任，创造性地共同实现组织目标。①

（二）精神生产理论视阈的地方高校目标管理

马克思将生产区分为三大类，即物质生产、精神生产及人自身的生产②。高等学校是精神产品生产的主要基地，人才培养、科技创新和社会服务都充分体现着高校的精神产品生产实质。目标管理作为物质生产领域颇见成效的管理策略或方法，在精神产品生产领域的高等学校实施，必须认真考虑高等学校的精神产品生产特点。

（1）精神生产理论下高校目标管理的困境。①精神生产的特点导致管理目标难以量化。精神性是精神生产的定义性特征，这就意味着精神产品不同于实物形态的物质产品，更多地以一种精神的或者说是内在的方式存在。人类通过科技创新、哲学研究或艺术等活动不断地创造精神产品，它们没有固定的形态，没有固定的模式，难以量化或者无法量化，这一特点使高校在实施目标管理中，很难对各种精神生产制定明确的量化指标。目标是目标管理理论的核

---

① 吴仲平．高校目标管理中组织气氛的作用及其营造策略［J］．时代青年：教育，2011（12）：36—37.

② 郑彦．论马克思的精神生产理论及其时代意义［J］．江西社会科学，2008（4）：53—56.

心，尤其是能够量化的目标更有助于目标管理发挥作用，但高校的精神生产特征使人们不得不面对目标难以量化的困境。一方面，如果没有量化的目标去度量二级单位或个人的业绩，则目标管理的业绩考核准确度就难以保证；另一方面，如果过于量化，又会弱化二级单位和个人的独立性和创造性，导致功利化趋势。②精神生产的特点使目标管理的双向性原则难以保证。目标管理强调在目标制定过程中的双向性原则，即要求目标的制定是上级与下级不断协调，最终在“必须”和“可行”的前提下制定出具体的、可实施的目标。目标管理理论是希望弥补传统管理中纯粹由决策层分配目标任务的缺陷，强调目标制定过程的双向性原则，以期让制定的目标更符合实际，增强员工对目标制定的参与性，使目标的实现更有保证和群众基础。但对于承担精神产品生产任务的高等学校而言，目标管理的双向性原则难以保证，因为高等学校的精神产品生产质量具有明显的自主性和独立性，人才培养、科技创新、艺术创造等，产品的数量和质量并没有明确的质量标准，数量优势也不能说明什么问题。③精神生产的特点使目标实施过程难以控制。综观历史，精神产品生产效率突出的年代都是精神控制较少（或政治环境宽松）的时期，这就决定了精神生产的自由、自主特点，精神生产的创新性、自主性和独立性使高校目标管理的实施过程难以控制，无法遵循某些既定规范来完成精神产品的生产过程。没有一种突破性的科研成果是墨守成规的，沿着既定的规范去进行科学研究只能是重复劳动。人才培养过程如果不需要教师的创造性和主动性，教师也就在很大程度上失去了其存在价值。人为地希望用控制物质生产的方式来控制精神生产领域，势必破坏精神生产的正常过程，导致精神产品生产效率或质量下降，难以实现真正有益于社会的精神产品。④精神生产的特点使目标管理的绩效评价难以实现公平、公正。精神产品的精神性决定了其价值评价的困难。绩效评价是目标管理的重要环节，由于精神产品的生产过程极具自主性和独立性，需要调动生产者的创造性和主动性，其生产业绩缺乏或难以进行标准化度量，管理者很难把握一个普遍的尺度。同时，很多精神产品往往具有唯一性，很难用相同的方法和流程来制造出相同的产品，相同的流程和方法也可能使不同生产者的产品不一样，即时的、量化的评价对精神产品生产并不一定适合。对精神生产过程的过度规范将严重影响精神生产效率的提高，僵化的管理制度只会扼杀高校的创造力和创新精神，在这一方面，目标管理理论与高校的特点存在明显的差距，如果不对目标管理作相应的调整，高校的精神生产将受到极大的限制。[①]

（2）精神生产理论视阈的目标管理实施策略。①适度弱化量化评价，凸显质性评价效能。目标管理需要统一尺度进行公平度量，但高校的特点决定了这种公平度量很难实现。在同一所高校内部，不同二级学院由于其发展过程和现实基础不同，并不是在同一起跑线上发展的，如果用统一的尺度去度量其绩效，势必造成客观上的不公平。任何一所大学的二级学院，有学科优势明显的研究型学院，也有适应人才市场需求的教学型学院，在教学与科研这两大高校职能上就表现出明显的优势与劣势，目标管理中必须实行分类评价，凸显质性评价效能，体现“发展就是硬道理”的理念。②完善同行评议制度。无论是人才培养过程，还是科技创新和社会服务，二级学院或教师个人的目标任务完成质量，职能部门是无法用固定的标准来衡量其质量或水平的，必须通过同行评议来给出权威性结论。③强化公众评价机制。高校是众多利益相关者的组织，实行目标管理虽然不能体现校外的利益相关者诉求，但对校内的利益相关者必须充分考虑，公众评价是目标管理绩效考核的重要参考依据。④加强现代大学制度建设，完善大学治理结构。学委领导、校长治校、教授治学、民主管理是现代大学制度的核心内涵，也是实施目标管理的重要组织权力构架保障，同时也体现了高校精神生产特征的内在要求。以行使学术权力为主要特点的教授治学行为，在高校目标管理中能够发挥不可替代的作用，尤其表现在可以修正以目标管理为导向的行政管理缺陷，促使高校的内涵式发展。

（三）地方高校目标管理中的的问题探究

地方高校的目标管理，是学校管理者引导管理部门、院系共同确定工作目标及体系，并以总目标为依据确定各单位的分目标，明确各自的责任和任务，各单位在获得适当的资源配置和授权的前提下，积极主动地为各自的分目标而奋斗，从而使组织的总目标得以实现。目标管理对实现高校管理科学化具有重要的现实意义和实践价值，在地方高校的管理实践中取得了显著成效，但从不同高校实施目标管理的现状来看，并未达到应有的预期效果，必须在实践中不断探索，不断完善。

（1）地方高校目标管理中存在的问题。①目标制定过程中出现的偏差。制定科学合理、具有张力的目标是地方高校实施目标管理的前提，但不少高校在实施目标管理的制定目标具体实践中出现了偏差，由于在思想认识上未能真正

① 殷忠勇．精神生产理论下高校目标管理的困境及思考［J］．扬州大学学报（高教研究版），2012，16（4）：57—61.

认识目标管理的本质及价值取向，容易受到来自组织及本部门内外因素的影响，使确定的目标缺乏权威和公信，理想目标与现实目标发生分离或脱节。一方面，为了满足盲目攀层次的需要，制定出过高的、不切实际的办学目标；另一方面，具体到各部门和二级学院目标的制定，考虑到年终目标考核的结果与奖金或年终分配挂钩，有些单位从方便考核的角度出发，从而制定出较低的目标，使目标的制定如同虚设，发挥不了应有的激励作用。②目标任务分解过程中的偏差。地方高校在一定时期内都应有明确的发展目标，这些发展目标的相关指标必须通过目标任务分解到相关职能部门和二级学院，这里可能出现两种倾向：一是职能部门包揽过多资源控制权，不能有效地发挥二级学院的积极性和主动性，人为地增加了目标实现的难度；二是职能部门一味地将任务下达到二级学院，而不注意制定配套的支持政策和激励措施，任由二级学院“八仙过海各显神通”。③目标实施过程中的激励机制缺失。在目标管理实践中，不少高校由于激励机制缺失或不够健全，奖惩不明，利益均沾，致使二级单位和个人形成干多干少一个样、干好干坏一个样的思想，严重挫伤了二级单位和个人的积极性、主动性和创造性，削弱了目标管理的实效。④绩效考核公式化。目标管理注重将结果与预定目标进行比较，通过考核和激励来达到预期效果。在目标管理实践中，不少高校将所有工作都囊括或纳入目标管理体系之中，并将这些工作通过一系列公式来进行量化考核。[①] 事实上，这些公式或数学模型本身是人为规定的，合理性到底如何，公信力到底有多大，是否真正考核了分类管理原则和高等学校的精神生产特征，很值得商榷。此外，目标管理将所有工作都囊括进来，是否真正有利于学校发展，是否属于职能部门的职责“解脱”，也具有很大的探讨空间。

（2）改进目标管理的举措。①建立健全有利于目标实现的管理体制。目标管理是基于校院二级管理体制改革的管理模式改革，必须在相对完善的校院二级管理体制下实施，明确学校决策层的主要任务是外部环境建设和内部宏观控制；职能部门必须实现从“管理”到“服务”的转变，加强对二级学院的资源优化配置和完成目标所必需的监督、指导和沟通协调；二级学院作为完成学校总目标的主体，必须在管理重心和权力下移的前提下实施，必须具有一定的人、财、物和事务管理权。②强化中层干部的目标责任。强化中层干部的目标责任是目标管理理论的精髓之一。对于职能部门负责人而言，担负着根据学校

① 冯永红，侯贵宝．对高校目标管理的审视及对策建议［J］．黄冈师范学院学报，2012，32（1）：121—123.

发展目标制定部门和二级单位发展目标的责任，在制定目标或进行目标任务分解时，应切实围绕学校发展的需要和各二级单位实现目标的现实基础，防止制定过高或过低的目标。对于二级学院而言，教学、科研和社会服务方面的具体目标都已落实到本单位，担负着完成本单位目标任务的重任，必须全面调动广大教职工的积极性、主动性和创造性，切实保证目标任务的完成和实际绩效。③重视教职工的自我控制和参与度。目标管理必须调整全体师生的积极性，构建“上下同欲”的组织氛围，形成上下一心的凝聚力和战斗力，使广大教职工的自我控制朝着学校的发展目标方向努力。同时，要充分重视所有员工的参与，无论是目标制定还是绩效考核，必须形成一种民主管理的良好氛围，使每个员工都为目标实现而贡献自己的力量。④完善基于绩效的目标考核。目标管理以年初目标制定为起点，以年终绩效考核为终点，形成一个年度周期，最终以年终奖惩作为激励机制。在这里，年终奖惩激励机制的强弱是一个重要因素，年初的目标制定是否合理、年终绩效考核的指标体系和核算方法是否科学，都会影响目标管理的成效，完善基于绩效的目标考核是广大地方高校管理者的一个重大课题。

三、地方高校实行目标管理的实施策略

（一）基于科学发展观的顶层设计

目标管理是通过科学设置工作目标体系和合理确定目标值，对目标实施过程进行管理，并对目标的实施情况进行督察、考核、奖惩等一系列管理活动。[①] 可见，实施目标管理，目标体系的编制和目标值的设定是关键，这是目标管理的顶层设计。地方高校实行目标管理的实效如何，主要取决于这种顶层设计是否科学合理和可行。

（1）基于现代大学制度的目标管理内部治理环境。目前中国地方高校构成复杂，既有进入“211 工程”或“985 工程”的研究型大学，也有办学实力相对较弱的本专科院校；既有地方政府举办的高等院校，也有民营机制举办的本科院校或高等职业学院，还包括独立学院。地方高校构成的复杂性，决定了不同地方高校必须实施个性化的管理模式。在全面推进现代大学制度建设的高等教育体制改革大潮中，地方高校要快速提高办学实力，稳步提高办学质量，逐步构建办学特色，实行目标管理既是一种内部治理结构的管理模式，同时也是

---

① 陈立志，鼓杨．新建本科院校实施教学院目标管理是建立现代大学制度的必然选择［J］．宜宾学院学报，2011，11（7）：14—17.

现代大学制度构架下的组织目标实施策略。第一，应将目标管理作为管理模式纳入大学章程之中，维持管理模式的相对稳定性和连续性。第二，实行校院两级管理是地方高校推行目标管理的提前。按照“重心下移、院为基点、权责统一、有效监督”的原则，转变学校职能，明确校院两级的权限和职责，优化教育资源配置，学校实行宏观调控、目标管理和绩效考核，学院实行自主管理，自我约束，形成权责明确、决策科学、管理规范、监督有效的运行机制。第三，在设计目标体系和目标值时，必须充分考虑现代大学制度的基本特征：学术自治、政校分开、权责分明、管理科学。[①] 第四，营造良好的民主管理组织氛围。教育部部长袁贵仁认为，“现代大学制度的核心是在政府的宏观调控下，大学面向社会，依法自主办学，实行民主管理。”地方高校实行目标管理，必须营造良好的民主管理组织氛围，目标管理体系设计中既要重视考核指标的量化测度，也要重视公众评价，充分发挥教授委员会、学术委员会等学术组织的专业性评价功能，加强民主监督，形成积极向上的组织活力氛围。

（2）基于地方高校组织目标的目标体系设计。地方高校的组织目标：一是地方高校作为中国高等教育体系的主体部分，必须从数量和质量上满足社会对高等教育的公共需要，为地方经济发展提供人才支撑；二是地方高校必须根据地方经济的发展需要，构建地方经济发展的科技创新支撑体系，为地方经济和产业发展提供相关支持理论和新品种、新产品、新技术、新工艺，促进地方经济的健康可持续发展；三是地方高校必须通过提供技术服务、提高公民素质、解决区域性社会问题和促进社区建设等多样化、多层次、多途径的社会服务，促进地方经济社会发展；四是地方高校的文化传承职能，尤其是在地方特色文化、乡土文化的传承和地方文化资源挖掘、整理、传播等方面具有其独特的历史使命。因此，地方高校实行目标管理，其目标体系设计必须综合考虑自身的使命，在人才培养、科技创新、社会服务、文化传承等方面设计恰当的考核指标，至少应包括本科教学、学科建设与研究生教育、科技创新、社会服务、综合管理等一级指标，再将一级指标分解为若干个二级指标，并明确各类指标在不同二级单位中的权重，实现目标体系的科学性、自包涵性、前瞻性和可操作性。

（3）基于学校发展规划的年度目标值设计。实行目标管理，目标体系和年度目标值就成为组织内部管理的导向，这种导向必须以学校的发展规划为依

① 侯光明．中国研究型大学理论探索与发展创新［M］．北京：清华大学出版社，2005．

据，避免盲目地制定过高或过低的目标。无论是中长期发展规划还是五年发展规划，高等学校的发展都是以一个时段为发展期限的，在实施目标管理制定年度发展目标值时，必须合理地将该发展时段内的目标任务分解为年度发展目标值。当然，学校的发展规划是预先制定的，学校的实际发展有着与时俱进的特征，在每年制定年度发展目标值时，应根据先年的实际发展情况，恰当地调整发展目标年度值，在发展超出预期值时，应适当拔高发展目标；当前期发展目标未能实现预期时，应认真分析原因，采取恰当的目标管理对策，促进学校的发展，如果发展规划定的目标太高，也不妨作一定的修正，切实保证年度发展目标值的科学、合理。

（二）面向目标的任务分解

明确了学校层面的整体目标和各项任务的年度目标值以后，每个单位和个人都要有具体的、定性或定量的明确目标，必须把学校的总目标分解到相关的职能部门和二级学院，并最终由各单位落实到具体的完成人。

（1）目标任务分解的基本原则。①目标导向、绩效优先、简单实用原则。目标管理首先必须明确各单位和个人的年度目标任务，各单位根据年度目标任务开展各项具体工作，并形成显性的和隐性的工作业绩，实现学校的发展。年度工作的指向是明确的，年终目标考核的指标也是明确的，是一种面向结果的绩效认可，但在进行目标管理任务分解时不应将全部工作囊括进来，年度目标任务应围绕学校发展的重点和中心工作，体现简单、实用、明确。②公平公开、群众公认原则。各单位年度目标任务的确定，涉及每个单位和个人的切身利益，必须坚持公平公开原则，在经过学校领导和各单位负责人充分协商的前提下，公开各单位的年度目标任务，得到广大教职工的公认。③关注重点、保持存量、注重增量原则。实行目标管理，保持学校各项工作的现有水平和状态是前提，否则就失去了目标管理的应有之义，因此各项工作首先要注意“保持存量”。但目标管理的终极目标是促进学校发展，发展就必须有“增量”，确保学校发展目标的重点和方向，由于高等学校的精神生产特征，绩效中的“增量”部分是较难预测的，一般只能通过年终考核中的“加分”来进行度量。④定量与定性相结合原则。定量考核是目标管理的基本特征，但高等学校的很多工作是达到了更高层次的“状态”，如果过分强调量化考核，势必形成二级单位的功利性行为，必须坚持定量与定性相结合的原则，对于不能量化考核的内容，可通过领导和群众的评议来度量。⑤学校宏观调控与学院自主管理相结合原则。目标管理是基于校院二级管理体制改革的管理模式改革措施，学校管理重心和权力下放，充分发挥二级学院的积极性、主动性和创造性，强化二级学院的自主管理。⑥纵向比较与横向比较相结合原则。实施目标管理的目的是促进学校发展，纵向比较的发展是容易比较的，但学校的发展水平是否赶上或超过了高等教育领域的整体发展水平，在同类同层次学校的发展水平中处于什么状态，只有进行合理的横向比较，才能判断目标任务是否合理。

（2）目标任务分解的一般程序。首先将学校发展规划所明确的发展目标分解为学校年度工作目标，再根据职能部门的工作性质和二级学院的学科情况，分解为各单位的年度工作目标。各单位必须根据学校确定的目标任务和基本原则，将本单位的目标任务逐级分解到党政领导班子成员、教学基层组织、教学科研团队和教职工个人。年度目标任务确定要与岗位设置、人员定级相衔接，体现公平公正原则。职能部门的年度目标任务有些是可以下达到相关二级学院的，但“增量”指标必须通过激励政策调动二级学院的工作积极性，鼓励相关学院实现“增量”。二级学院的年度目标任务可分为基本指标和加分指标，基本指标作为各学院的基本目标任务，由学校按照一定的定额标准，根据各个学院的工作基础、人员构成等因素下达；加分指标可适当模糊，通过激励政策鼓励各二级学院超额完成。加分指标可以只确定加分项目和计分标准，各单位完成相应指标，即可取得规定的分数。学校下达学院加分指标的任务，但不计算完成率。

（3）目标任务分解的主要内容。地方高校实行目标管理，进行年度目标任务分解前需要不断完善目标管理指标体系。目标管理指标体系分若干个一级指标，一级指标下再分设若干个二级指标。一级指标可分设教学工作、学科建设、科学研究与社会服务、师资队伍建设和综合管理，每个一级指标下都设计若干个基本指标和加分指标，实现“保持存量、注重增量”的目标管理原则。例如，教学工作一级指标的基本指标，可以设置日常教学运行情况、实践教学环节管理情况、教学基层组织活动情况、教学研究与教学改革、人才培养效果（包括英语过级率、计算机过级率、考研率、学位授予率等量化指标）等二级指标；加分指标则可设计为教学研究立项及教学成果奖、人才培养模式创新研究、特色专业建设、精品课程建设、教材建设、优秀教学基层组织、优秀教学团队、实验室建设、校内外实习基地建设等二级指标，加分指标强调提高人才培养质量方面的显性成果（省级以上立项或奖励）。

（4）目标任务确认方式。各单位的目标任务以《目标任务书》方式确定。①拟订《目标任务书》。学院目标任务书的拟订，由有关职能部门根据学校事业发展需要和任务测算的原则，提出各项工作的年度目标任务，经充分协商完善以后，予以公示，广泛征求各方面的意见和建议。职能部门的目标任务书，由各部门根据部门职责和学校工作需要，在分管校领导的指导下拟订，经过充分协商完善以后，予以公示，广泛征求各方面的意见和建议。②确定《目标任务书》。根据公示期间所收集的意见和建议进一步完善各单位的《目标任务书》，并与各单位进一步协商交换意见，达成基本共识后，将《目标任务书》送分管校领导审阅，经学校党政联席会审定后，形成可供签署的《目标任务书》文本。③签订《目标任务书》。党委书记、校长与各单位党政主要负责人签署《目标任务书》。

（三）面向绩效的目标考核

（1）目标考核的一般程序。地方高校实行目标管理，一般于年终进行基于绩效的目标考核。根据各单位有关工作业绩的基础数据，按照目标管理实施方案所规定的计分方法或评议方法，完成相关基础工作，统计汇总后向全校公示，公示期间可能存在各种情况的数据修正，既包括各二级单位的实际工作业绩漏报或未纳入统计的情况，也存在虚报或重报等情况，必须根据公示期间所收集的意见和情况进行认真核定和合理修正。确认各单位工作业绩的基础数据无误后，对各单位的得分情况分职能部门和二级学院两类排名，提出初步考核结论后报学校审定。目标考核结论按职能部门和二级学院分别定为优秀、合格、不合格三类。

（2）目标考核的结果适用。目标管理是促进学校发展的内部管理模式改革，目标考核的结果适用主要通过内部激励机制和奖惩办法来调动全校的积极性。①评奖评优。根据单位目标考核结果，在职工年度考核评优比例方面，予以区别对待：优秀单位适当增加评优指标，合格单位不增不减，不合格单位降低评优指标名额，且明确不合格单位的党政班子成员个人不得参与评优。②奖励与惩罚。对优秀单位，对其党政班子成员和教职工按不同标准发放一定数量的专项奖金；对不合格单位，对其党政班子成员和教职工按不同标准扣发一定数量的当年年终奖。③干部任用。单位目标管理考核的结果，作为学校干部选拔任用的重要依据。对不合格单位，视情况对班子成员进行诫勉谈话、公开批评、免职、责令辞职等。④职工评聘与收入分配。各单位要将目标管理的考核结果与岗位聘任、收入分配、职务职称晋升、绩效工资等紧密结合起来。年终分配时，各单位应拿出一定比例的经费与目标管理考核结果直接挂钩。

（3）目标考核误差的影响因素。目标考核在实际操作中环节多，过程复杂，涉及面广，无论其中哪个因素受到负面影响和干扰，都会造成目标绩效评价误差。①晕轮效应所带来的误差。当被考核者有一个显著的优点或缺点时，考评者（指考核主体）会因此而误以为被考评者在其他方面也有同样的优点或缺点，从而影响考评结果的真实性。晕轮效应也表现在对某单位或某人的“一贯印象”，往往使考评者不自觉地拔高考评结论，这在定性评价和公众评议中尤为突出。②考核指标的理解误差。大多数高校的目标管理实施方案弄得很复杂，一大堆计算公式使人望而生畏，某些考核目标空洞、抽象，甚至只有一些模糊不清的定性描述，加上理解能力方面的差异，可能导致对考核指标的理解误差，考核主体可能对考核标准做出差异较大的理解和评判。③居中误差。居中误差是指考核者因害怕承担责任或对被考核者不熟悉，在考核评价时硬套“两头小、中间大”的正态分布规律，违背客观公正的考核原则，对被考核者的绩效做出不愿给“最优”和“最劣”的极端评价，甚至采取一视同仁的方法都给予“中等”，从而产生的。④偏松或偏紧误差。在对非量化指标进行定性评价或公众评议时，与居中误差相对应的另一种情况，就是考核主体给被考核者的等级都很高或很低，使考核结果无法显示恰当的区分度。⑤记忆误差。记忆误差也称为近期效应误差，就是人们往往对近期发生的事情记忆深刻，对之前发生的事情印象模糊，使考核主体在对被考核对象进行评价时只注重近期的业绩和表现，以近期印象来代替整个考核期的绩效表现。⑥压力误差。压力误差是指当考核主体了解到考评结论会与考核对象的薪酬奖惩有直接的关系，惧怕在考评沟通或今后的工作中会受到考评对象的责难或报复，从而违心地做出偏高评价。此外，上级为了提拔某人或给某人晋升机会，可能给考核者施加一定压力；下级有时会找考核者对质或扯皮，这也给考核者带来一定的压力，从而造成考核评价结果失真。[①]

（4）目标考核误差的控制策略。地方高校实行目标管理，对基于绩效的目标考核，要合理运用控制技术，避免或减少负面干扰因素对目标考核的影响。①不断完善目标管理实施方案和指标体系。任何高校的目标管理，刚开始实施时往往存在诸多问题，但每年完成目标考核以后以及在制定年度目标任务之前，都必须广泛调研，反复讨论，不断完善目标管理实施方案和指标体系。②对考核标准进行针对性修正。对在操作过程中出现考核错误的项目或指标应及时进行针对性修正，对考核中模糊不清的考核项目和标准进行修改，使考核指标更加明晰；对于评价过程中区分度小的项目应适当增加权重，使该项目达到应有的评价效果。同时，加大宣传力度，使全校形成一种公平公正评价的良好氛围。③对考核方式进行合理调控。一是相对考核与绝对考核相结合。对于

① 丁萍芳．高校目标考核误差的影响因素及其控制措施［J］．武汉冶金管理干部学院学报，2011，21（2）：37—39．

可以量化的指标宜采用绝对考核方式，但对于一些定性的工作目标或反映工作整体水平或状态的指标宜进行相对考核。二是多角度考评。即采用自我考评、同行考评、专家考评、领导考评以及服务对象考评等相结合的方式进行综合考评。三是考核沟通与反馈指导相结合，减少考核者与考核对象之间的分歧。④对考核周期的调控。对考核周期的调控，就是选择适当的考评时间和考核频率来实施绩效考核。目前多数高校的目标管理都是年终一次性考评，从而使某些指标的考核结果出现“记忆误差”。为此，在设计考评时间和考核频率时，必须考虑把握考核时间跨度的适时性、考核频率的适合性、考核周期频率与期待目标的适合性，对某些可能导致记忆误差的项目适当提高考核频率。⑤对考核主体的调控。对参与目标管理的考核主体，要进行广泛的宣传和适当的培养，让他们认识到晕轮效应、居中误差、记忆误差、偏松或偏紧评价等，客观上影响了对考核对象的评价，过小的区分度会导致该项指标失去考核价值，从而整体提升评价水平。

四、湖南农业大学实施目标管理的探索

湖南农业大学自 2010 年开始，在充分吸取前人经验和智慧的基础上全面实行目标管理，通过实施基于科学发展观的顶层设计、面向目标的任务分解、面向绩效的目标考核，产生了良好的实施效果。

（一）目标管理的总体部署

（1）指导思想。围绕学校第七次党代会提出的发展战略和学校“十二五”事业发展规划确定的发展目标，深化校院两级管理体制改革，引入竞争和激励机制，实行目标管理，调动二级单位的积极性和创造性，探索建立管理目标明确、责权利统一、竞争有序、充满活力、可持续发展的校院管理体制，提升质量内涵，提高办学水平和办学效益，实现全面建设高水平教学研究型大学的目标。

（2）总体思路。学校对二级单位实行目标管理。二级单位分为学院和机关两大类。机关包括各部、处和图书馆、后勤服务集团、期刊社等教辅单位，以及挂靠在处级单位管理，但业务关系、财务关系相对独立的副处级单位（以下分别简称学院、机关或各单位）。学校实行以宏观管理为主的管理模式，各单位实行以目标管理为主、目标管理与过程管理相结合的管理模式。机关目标管理以定性为主，定量为辅；学院目标管理以定量为主，定性为辅。目标管理考核结果与单位及个人的奖惩和收入分配挂钩。

（3）基本原则。①目标导向、绩效优先、简单实用原则；②公平公开、群

众公认原则；③关注重点、保持存量、注重增量原则；④定量与定性相结合原则；⑤学校宏观调控与学院自主管理相结合原则；⑥纵向比较与横向比较相结合原则。

(4) 组织机构。学校成立目标管理领导小组（以下简称领导小组），负责目标管理的组织领导工作，研究处理重大问题，解释本实施方案。设立目标管理工作小组（以下简称工作小组）作为领导小组的工作机构，主要负责指标体系的设计、调研、修订、重要基础数据的采集和核对等。设立目标管理领导小组办公室（以下简称目标办），目标办设在改革发展处，负责领导小组和工作小组的日常工作。

(二) 目标管理的主要内容

学校目标管理按学院和机关分别设置不同的考核指标体系。学院考核指标分为两级，各项一级指标下设若干项二级指标；机关分为效能建设和公众评价两块考核打分。学校根据目标导向的原则确定各级各项指标的权重或计分标准。学校效能办、效能督导团和相关职能处室，根据本方案和指标体系，制定相关指标的计分细则。

1. 职能部门目标管理内容与分数设定

根据职能部门业务工作内容与特点，目标管理按效能建设和公众评价两个方面进行管理和考核。

(1) 效能建设。总分 100 分。主要由效能办、效能督导团以及相关职能部门考核、评价、计分。对取得重要工作业绩的机关单位，在效能建设中给予适当加分。各项加分累计不超过 10 分。

(2) 公众评价。总分 100 分。公众评价采用网上评价的方式进行，参与人员为学校领导、各方代表和服务对象。各方代表包括副处级以上领导干部，学校党员代表大会代表、教职工代表大会代表，学校学术委员会、学位评定委员会和教授委员会委员，统一战线人士代表，学校特邀监察员，离退休老同志代表。

2. 二级学院目标管理内容与分数设定

(1) 目标管理内容。学院目标管理按本科教学、学科建设与研究生教育、科学研究与社会服务、师资队伍建设、综合管理五个一级指标进行管理和考核，前四项指标设基本指标和加分指标两部分。综合管理包括效能建设、学生管理、财务管理、资源管理、社会管理综合治理五个方面。

(2) 一级指标分数（权重）设定。本科教学、学科建设与研究教育、科学研究与社会服务四项一级指标，基本指标总分 1000 分，其中本科教学 360 分

（权重0.36），学科建设与研究生教育240分（权重0.24），科学研究与社会服务300分（权重0.3），师资队伍建设100分（权重0.1）。对因情况特殊不能下达某项指标的学院，该项指标对应分数不计入该学院基本指标总分。每项一级指标下设若干项加分指标。综合管理总分为100分，按实际得分计算。

（3）计分规则。①各级各项基本指标得分最高分为其对应分值，最低分为0分。②一级指标加分总分上不封顶，部分二级指标加分适当封顶。③对非客观原因致使学校加分指标项目在上级考核检查、验收评估中不合格或造成流失的，按照加分标准在其对应的一级指标加分中予以扣减。对一级指标加分总额不足以扣分的，在计算全年总得分时从加分合计分中予以扣减，扣完为止。④在计算学院“科学研究与社会服务”有关目标任务时，引入“当量科研人数”作为计算依据，当量科研人数按专业技术职务分层划定。⑤计分等级确定。同一项目在同一年度获得不同等级的立项、评价或奖励的，按最高等级计分；在后续年份获得更高一级的立项、评价或奖励的，按实际情况补差。⑥合作项目业绩计分。跨单位、跨学科联合或协作完成的计分项目，由项目完成牵头单位（牵头人）按照各单位承担的工作量，确定得分的分解方式和分数。

（三）目标管理的任务确定

（1）目标任务分解。将学校“十二五”发展目标，分解为学校年度工作目标，再分解为各单位的年度工作目标。各单位必须根据学校确定的目标任务和基本原则，将本单位的目标任务逐级分解到党政领导班子成员、教学基层组织、教学科研团队和教职工个人。目标任务的分解要与岗位设置、人员定级相衔接。二级学院的基本指标作为各学院的基本目标任务，由学校按照一定的定额标准，根据各个学院的工作基础、人员构成等因素下达。对因情况特殊不能下达某项指标的学院，该项指标不计入该学院基本指标任务基数。加分指标，只确定加分项目和计分标准，各单位完成相应指标即可取得规定的分数。学校下达学院加分指标的任务，但不计算完成率。

（2）目标任务确认方式。各单位的目标任务以《目标任务书》方式确定。

（3）目标任务书制定程序。根据学校总目标和单项目标，结合各单位具体情况，制订和签署目标任务书。①拟订《目标任务书》。学院目标任务书的拟订，由有关职能部门根据学校事业发展需要和任务测算的原则，提出工作目标任务，经目标办综合汇总，予以公示。各职能部门要对任务计算办法、相关基础数据和任务计算结果等情况予以说明。职能部门的目标任务书，由机关各部门根据部门职责和学校工作需要，在分管校领导的指导下拟订。职能部门和学院的目标任务拟订以后，由目标办以适当的方式在一定的范围进行公示和征求意见。②确定《目标任务书》。工作小组根据公示收集的意见修订，并与各单位交换意见，达成基本共识后，将《目标任务书》送分管或者联系的校领导审阅，经学校党政主要领导或目标管理领导小组会议审定，形成可供签署的《目标任务书》文本。③签订《目标任务书》。党委书记、校长与各单位党政主要负责人签署《目标任务书》。

（四）目标管理的考核办法

（1）考核时间。年度目标任务考核在每年年底执行。

（2）考核程序。①工作小组统计学院基础数据；职能部门提交目标管理总结材料。②工作小组与各学院核对本科教学、学科建设与研究生教育、科学研究与社会服务、师资队伍建设四个一级指标目标管理基础数据。③效能办、效能督导团和有关职能部门对学院综合管理和职能部门效能建设项目评价计分，并统计汇总，公示后提交给目标办。④目标办公布职能部门目标管理总结材料，组织对职能部门进行公众评价。⑤目标办汇总并公示各单位目标管理基础数据。⑥工作小组整理考核排名结果。⑦领导小组初审考核结果。⑧学校审定考核结果。⑨公示、公布考核结果。⑩表彰奖励。

（3）职能部门考核等级确定。按职能部门目标考核指标体系中的相关公式计算各单位年终总分，确定机关考核等级。根据职能部门全年总得分，考虑是否受到“一票否决”处理的情况，将职能部门分为优秀、合格和不合格三种类型。

（4）学院考核等级确定。按二级学院目标考核指标体系中的相关公式计算学院全年总得分，基本指标完成率和本科教学、学科建设与研究生教育、科学研究与社会服务、师资队伍建设四项一级指标单项得分。将各学院全年任务完成情况，按照四项基本指标和加分指标分别汇总，按照公式计算基本指标完成率和加分总分，综合考虑四项一级基本指标完成率、综合管理得分情况和是否受到“一票否决”项目处理，将学院分为优秀、合格、不合格三种类型。

（5）“一票否决”项目处理结果在目标管理中的使用。凡在社会管理综合治理、计划生育工作中发生重大事件，导致学校被政府或上级有关部门“一票否决”的，主管职能部门和事发单位在目标管理中直接定为“不合格单位”；受到学校“一票否决”的，事发单位不得评先评优。在社会管理综合治理、计划生育、党风廉政建设、学术行为和毕业生就业工作等方面发生重大事件或较大失误，受到学校相关处理的，在目标管理中按下列情况处理：受到学校“党政领导班子不能评先评优或单位主要负责人及分管领导不能评先评优”处理的，扣发事发单位党政领导班子成员及事发当事人因单位评先评优而应发的奖金；情节严重，受到学校“单位不能评先评优”处理的，事发单位不得评先评优。

（五）目标管理的结果运用

（1）评奖评优。根据单位目标考核结果，在职工年度考核评优比例方面，予以区别对待：优秀单位，评优比例增加3个百分点，不足1人的按1人计；合格单位，评优名额或比例不增不减；不合格单位，评优比例降低3个百分点，不足1人的按1人计；党政班子成员个人不得参与评优，对连续两年目标管理考核不合格的单位，年度职工考核优秀等次比例按照全校平均比例的50%计算。

（2）经费挂钩。①运行经费。将目标管理重要指标纳入经费分配模型。②奖励标准。对优秀单位，学校按党政班子成员人均2000元、其他人员人均500元的标准给予奖励；对单项先进单位，学校按党政班子成员人均400元、其他人员人均100元的标准给予奖励。学校根据获奖单位年末在编总人数，将奖金打包核拨给获奖单位。获奖单位必须根据个人履行职责、完成目标任务和工作业绩等情况，二次分配到个人。③惩罚标准。对不合格单位，学校按下列标准给予经济惩罚：党政班子成员扣减校发岗位津贴人均2000元；机关其他人员扣减校发津贴人均500元；学院当年自筹经费发放奖金、津贴、福利等项目的经费总额减少5%。班子任期内两次目标管理考核不合格的单位，第二次加倍扣减。以上经济惩罚，在单位二次分配时要与有关人员的目标任务完成情况挂钩。

（3）干部任用。单位目标管理考核的结果，作为学校干部选拔任用的重要依据。对不合格单位，视情况对班子成员进行诫勉谈话、公开批评、免职、责令辞职等。

（4）职工评聘与收入分配。各单位要将目标管理的考核结果与岗位聘任、收入分配、职务职称晋升、绩效工资等紧密结合起来。年终分配时，各单位应拿出一定比例的经费与目标管理考核结果直接挂钩。

第五章 独立学院的研究与实践

20 世纪末在高校扩招的热潮中迅速涌现出来的公有民办二级学院，到 2003 年规范称为独立学院，它是由一个母体高校采用民营机制与社会力量联合举办的极具中国特色的本科层次的地方高校。截至 2012 年底，已有 24 所独立学院转设成民办高校，仍有 303 所独立学院，它们在推进中国高等教育大众化进程中起到了非常重要的作用。

第一节 独立学院的产生与发展

一、公有民办二级学院的兴起

1999 年 4 月 22 日，对于浙江高等教育系统来说，这是一个非常值得纪念的日子。浙江省人民政府经过认真研究，批复浙江省教育厅、宁波市人民政府，同意宁波大学通过西校区土地、校舍等资产的置换，筹措社会资金，建立以民营机制运作的宁波大学科学技术学院。浙江省普通高校第一所二级学院产生了。为了对新建立的普通高校公有民办二级学院进行规范，浙江省人民政府在“关于建立民办宁波大学科学技术学院的批复”中对有关问题做出了相应规定：民办宁波大学科学技术学院作为宁波大学的公有民办二级学院，具有独立法人资格，实行相对独立办学，财务独立核算；学院实行董事会领导下的院长负责制，学院董事会负责人由宁波大学派员担任，宁波大学通过学院董会实行对学院的领导；学院年度招生计划纳入宁波大学单列编报，经省教育厅批准后列入全省普通高校招生计划，面向全省统一招生；学费和住宿费的收费标准，按浙江省现行社会力量办学收费规定执行。

宁波大学科学技术学院建立后，浙江省各本科院校、各地人民政府和社会力量的办学热情空前高涨，纷纷提出了举办公有民办二级学院的申请。为了切实缓解浙江高等教育面临的压力，保护社会的办学热情，浙江省人民政府决定扩大公有民办二级学院办学试点。到 1999 年 10 月，浙江全省成立了 10 所公有民办二级学院；到 2002 年，又增至 22 所。

在浙江公有民办二级学院蓬勃发展的同时，江苏省的公有民办二级学院在政府的积极支持下迅速发展起来。江苏是全国高等教育最为发达的省份，本科高校数量众多，这为大力发展公有民办二级学院提供了极为有利的条件。截至 2001 年上半年，江苏省已有 24 所普通高校吸收社会资金、引进民办教育机制，举办了公有民办二级学院。为加快教育发展，江苏省于 2002 年在教育工作中推出了八项新举措，其中包括鼓励部委属高校举办公有民办二级学院，鼓励所有省属本科院校通过多种筹资方式举办公有民办二级学院。

在江、浙两省兴起的普通高校公有民办二级学院是高等教育改革与发展中的新生事物，它依托普通高校进行办学，但它实行独立法人、独立办学、独立管理、独立核算，是一个相对独立的办学实体。它大规模地引进了社会的办学资金，但它与一般的民办高等学校存在较大的区别，在师资、管理、品牌等方面具有普通高等学校的优势。正因为普通高校公有民办二级学院既拥有普通高等学校原有的办学优势，同时又具备了普通高等学校原先所缺乏的办学灵活性，短短几年间，这批新型的办学实体在不断探索与实践的同时，取得了长足的发展，成为江、浙两省缓解因高等教育扩招和教育经费不足所带来的压力，满足人民不断增长的接受高等教育需要的有效途径。

事实证明，发展公有民办二级学院是适合江、浙两省实际情况的一条低成本、高效益的发展本科教育的改革创新之路。同时通过举办公有民办二级学院，高校在专业设置和人才培养中进一步增强了市场意识、竞争意识、质量意识和服务意识，突破了传统的办学理念和模式，促进了高等教育思想观念的大转变、办学规模的大发展、办学空间的大拓展、学科专业结构的大调整、办学条件的大改善，为两省高等教育的进一步发展奠定了思想基础和物质基础。更具意义的是，江浙两省发展公有民办二级学院的实践为中国高等教育办学体制改革和推进高等教育从“精英教育”向“大众化教育”转变提供了极为宝贵的经验，为中国高等教育的发展探索出了一条新路。

公有民办二级学院这种新生事物一出现就引起了广泛争议，即使江浙两省高教界也不例外。对此，国家高等教育行政主管部门采取了十分理性的态度，允许在局部地区积极探索实践，但不轻易在更大范围内宣传推广。尽管如此，公有民办二级学院这种办学形式还是在全国各地较快地推广开来。据不完全统计，到2003年，全国已有20多个省、自治区、直辖市举办了300多所公有民办二级学院，在校生达到40万人左右，初步建成了占地约7万亩、校舍约876万平方米、教学仪器设备约12亿元、图书约2000万册的高等教育资源。至此，在全国形成了举办公有民办二级学院的热潮。

二、独立学院办学的规范历程

（一）基本规范：解读教发［2003］8号文件

作为一种新型高校办学形式，同时又没有全国统一的规范，使公有民办二级学院从一开始彼此间就存在较大的差异性，甚至处于一种混乱的状态。国家教育部于2003年4月印发的《关于规范并加强普通高校以新的机制和模式试办独立学院管理的若干意见》（以下简称《若干意见》）指出，近年来，随着我国高等教育规模的快速增长，各项相关改革不断深化，一些地方和高校在高等教育办学机制方面进行了大胆探索，其中由普通高校按照新的机制和模式试办的相对独立的二级学院发展较快，在保证高等教育规模的增长、扩大高等教育资源等方面起到了积极作用；但是，由于种种原因，一些公有民办二级学院在办学过程中出现了不少问题和矛盾，对相关的政策急需进一步明确，管理工作亦应加强和规范。为此，《若干意见》对独立学院产生与发展做出了以下规定：

1. 独立学院内涵

独立学院是专指由普通本科高校按新机制、新模式与社会力量合作举办的本科层次的二级学院。一些普通本科高校按公办机制和模式建立的二级学院、“分校”或其他类似的二级办学机构不属此范畴。试办独立学院要贯彻“积极支持、规范管理”的原则。独立学院是新形势下高等教育办学机制与模式的一项探索和创新，是更好更快扩大高等教育资源的一种有效途径，对今后我国高等教育的持续、健康发展具有重大的意义。为此，今后各地、各部门和各高等学校都要继续有步骤、有计划地推进独立学院的试办工作，既要鼓励积极探索、大胆实践，又要切实加强管理，不断规范办学行为，注意并坚决反对一哄而起和“刮风”现象，确保独立学院稳妥、健康的发展。在试办独立学院的具体工作中，一要坚持充分利用现有的优质高等教育资源，二要有利于高等教育资源的不断扩大。据此，在今后一个相当长的时间内，要优先支持办学质量高、办学条件好的普通本科高校试办独立学院；办学质量差、办学困难多的普通本科高校，重在进一步提高自身办学水平，改善办学条件，暂不要试办独立学院。不允许以各种变相形式，把高职（大专）学校改办为独立学院。

2. 独立学院申请者和合作者的资格与办学行为

独立学院的申请者（以下简称申请者），应为普通本科高校。独立学院的合作者（以下简称合作者），可以是企业、事业单位，社会团体或个人，也可以是其他有合作能力的机构。申请者要对独立学院的教学和管理负责，并保证办学质量。申请者要充分发挥校本部的智力、人才资源优势，切实加强独立学院的教师队伍和管理队伍建设，建立并不断完善独立学院教学水平的监测、评估体系。合作者负责提供独立学院办学所需的各项条件和设施，参与学院的管理、监督和领导。为明确申请者和合作者的责、权、利关系，双方应在试办独立学院时签署具有法律效力的合作办学协议。经双方协商，可以成立校董事会。校董事会的组成及人选由双方商定。院长由申请者推荐、校董事会选任。试办独立学院要一律采用民办机制。试办独立学院建设、发展所需经费及其他相关支出，均由合作方承担或以民办机制筹措解决。试办独立学院要一律采用新的办学模式。独立学院应具有独立的校园和基本办学设施，实施相对独立的教学组织和管理，独立进行招生，独立颁发学历证书，独立进行财务核算，应具有独立法人资格，能独立承担民事责任。独立学院还可按国家有关教育事业统计工作的规定，独立填报《高等教育基层统计报表》。

3. 独立学院的申办规程

申请者申请试办的独立学院，因属本科层次，按《高等教育法》规定，现阶段仍由教育部负责审批。同时，抓紧改革审批办法，简化审批程序，积极创造条件，逐步将审批权下放给高教发展规划科学、布局合理、办学行为认真规范的省级政府。试办独立学院的申请工作，目前一律按属地化原则办理。即先由申请者向所在地的省级教育行政部门提出申请，由省级教育行政部门初审（包括由省级高校设置评审委员会组织专家评审）并提出意见后，报教育部审批。中央部门所属高校在向所在地省级教育行政部门提出申请之前，要先征求上级主管部门的意见。教育部在审批前，将视情况对各地申报的一些独立学院，以多种形式组织评估。申请试办的独立学院，如果暂时达不到规定的办学条件要求，可申请筹建，但也须征得所在地省级教育行政部门的同意。筹建期1—2年，筹建期内不得招生。筹建期满，达到规定要求的，按上述程序审批；未达到要求的，则终止筹建。独立学院原则上应在申请者所在的省（自治区、直辖市）范围内试办。如需跨省试办，则在征得独立学院所在地省级教育行政部门和学校主管部门同意后报教育部审批。为了进一步促进高等教育均衡发展，国家鼓励和支持有条件的普通高校到西部地区和高等教育资源比较薄弱的地区合作举办独立学院，对申请到这些地区举办的独立学院，教育部将优先审批。

4. 独立学院的办学要求

独立学院应具备必要的办学条件。独立学院正式招生时生均各项办学条件应基本符合国家规定标准。独立学院的办学水平、教育质量和办学行为要按照《高等教育法》和国家有关规定，接受教育部及省级教育行政部门的监督和由其组织的评估。教育部将根据国家有关普通高校办学条件的规定和独立学院的实际情况，对独立学院的招生资格和办学条件实行年审，并定期向社会公布年审结果。对办学质量和办学条件达不到国家规定要求，或办学秩序混乱、管理水平差的独立学院，将视情况给予包括暂停招生资格在内的各类处罚。情节严重的，要予以撤销。独立学院要建立党、团组织，积极开展党、团工作，思想政治工作，维护稳定的工作。各省级教育工作部门要切实加强领导和指导。独立学院的专业设置，应主要面向地方和区域社会、经济发展的需要，特别是要努力创造条件加快发展社会和人力资源市场急需的短线专业。独立学院招生计划由所在地省级人民政府在国家下达的普通本科招生计划总数内统筹安排。独立学院招生标准不得低于当地本科最低录取控制线。具体招生录取批次、办法及对户籍管理与毕业生就业的有关政策，由所在地省级人民政府按照国家有关法律和规定制定。学生收费标准由所在地省级人民政府根据国家有关民办高校招生收费政策制定。独立学院的财产、财务管理以及变更和解散、撤销，依据国家有关法律和政策、规定及合作办学的协议处置。

（二）国家教育部对独立学院的重新审定

（1）重新审定目的。独立学院的前身是普通高校举办的民办二级学院。为落实 1999 年党中央、国务院做出的进一步扩大高等教育规模的决定，在当时高等教育资源普遍紧缺的情况下，一些地方和高校开始探索试办具有民办性质的二级学院。这些二级学院并没有经过教育部审批，相当一部分是高校自己试办的，有一些是经省级教育行政部门同意的。一方面，经过几年的实践，民办二级学院办学规模越来越大，办学模式也显示出相当多的优势。另一方面，民办二级学院在发展过程中也出现了诸多问题，比如收费问题、毕业文凭发放问题、规范办学问题等，这些问题困扰着独立学院的健康发展，亟须解决。

（2）重新审定做法。2003 年上半年，教育部党组开始研究解决独立学院问题，决定在总结经验的基础上，对民办二级学院的办学标准、办学行为及基本要求与条件加以规范，以利于其更好地发展。为此，教育部出台了《关于规范并加强普通高校以新的机制和模式试办独立学院管理的若干意见》（简称“8号文件”），确定了“积极支持，规范管理，改革创新”的指导思想，明确了独立学院实行民办机制、相对独立办学、吸收各方优势资源的“民、独、优”原则。同时，为与公办高校二级学院相区别，将这种学院一律改称为独立学院。2003年下半年，按照8号文件的要求，教育部组织力量对各地、各高校举办的360多所民办二级学院进行了清理整顿。

（三）独立学院的立法规范：教育部第26号令

继《中华人民共和国教育法》、《中华人民共和国高等教育法》、《中华人民共和国民办教育促进法》等有关高等教育的法律法规颁布之后，2003年国家教育部出台了《关于规范并加强普通高校以新的机制和模式试办独立学院管理的若干意见》（教发［2003］8号），提出了“积极支持、规范管理、改革创新”的指导思想和“民、独、优”原则，明确了独立学院的发展方向，对促进独立学院的健康成长起到了积极的作用。2008年2月4日教育部部务会议审议通过了《独立学院设置与管理办法》，并以中华人民共和国教育部第26号令予以发布，为进一步促进独立学院的规范化发展搭建了良好的平台。

（1）对独立学院的定位。《独立学院设置与管理办法》明确：独立学院是指实施本科以上学历教育的普通高等学校与国家机构以外的社会组织或者个人合作，利用非国家财政性经费举办的实施本科学历教育的高等学校，是民办高等教育的重要组成部分，属于公益性事业。同时明确独立学院的管理归属，省、自治区、直辖市人民政府教育行政部门主管本行政区域内的独立学院工作，依法履行下列职责：独立学院办学许可证的管理；独立学院招生简章和广告备案的审查；独立学院相关信息的发布；独立学院的年度检查；独立学院的表彰奖励；独立学院违法违规行为的查处；法律法规规定的其他职责。

根据《独立学院设置与管理办法》的相关精神，在判断独立学院的归属问题上，要注意把握以下两点：①独立学院属于普通高等院校的范畴。独立学院是为了加速我国高等教育由精英教育向大众教育的过渡，充分利用母体高校的教育资源优势，借鉴民办大学的运作机制，在高起点基础上发展起来的新兴普通高等院校。因此，它必须构建类似高等学校机构和管理体制，贯彻执行国家关于高等教育的法律法规和其他政策性规定，完成国家规定的国民高等教育培养任务。②独立学院是新兴的地方性民办高校。独立学院作为一种新兴的民办大学，是根据我国目前“穷国办大教育”特殊国情的实际需要出发，也是高等教育与国际接轨的重要途径。在美国最好的28所大学中，23所是私立学校，除哈佛大学外，还有耶鲁大学、普林斯顿大学、哥伦比亚大学、麻省理工学院、斯坦福大学等大名鼎鼎的学校。当然，从理论上讲，大学无论是公立还是私立，都是现代大学理念的历史承担者，因为至少从字面上看，“公立”与“私立”之分，只涉及办学经费来源的不同，它们同为大学，承担着同样的社会责任。然而，在中国，长期的计划经济思想和私立大学的历史断裂，形成了人们对私立大学的偏见，在许多人的潜意识中仍然将私立学校与低质量、高收费联系起来，似乎私立学校的办学就是唯利是图。独立学院的兴起，正是针对目前社会对私立大学的偏见，采用充分利用母体高校优质教育资源的优势，在高起点上发展起来的民办（或私立）高校。

（2）独立学院的治理结构。目前，全国独立学院基本都实行董事会领导下的院长负责制。《独立学院设置与管理办法》明确：独立学院设立理事会或者董事会，作为独立学院的决策机构。理事会或者董事会由参与举办独立学院的普通高等学校代表、社会组织或者个人代表、独立学院院长、教职工代表等人员组成。理事会或者董事会中，普通高等学校的代表不得少于2/5。同时明确独立学院理事人或董事会的主要职责：聘任、解聘独立学院院长；修改独立学院章程；制定发展规划；审核预算、决算；决定独立学院的合并、终止；独立学院章程规定的其他重大事项。在独立学院的治理结构中，“院长治校”是“董事会领导下的院长负责制”的行政权力体现，“独立学院党组织应当发挥政治核心作用”是政治权力的具体实施原则，“独立学院应当建立教职工代表大会制度，保障教职工参与民主管理和监督”是实现民主管理与民主监督的具体要求。当然，作为一所大学，“教授治学”也是体现独立学院学术权力的基本保障。

（3）独立学院的办学行为。《独立学院设置与管理办法》规定：独立学院按照国家核定的招生规模和国家有关规定招收学生，完善学籍管理制度，做好家庭经济困难学生的资助工作。独立学院应当按照国家有关规定建立学生管理队伍。按不低于1∶200的师生比配备辅导员，每个班级配备1名班主任。独立学院应当建立健全教学管理机构，加强教学管理队伍建设；改进教学方式方法，不断提高教育质量；应当按照国家有关规定完善教师聘用和管理制度，依法落实和保障教师的相关待遇；应当根据核定的办学规模充实办学条件，并符合普通本科高等学校基本办学条件指标的各项要求。独立学院对学习期满且成绩合格的学生，颁发毕业证书，并以独立学院名称具印。独立学院按照国家有关规定申请取得学士学位授予资格，对符合条件的学生颁发独立学院的学士学位证书。

（4）独立学院的法律责任。《独立学院设置与管理办法》明确“依法设立的独立学院，应当按照国家有关规定办理法人登记”，同时基于独立学院办学属于社会公益性事业，表明独立学院是一个事业法人组织，独立行使民事权力，承担民事责任。考虑到独立学院产生和发展过程的特殊性，《独立学院设置与管理办法》第55条特别明确：独立学院举办者虚假出资或者在独立学院设立后抽逃资金、挪用办学经费的，由省级教育行政部门会同有关部门责令限期改正，并按照《中华人民共和国民办教育促进法》的有关规定给予处罚。第56条还规定，独立学院有下列情形之一的，由省级教育行政部门责令限期改正，并视情节轻重，给予警告、1—3万元的罚款、减少招生计划或者暂停招生的处罚：独立学院资产不按期过户的；发布未经备案的招生简章或广告的；年检不合格的；违反国家招生计划擅自招收学生的。

三、教育部26号令整顿规范验收

20世纪末21世纪初迅速发展起来的独立学院，一直备受社会关注，也存在诸多争议。事实上，独立学院的诞生和发展有着其特殊的历史条件和现实意义。20世纪90年代，国家和社会对中国高等教育领域的“数量扩张”的现实需求，广大学生及其家庭也迫切希望能够享受高等教育，但当时中国高等教育资源相对稀缺是一个短期内解决不了的现实问题，从而催生独立学院。到2007年以后，中国高等教育领域从“数量扩张”向“质量工程”转变，国家对独立学院的审批要求更高了，对独立学院办学行为的规范性问题也引起了社会广泛关注，并由教育部以第26号令的形式推出了《独立学院设置与管理办法》。根据2008年4月开始实施的教育部26号令，通过5年过渡期对独立学院进行规范，要求法人独立、校园独立、教学组织管理独立。从2013年起，教育部将组织独立学院整顿规范工作的验收。

（1）前期准备：独立颁发学历文凭，以独立学院名称授予学士学位。教育行政部门一直紧跟独立学院发展形势，与时俱进地培养和提高独立学院的办学水平和办学实力。早在2003年出台的《关于规范并加强普通高校以新的机制和模式试办独立学院管理的若干意见》（教发［2003］8号）就明确了独立学院的五个独立，其中最重要的一条就是“独立颁发学历文凭”，并对2003年秋季入学的毕业生开始全面实施由独立学院自己颁发学历文凭。2008年3月5日，教育部发展规划司和政策研究与法制建设司针对26号令下达了《关于〈独立学院设置与管理办法〉的工作说明》，其中明确：“2008年秋季及以后入学的独立学院学生。凡符合学士学位授予条件的，均以独立学院名称颁发学士学位证书，2008年秋季前入学的学生，符合学士学位授予条件的，按照‘老人老办法’的原则，可申请获得其他学位授予单位的学士学位。”为此，

2011—2012年，全国绝大部分独立学院都完成了申报学士学位授予单位和学士学位授权学科专业的工作，实现了2008年秋季入学的2012届毕业生以独立学院名称授予学士学位。

（2）独立学院整顿规范验收的工作依据。教育部26号令独立学院整顿规范验收工作的基本依据如下：《国家中长期教育改革和发展规划纲要（2010—2020年）》；《中华人民共和国民办教育促进法》；《中华人民共和国民办教育促进法实施条例》；《独立学院设置与管理办法》；《普通本科学校设置暂行规定》；《普通高等学校基本办学条件指标（试行）教发［2004］2号》；《教育部办公厅关于编报升级〈独立学院五年过渡期工作方案〉的通知（对26号令细化）》。

（3）独立学院的发展方向。实施教育部26号令整顿规范验收以后，现有独立学院将朝六个方向发展或改制：①继续举办独立学院；②转设为民办普通本科高校或其他层次民办学校；③并入其他民办或公办高校；④现有独立学院合并；⑤转设为公办高校后继续与政府合作；⑥终止办学。

第二节 独立学院办学能量积累策略研究

研究表明，独立学院具有特殊的大学发生学时序特征：创办期、羽化发育期、发展期；处于不同发展阶段的独立学院，其办学能量积累目标有不同的要求，因而也必须采取不同的办学能量积累策略来实现有效的办学能量积累。

一、独立学院的大学发生学时序特征

独立学院的发生学是一种特殊的过程，它是以母体高校为依托，通过共享母体高校的教育资源和管理资源来实现创办期的跨越式发展，大大缩短了独立学院发展过程中的前期能量积累期，使其能够在很短的时间内实现能量积累达到大学本科层次的教育教学水平。当然，这种特殊的发生过程，使独立学院对母体高校存在较强的依赖性，它是在母体高校的平台上成长起来的，其进一步发展，必须实现真正意义上的“独立”。因此，独立学院的发生过程可以分为几个时期：创办期、羽化发育期、发展期。其中：创办期完全依赖母体学校的教育资源和管理资源，实现独立学院的催生；羽化发育期则是在共享母体高校教育资源和管理资源的同时，逐步构建自己的教育资源体系和管理制度体系，形成自己的办学特色；发展期则是真正意义上的“独立”，以与母体高校平等

的身份参与市场竞争和办学实践。目前的独立学院大部分都处于羽化发育期。

基于对独立学院发生学的认识，在羽化发育期即开始实行学分制改革，在依赖母体高校教育资源的基础上，逐步形成自己独特的管理制度体系，既可以避免我国老高校因长期实行学年制所带来的不利于学分制改革实施的“惯性”影响，又有利于形成独立学院自己的管理特色，积累高起点的管理经验，从而促进独立学院的迅速发展。

二、独立学院办学能量积累的阶段性目标

高等学校的办学能量是一个具有广泛范畴的概念，它包括教育资源、管理资源和校园文化等高校内部能量积淀，以及高校的社会价值认同。基于独立学院的大学发生学时序特征，处于不同时期的独立学院，其办学能量积累必须明确目标，有效地积累办学能力，达到不同时期的发展目标。

（一）创办期的办学能量积累目标

独立学院源于20世纪末江浙等沿海地区的普通高等学校举办的公有民办二级学院，2003年教育部下发了《关于规范并加强普通高校以新的机制和模式试办独立学院管理的若干意见》（教发［2003］8号，以下简称《若干意见》），将公有民办二级学院规范为“独立学院”，并明确独立学院是专指普通本科高校按新机制、新模式与社会力量合作举办的本科层次的二级学院，提出了“积极支持、规范管理”的试办独立学院原则。独立学院的申办者明确为普通本科高等学校，合作办学者可以是企业、事业单位、社会团体或个人，也可以是其他有合作能力的机构。申请者要对独立学院的教学和管理负责，并保证办学质量；合作办学方提供独立学院办学所需的各项条件和设施。《若干意见》还规定，独立学院采用民营机制和新的办学模式办学，实行董事会领导下的院长负责制。独立学院应具有独立的校园和基本办学设施，实施相对独立的教学组织与管理，独立进行招生，独立颁发学历证书，独立进行财务核算，应具有独立法人资格，能独立承担民事责任，独立填报《高等教育基层统计报表》。

教发［2003］8号文件的目的是规范独立学院办学行为，独立学院的办学情况是否达到了8号文件的要求，可以认为是从创办期到羽化发育期的标志，即办学条件和办学状况达到了8号文件的要求，就可以认为该独立学院已经进入羽化发育期。对于处在创办期的独立学院，其办学能量积累的重点在于迅速搭建保证本科层次教育所需要的教育教学资源和教育教学管理体系，办学能量积累的目标就是8号文件所要求的各项指标：①积极引进合作办学方投资，加强基本办学条件建设，保证办学条件能基本满足教学需要；②建立健全董事会

领导下的院长负责制，加强组织机构建设，建立健全教育教学管理职能部门和党团组织机构，搭建教育教学管理的组织构架；③理顺办学思路，明确发展定位；④建立健全教育教学资源共享机制，通过共享母体学校和合作办学方的教育教学资源和管理经验资源，保证教育教学质量，逐步积累自己的办学能量。

（二）羽化发育期的办学能量积累目标

2008年2月4日，教育部审议通过了《独立学院设置与管理办法》并以教育部第26号令的方式予以发布，明确界定独立学院属于民办高等教育范畴，并要求独立学院按照《普通本科学校设置暂行规定》（教发［2006］18号）进行资源配置，从而进一步规范独立学院的办学行为。

教育部第26号令对处于羽化发育期的独立学院明确了办学能量积累目标："独立学院的设置标准参照普通高校的设置标准执行"。虽然26号令中只此一句表述，但其内涵相当丰富。2006年，教育部下发了《普通本科高校设置暂行规定》（教发［2006］18号），明确对于称为"学院"的本科高校，至少必须达到以下标准：①全日制在校生规模应在5000人以上，应拥有1个以上学科门类作为主要学科，其主要学科应覆盖3个以上专业。②建校初期的专职专任教师应不少于280人，生师比应不高于18∶1，兼任教师人数不应超过本校专任教师人数的1/4，专任教师中具硕士学位的教师应不低于30%、具高级专业技术职务的教师应不低于30%，具有"教授"专业技术职务的教师不应少于10人，每门公共必修课和专业基础必修课至少配备副高专业技术职务以上的教师2名，每门专业课至少配备副高专业技术以上的教师1名，每个专业至少配备正高专业技术职务的专任教师1名。③生均占地面积应达60平方米以上，建校初期的校园占地面积至少达500亩以上。④生均校舍面积30平方米以上，建校初期的校舍面积至少15万平方米；理、工、农、医类学校的生均教学行政用房不低于20平方米/生，人文、社科、管理类学校不低于15平方米/生，体育、艺术类学校不低于30平方米/生。⑤理、工、农、医、师范类学校的生均教学科研仪器设备值达5000元/生以上，人文、社会科学类学校不低于3000元/生，体育、艺术类学校不低于4000元/生；普通本科学校生均适用图书，理、工、农、医类应不低于80册，人文、社会科学类和师范院校应不低于100册，体育、艺术类应不低于80册。此外，对实训、实习场地和教学基地及办学经费等均做了明确要求。

目前全国大部分独立学院正处于羽化发育期，各独立学院所拥有的教育教学资源离教发［2006］18号文件的要求差距甚远，其办学能量积累的任务相当艰巨。

（三）发展期的办学能量积累目标

独立学院进入发展期的标志，应是其自有教育教学资源积累已达到《普通本科学校设置暂行规定》（教发［2006］18号）的要求，通过了教育部26号令整顿规范验收工作以后，其后的发展应与其他普通高等学校基本类似。高等学校的办学能量积累是永无止境的，步入发展期的中国独立学院，应属于普通高等学校的实质性成员，其办学能量积累目标和策略与其他高校没有本质区别，重点在于着力打造办学特色，构建自己的核心竞争力。当然，独立学院采用民营机制，其未来的发展必然成为中国民办高等教育的主体。

三、独立学院办学能量的阶段性积累策略

基于独立学院的大学发生学时序特征，处于不同时期的独立学院，必须有适应该时期办学能量积累目标特征的办学能量积累策略。

（一）创办期的办学能量积累策略

处于创办期的独立学院，必须依托母体学校的教育教学资源和管理经验资源，迅速搭建办学平台，使办学能量达到本科层次办学的基本要求。

（1）拥有一个前提。作为一种全新的高等教育形式，独立学院的建立与发展需要众多资源因素的集成支撑。其中，独立学院主办者（母体高校）领导层对独立学院功能的定位正确与否是独立学院建立和发展的前提。要使独立学院一开始就建立在高起点和高水平上。

（2）理顺二重关系。理顺独立学院主办方与合作方、母体大学与独立学院之间的“二重关系”是独立学院顺利成长的基础。理顺独立学院举办方与合作方关系的核心是双方对创办独立学院的目的要达成共识，即双方在考虑利用高等教育产业属性之前，更要保持其公益属性，双方只能在共同推进我国高等教育健康持续发展的前提下，在不断满足广大学子接受优质高等教育需求过程中获取合理回报；同时，双方要从促进独立学院持续发展的高度，事先通过法律意义上的协议明确各自在合作办学中的责、权、利。至于理顺母体大学与独立学院关系，关键是在坚持教育部［2003］8号文件原则规范的基础上，按“相对独立、长期依托”的思路，确定各自在独立学院办学过程中的责、权、利，并用制度的形式固定下来，即建立健全民营机制，确保学院自主办学。

（3）突出三个结合。①在教育教学管理上突出继承与创新相结合原则。独立学院是站在母体学校巨人肩膀上成长起来的新兴大学，其教育教学管理必须充分利用母体学校的教育教学管理经验资源，继承母体学校的管理模式和管理经验，以实现独立学院的跨越式发展。另外，独立学院毕竟是“三本”生源，

以培养应用型人才为己任，因此也不能完全照搬母体学校管理模式，必须针对其生源特征和教育教学资源现状，在部分环节上创新教育教学管理制度和措施，逐步形成自己的教育教学管理体系。②在教育教学资源建设上突出建设与共享相结合原则。创办期的独立学院，必须通过引入合作办学方的资金投入，积极改善办学条件，加强教育教学资源建设。但是，高等学校的教育教学资源建设是一个长期积累且永无止境的过程，创办期的独立学院，必须强调充分共享母体学校和合作办学方的教育教学资源，以保证本科教学的基本条件。③在办学特色打造上突出本科层次教育与综合职业能力训练相结合的原则。目前的共识是，独立学院属于教学型大学，必须培养应用型人才。同时，独立学院的生源群体介于“二本”和“高职高专”之间，必须突出综合职业能力训练。因此，独立学院的人才培养规格定位可概括为：以本科层次教育为基准，以综合职业能力训练为主线，以高素质应用型人才培养为目标。

（二）羽化发育期的办学能量积累策略

处于羽化发育期的独立学院，必须通过逐步构建自己的教育教学资源体系和教学管理制度体系，迅速积累自己的办学能量，在保证与办学规模相匹配的校园面积、教学行政用房、教学科研仪器设备、体育运动场地与设施、专职专任教师等基本办学条件的前提下，加强课程建设、专业建设和学科建设，实现独立学院的内涵式发展（见图 5—1）。

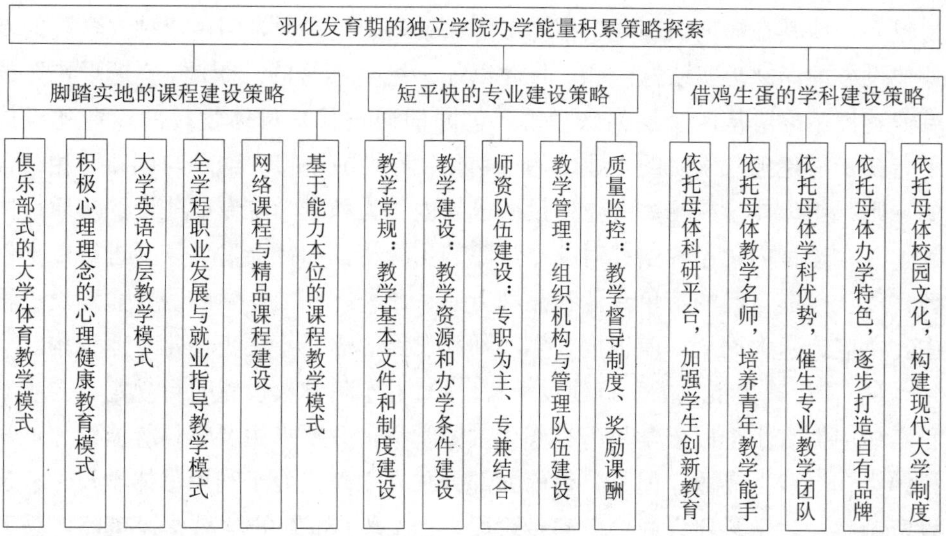

图 5—1　羽化发育期的独立学院办学能量积累策略一例：湖南农业大学东方科技学院

（1）脚踏实地的课程建设策略。创办期的独立学院主要依赖于母体学校的课程资源，进入羽化发育期后，必须加强自有课程资源建设，从师资、实验室与教学仪器设备、实训基地、图书资料等方面夯实课程资源，并按合格课程—优质课程—精品课程的递进关系，从脚踏实地建设合格课程入手，有计划、有重点地建设特色化的优质课程和精品课程，逐步构建自有课程资源体系。《普通本科学校设置暂行规定》（教发［2006］18号）要求“专任教师总数一般应使生师比不高于18∶1，兼任教师人数应当不超过本校专任教师总数的1/4”，同时还规定“各门公共必修课程和专业基础必修课程至少应当分别配备具有副高级专业技术职务以上的专任教师2人，各门专业必修课程至少应当分别配备具有副高级专业技术职务以上的专任教师1人”，目前大部分独立学院在这方面的差距甚远，必须加大力度引进高素质、高职称课程教师，夯实课程资源。

（2）“短平快”的专业建设策略。目前，教育部规定母体学校招生一年以上的专业，独立学院才能申报，这对独立学院专业申报给予了明确限制，同时也体现了母体学校对独立学院人才培养质量负责。基于这种政策背景，独立学院应采用“短平快”的专业建设策略：根据人才市场需求预测和社会发展需要，独立学院应在母体学校的招生专业范围内选择申报发展前景较好的专业，构建自己的专业设置体系，并不断优化专业结构；继承和移植创新母体学校各专业的特色，逐步打造自己的特色专业和品牌专业。目前，由于独立学院普遍采用“克隆”技术“克隆”母体学校的专业设置，使大部分独立学院的专业数量较多，使其在短期内表现出招生形势火暴的表面现象，但由于独立学院的专业建设方面尚缺乏实质性内涵，长此以往是绝对不行的。因此，“短平快”的专业建设策略应从两个层面来理解：创办期通过移植母体学校的专业建设成果，初步搭建独立学院的专业结构；羽化发育期应坚持“继承与创新”相结合的原则，将母体学校相关专业建设的成果内化为独立学院专业建设的实质性内涵，并在这种内化过程中针对独立学院的生源特征和社会发展需要进行二次创新，逐步打造自己的特色专业和品牌专业。此外，在独立学院的专业建设过程中，不应追求大而全，应根据办学实际和发展的需要，逐步优化专业结构。

（3）“借鸡生蛋”的学科建设策略。《普通本科学校设置暂行规定》要求本科高校应拥有1个以上学科门类作为主要学科，并要求主要学科应能覆盖该学科门类3个以上专业。但是，目前大部分独立学院仍处于利用母体学校学科建设资源阶段，学科建设尚处于起步阶段。“借鸡生蛋”的学科建设策略，强调利用母体学校的科研平台和教学平台，积极利用母体高校的学科建设资源和成果，通过引进或培养学科带头人，组建科研和教学团队，在母体学校相关学科的引领下，从建设二级学科入手，孵化孕育自己的学科建设框架，形成具有一定优势的学科资源。

（三）发展期的办学能量积累策略

独立学院经过羽化发育期的办学能量积累，其自有教育教学资源和教育教学管理经验已基本达到独立承办本科教育的基本要求，并以与母体学校平等的身份参与市场竞争。因此，发展期的独立学院，必须不断提高其综合办学实力，构建自己的核心竞争力，着力打造办学特色。

（1）依托民营机制，稳步构建现代大学制度。教发［2003］8号文件已明确独立学院的“民、独、优”特色，即引进民营机制，强调独立办学，强调依托母体学校的优质教育教学资源。欧美等发达国家的高等教育体系，多数体现了政府办学和民营资本办学平分秋色的格局，这种格局有利于高等教育领域的健康可持续发展，有利于构建现代大学制度。因此，进入发展期的独立学院或由独立学院改制后的民办高校，必须积极依托民营机制和灵活体制，高起点高平台地构建现代大学制度。

（2）积极搭建科研平台，逐步提高创新能力。高等学校具有人才培养、创新科技、服务社会、传承文明等社会职能，处于创办期和羽化发育期的独立学院，其主要精力应集中在改善办学条件、保证办学质量方面。进入发展期以后，独立学院应依托学科资源和专业建设资源，积极搭建科研平台，全面提高创新能力，逐步履行创新科技这一高等学校的社会职能，全面提高独立学院的社会声誉。

（3）积极打造办学特色，构建自己的核心竞争力。高等学校的办学成果是一个综合性指标，但名生、名师、名专业是办学成果体现的重要途径，办学特色是高等学校核心竞争力的重要体系，同时，进入发展期的独立学院或由独立学院改制后的民办高校，要积极打造办学特色，逐步构建自己的核心竞争力。

第三节　独立学院的教育教学管理

一、教育教学特色定位

人们常说教育质量是一个学校的生命线，但是如果进一步考虑质量的技术参数，特别是以毕业生在人才市场上是否具有竞争力，那么就不能不考虑教育特色。对于独立学院来说，这一点尤其重要。因为独立学院一般都是依托一个母体大学而设立，虽说在培养目标上大都定位于培养应用型人才，但如果其教育理念、教育思想、教学管理、专业设置、教学计划、教师，乃至教材均来自母体，或在母体的基础上只作简单的增减，必然缺乏自身的特色。特别是缺乏符合自身培养目标，又适应独立学院学生特点的教育计划和教育手段。如不采取有效措施，那么培养出来的学生很可能是同类产品中的二等品，在人才市场上缺乏竞争力。就业状况不好，必将严重影响学校的招生，从而危及学院的生存。相反，如果有鲜明的办学特色，毕业生在知识、能力、素质方面具有某些人无我有、人有我优的特色，在人才市场上能占有一席之地，独立学院就不愁没有生命力。

从教育的宏观管理层次来看，教学特色的形成在于教学目标、教育体制和教育模式的特色定位。

（一）独立学院的培养目标定位

与母体高校的“学科型、研究型”人才培养目标不同，独立学院受到现有办学条件和生源质量的限制，大多以“专业型、应用型、复合型”人才为培养目标。这种培养目标的定位，介于学科型（或研究型）和职业技术型（或技能型）的培养目标之间，是比较实事求是的，也是符合社会分工和发展需要的。但是，独立学院的培养目标转型的难点并不在于理论上的取舍，而在于实践中的创新，在于如何把这种转型后的培养目标具体落实到可执行的培养方案和教学计划之中。

历史证明，脱离职业导向性的专业教育是社会难以接受的，是脱离社会需求的，这种类型的学生毕业后必然会面临就业困难。然而，历史的经验同样也证明，过分强调职业导向性，把本科学院办成职业培训所或职业技术学院，也是不成功的，是违背高等教育基本规律的，这种类型的毕业生专业基础薄弱，视野狭窄，发展的后劲不足，难以跟上产业结构调整和职业变革的时代步伐。

独立学院培养目标的实现，关键在于如何把握好学科的系统性与职业导向性两者之间的度，在基础知识宽度、厚度和技能培养实用度之间寻求新的、甚至是多样性的平衡点；重新区分哪些知识和技能是必需的，哪些是可有可无的，哪些是可增可减的，哪些是必须下决心坚决剔除的，从而建立起自己的核心课程体系和多样性的辅助课程体系。历史把培养专业性和应用性人才的重任交付给处在本科教育末端和专科教育前端的独立学院肩上，独立学院将义无反顾地承担起这种培养目标转型的探索责任和义务。否则，独立学院将难以找寻到市场的支点。

（二）独立学院的人才培养规格定位

独立学院各专业的培养目标，在严格执行高等学校培养目标有关规定的基础上，重点应突出以下三个方面：

（1）以本科层次教育为基准。虽然独立学院的进一步发展，以后可能开展研究生教育，但从目前的现状来看，独立学院的办学绝大部分是本科层次。因此，独立学院在制定培养目标时，应注意把握：通过全教育过程的教育实施，学生应掌握大学本科阶段教育所必备的基础理论、基本知识，以及本专业领域所必需的基本技能、基本方法和相关知识，使学生具有从事本专业领域实际工作的综合职业能力和专业岗位能力。在这里，我们要注意把握独立学院的专业培养目标与其母体高校同类专业培养目标方面的差异，独立学院各专业的培养目标强调综合职业能力和专业岗位能力，并不主张过分强调从事研究工作的能力，这也正是独立学院办出特色的突破点。

（2）以综合职业能力训练为主线。独立学院各专业的人才规格准确定位，要全面分析毕业生的就业趋势，通过人才需求预测和就业市场预测分析，拟定本专业学生可能从事行业和应职的岗位群，再面向应职岗位类群分析社会对本专业毕业生的综合职业能力需求，以综合职业能力训练为主线，将社会对本专业学生的能力需求全面落实到培养目标之中。

（3）以培养高素质应用型专门人才为目标。到目前为止，大多数普通高等学校的本科层次人才规格定位仍然是培养“具有从事本专业实际工作和研究工作初步能力的专门人才”。因此，独立学院母体高校本科层次教育大多比较注重培养学生的科学研究能力，不太重视实用技术的训练。独立学院要办出特色，必须突破传统的思维惯性，必须正确定位自己的人才培养方向，应以培养“高素质应用型专门人才”为目标。

（三）独立学院的特色办学模式

独立学院虽然都具有投资主体的社会性、办学主体的多元性、运作机制的民营性和办学模式上的独立性等基本特征，但采用不同分类标准进一步细分，还可以区分不同类型结构的独立学院，进而采取不同的方式方法，分类管理和建设不同的独立学院。

根据投资渠道与合作方式不同，我国现有独立学院大致可以分为以下几种基本模式：

（1）“公办高校＋民营企业”模式。即公办普通高校与民营企业合作创办的独立学院。目前，中西部地区的许多独立学院多采用这种办学模式，由公办高校负责教学和管理，民营企业负责投资建设。若进一步细分，有的高校采用同一独立学院与单一民营企业合作，有的则采用同一独立学院与两家甚至多家民营企业合作，以壮大投资总量和规模。这种模式的优势在于：能够较充分地利用公办高校的品牌优势和教学、管理资源潜力，吸纳社会与民间投资联合办学，有利于充分发挥民营企业的办学活动和管理机制。其劣势在于：当地市场经济发育还不够充分或不完善，政府的参与和扶植力度相对不足；民营资本的投资总量和规模相对有限，投资力度较为单薄。而且，民营资本的投资回报率相对较高，资本的趋利性与教育的公益性、非营利性之间的矛盾相对突出；从长远角度看，这类独立学院的投资风险性相对较大，在扣除母体高校利益和投资者合理回报之后，独立学院可持续发展的财力和后劲明显不足。

（2）“公办高校＋国有企业”模式。即公办普通高等学校与国有企业合作所创办的独立学院，由公办高校负责教学和管理，国有企业负责投资建设。这种模式与“公办高校＋民营企业”模式的优势与劣势基本类似。

（3）“公办高校＋地方政府＋企业”模式。即公办普通高等学校与地方政府和企业的多元合作，普通高校负责教学和管理，地方政府给予经费和政策扶持，企业参与投资和建设。例如，浙江大学城市学院就是采用这种“官—产—学”的模式，既有浙江大学的优质品牌、教学和管理力量的投入，又有杭州市政府投入的6000万元启动资金和相关扶持政策，而且主管市长亲自出任学院的法人代表，还有浙江电信实业集团公司的投入。这种模式的优越性显而易见，几个方面的力量和资源经过整合，容易迅速做大做强。而且，当地市场经济发育相对成熟，居民可支配资金优势明显，再加上采用民营机制运作，滚动发展，投资总量较大，后劲足。然而，目前，国内同行中有人质疑这种“官—产—学”模式，认为这种模式实质上是一种公办模式的二级学院，而不应属于独立学院的范畴。但如果地方政府仅仅给予其启动资金和政策扶持，使独立学院在高起点上开始运作，似乎也无可厚非。

（4）多元化合作模式。即公办普通高等学校与多家企业或个人投资主体的合作办学，由公办普通高等学校负责教学和管理，企业和个人投资主体负责投资和建设。这种模式投资主体多元化，有利于筹集资金，促进其迅速发展。在我国现阶段，单一社会力量的投资总额往往是很有限的，要把独立学院做大做强，需要建立健全多方位的产权经营机制，甚至打通独立学院与资本市场的通道，以寻求更多的社会力量和资本支持，形成多元化教育产权联合体的独立学院。

（四）独立学院的学科建设定位

独立学院的学科定位主要取决于三个要素：母体高校的学科资源条件、独立学院自身的财力和市场需求的稀缺度。

在一般情况下，独立学院应选择母体高校比较成熟和定型的学科和专业来办学，才能更有效地利用母体学校的师资、仪器设备和图书情报资料等资源优势，从而最大限度地节省办学成本。

有些独立学院仅仅依据市场需求状况的某些变化，就在母体学校的专业学科之外设置新专业，这种做法至少在目前形势下是不可取的。由于母体学校没有相应的学科资源，独立学院要么自己重新开展相应的学科资源建设，要么依托其他学校的教学资源。这样做的结果必然产生两种负面影响：一是如果重新进行该专业的学科资源建设，必然引起教学成本的大幅度上升，而且由于缺乏成熟的专业学科办学经验，短期内很难达到相应的质量标准；二是如果依托其他院校的现有教学资源，则容易引起独立学院与母体学校之间的教育产权纠纷，除非进行学院产权重组，因此需要三思而行。

从我国现有独立学院的学科结构分析，有些是单一学科的独立学院，如外语外事学院、商学院、法学院等，有些属于多科性学院，还有的是综合性独立学院。一般而言，举办单科性独立学院的投资要求相对较少，而且容易形成专门化的优势学科。而举办多科性或综合性独立学院，其办学条件和财力要求相对较高，应该根据投资方的财力量力而行。

在我国现阶段，单一社会力量的投资总额往往是非常有限的，要组建多科性或综合性的独立学院，需要建立和健全独立学院的产权经营机制，甚至打通独立学院与资本市场的通道，以寻求更多的社会力量和资本支持。独立学院进行产权经营的较理想的方式，是借鉴企业事业部制的经营理念，组建独立学院的各个学科群体，各学科群相对独立地经营发展，以利于明晰产权单位；然后成学科建制地吸引其他社会力量投资合作经营，形成多元化教育产权联合体的独立学院。

独立学院的学科建设最终将取决于社会的人才需求，市场的稀缺度越高，学科发展的潜力越大，学科建设的成功率也越高。

（五）独立学院的专业设置

（1）以人才市场需求预测分析为依据。独立学院的专业设置，必须是在广泛的人才市场需求预测的基础上进行。针对各独立学院的就业地区和就业范围，组织力量进行全面的人才市场需求预测，再根据人才市场需求预测分析的结果来合理设置专业门类和专业办学规模。人才市场需求预测分析是专业设置最重要的量化依据，它既能体现人才市场对不同专业门类的需求情况以及具体的需求量，也体现了随着时间推移的未来人才需求发展动态，为独立学院的专业设置决策提供可靠依据。

（2）以母体高校资源优势为契机。母体高校是独立学院的最重要的依托，也是独立学院之所以具备高起点特征的重要源泉。因此，独立学院的专业设置必须充分考虑母体高校的学科优势、专业优势和教育资源优势，实现在母体高校优势的起点上腾飞。

（3）体现区域经济特色。独立学院的服务定位应该体现为以服务区域经济为主，培养区域经济建设中急需的高级专门人才。所以，区域经济急需的特色专业，应当是独立学院的首选考虑，以期为独立学院的可持续发展打下良好的基础。

（4）以能力本位为前提。独立学院并不是培养研究型人才的高校，而是培养高等技术应用型专门人才的重要高等教育机构。因此，能力本位既要体现在专业设置上，也要体现在课程设置中。在专业设置中的能力本位，强调开设的专业应具有较强的应用性、适用性、技术性、工艺性和通用性，尽可能避免开设理论性太强的专业。

（5）正确处理专才教育与通才教育的关系。目前，我国高等教育由专才教育向包括专才教育又广于和高于专才教育的通才教育转变，实现当前教育与社会需求之间、教育与人的全面发展需求之间的协调。独立学院的专业设置中，应注意拓宽知识面，变专才教育为通才教育，增强学生的适应能力和职业转移能力，其具体操作可按专业大类培养学生。

二、教学组织与管理

如何科学地实施教学活动，提高教学质量，是广大教师和教育工作者穷终生之力不倦探求的一个重大课题。独立学院依托母体高校的优质教育资源形成了本身的高起点，但以后走向如何？如何实现独立学院的办学特色？如何把握教学质量这一生命线？为此，独立学院必须根据独立学院教育特色打造的需要和独立学院生源状态，构建出符合独立学院实际的教学体系。

（一）针对学生群体构建特色化的教学目标

独立学院作为培养本科层次的应用型高级专门人才，虽然在起步阶段独立学院依赖于母体高校的教育资源，但教学规律并不完全与其母体学校完全一致，体现在教学目标上，独立学院应该注意形成以能力培养为主线的教学目标定位。

（1）以专业培养目标为依据制定教学目标。在已制定科学、合理的专业培养目标的前提下，根据专业培养目标的总体要求，制定出各课程的具体的教学目标。整个课程体系都是为培养目标服务的，是培养目标实现的具体途径，因此制定教学目标时应充分研究各门课程在知识结构和能力体系中的地位和作用，理清课程体系内部各门课程之间的衔接关系，将专业培养目标分解落实到课程体系中，形成本专业的教学目标体系。教学目标有课程教学目标、单元教学目标和课时教学目标三个层次，构建独立学院各专业的教学目标时，课程教学目标应该体现在教学计划之中，单元教学目标和课时教学目标则体现在教师的学期授课计划和课时授课计划中。

（2）构建以能力培养为主线的教学目标体系。在制定独立学院各专业的教学目标时，注意掌握基本知识适当拓展，基本理论以适用、实用、够用为原则，基本技能以实用性、适用性、工艺性、操作性为原则，强调动手能力和职业岗位能力的训练，形成较强的能力体系。对于各课程理论教学的教学目标，注意掌握以传授知识为本位，理清知识与某一特定能力的联系和承接关系，做到更好地为能力培养服务，并将其始终贯穿于教学目标制定过程中。对于各课程的实践性教学的教学目标，注意掌握以能力训练为本位，理清与实训项目有关的相关知识，以行为目标为主体，行为目标、形成性目标、表现性目标相结合，形成实践性教学环节的特色化教学目标体系。对于单独开设的实训教学项目或教学实习、生产实习和毕业实习，是在各课程能力训练的基础上的综合性能力训练，应形成以表现性目标为主体的教学目标体系。

（3）强化实践能力培养。在独立学院的实训教学中，无论是实验实习、教学实习、生产实习、毕业实习，还是其他实训教学环节，其主要目的是形成学生的能力，构建学生的能力体系。因此，制定教学目标时，要加强动作技能领域目标的应用，针对不同的实训内容，按知觉、定势、指导下的反应、机制、复杂的外显反应、适应和创作七个不同的层次，在实训教学活动中灵活应用，提高实训教学效果。

（二）独立学院教学内容的选择

在教学工作中，教学内容上遇到的第一个问题就是教学内容的选择问题。独立学院教学实践中，教学内容的选择应充分考虑独立学院的办学特色和专业培养目标，围绕构建合理的知识结构和能力体系，对教学内容进行科学的取舍。

（1）把握教学内容的基础性。独立学院的培养目标中，要求学生掌握本专业领域的基本知识、基本理论、基本技能，强调“宽基础、强技能”的办学特色，可见在教学内容的取舍上，应强调基础性教学内容的教学，尽量减少或避免安排过深的教学内容。同时，教学内容的选择上，要注意拓宽学生的知识面，本专业相关的基本知识、基本理论、基本技能，在可能的前提下应适当多安排，这样既有利于提高学生的综合素质，也有利于拓展学生的就业面，提高学生的知识更新和知识迁移能力。

（2）强化教学内容的实用性。进行教学内容的选择时，应针对本专业领域目前的岗位特征及发展趋势，选择实用对路的教学内容。在这里，“实用”的教学内容，既包括实用的基本知识和基本理论，更重要的是专业技能的实用性。学之无用的教学内容大家都知道可以舍去，问题的关键在于实用性的程度高低，在众多“实用”的教学内容中还要有所取舍。这需要在广泛的人才市场需求调查的基础上，调查本专业领域的知识需求情况和能力需求情况，并分析各类知识和能力的相对重要性，去除相对重要性较低的教学内容，尽量选择相对重要性较高的教学内容，以确保独立学院的教育“产品”“适销对路”，学有所用。

（3）坚持教学内容的先进性。在当今知识经济时代，知识、技术、信息领域日新月异，知识更新速度很快，因此要求教学改革和教学内容的取舍作为一种经常性的工作，及时去除过时的、陈旧的教学内容，将新知识、新技术、新工艺、新信息等方面的教学内容及时补充进来，保持教学内容的先进性。当然，在技术领域，这种“新”是一个相对的概念，作为独立学院教学内容纳入教学行为中的新知识和新技术，必须是基本公认的新知识、新理论或基本定型的新技术、新工艺，这就注定了教学内容本质上是落后于前沿的生产实际的，因此这里只要求先进性而不是要求前瞻性。

（4）理顺教学内容的层次性。我国传统的大学教育课程体系分为基础课、专业基础课和专业课三段，虽然近年来大部分学校不这么提了，但这种课程体系结构实际上重点在于反映课程之间的层次性，本质上则是反映教学内容之间的层次性，这种层次性事实上是存在的。因此，在教学内容选择时，其合理取舍必须考虑这种层次性的要求，对目标能力和目标知识点所要求的前导知识和前续技术训练，必须合理安排在课程体系中，而且教学实施也必须在目标能力训练或目标知识传授之前完成，避免形成“空中楼阁”。

（5）构建教学内容的整体性。教育教学是一种系统工程，独立学院的教学通过多样化的教学活动，以课程体系和全学程的各种教学活动作为系统的结构，则系统的功能就是人才培养效果。在结构合理的前提下，能够产生系统的整体功能（新生特性），教学规律也不例外。因此，教学内容的选择应以构建合理的课程体系结构为前提，强调教学内容的整体性，增强系统的有序性，全面提高人才培养效果。

（三）独立学院的教学管理

高等学校的教学管理是实现培养目标的重要途径，也是体现办学特色的重要方面。经过几年实践，独立学院正在逐步形成特色化的管理模式，这种管理创新既是对我国高等教育管理体制改革的一种贡献，也是独立学院生存和发展的重要基础和前提。

（1）独立学院的教学文件管理。独立学院的教学文件是指一切与教学有关的文档（包括纸质文档和非纸质文档）。常见的教学文件如教学计划、教学大纲、上级教育主管部门和学院下发的关于教学方面的政策法规和文件、教师业务档案卡、学生成绩册以及其他教学材料。教学文件管理是独立学院教学微观管理的重点内容，也是保证教学顺利进行的关键。

（2）独立学院的教学设施管理。教学设施具有一个很广泛的范畴，不仅包括实验室建设、仪器设备管理、图书资料管理、实训厂（场）建设、校外实训基地建设等内容，还包括普通教室、多媒体教室、体育运动设施等。在这里，普通教室、多媒体教室、体育运动设施、教学研究和科学研究设备设施，以及其他教学设施的管理，独立学院可以参考学习母体高校的要求和模式进行建设、管理，但必须根据独立学院的资源特点和管理机制创新教学设施管理体系。

（3）独立学院的教学过程管理。为了全面提高教学质量，独立学院应成立教学专家组（或教学督导团），对全院教学过程和教学效果进行检查、督促、监控和指导。教学专家组一般5—9人，由老、中、青教师组成，以声望较高、具有教学管理经验的离退休教师（从母体学校聘请）为主，教学副院长和教务处长必须参加。各系也可成立类似的教学专家组实行本系的教学质量督导。教学环节管理属于教务处的行政事务工作，包括教学任务的落实、教学材料的准备、课表编排、查堂登记与考勤、考试安排与组织，以及维持正常的教学秩序等大量的事务性工作。这方面的管理基本可借用母体高校的管理模式。教学过程的宏观监控主要是教学进程的落实监控，教学过程的微观监控则通过查堂登记与考勤、教学专家组听课、有关领导的检查等途径来实施，有条件的独立学院应安装电视监控系统，实现教学过程的“双控”。

（4）独立学院的教学质量评价改革实践。教学评价是以教学目标为依据，运用可操作的科学手段，通过系统地收集有关教学的信息，对教学活动的过程和结果做出价值上的判断，并为被评价者的自我完善和有关部门的科学决策提供依据的过程。实施教师教学活动评价，可利用系级教学专家组或院级教学专家组的听课评课结果，也可由系或教研室组织听课评课，利用听课评课表进行量化评价。在量化评价的基础，结合该教师所承担的教学工作量和民主测评、领导测评、专家组测评的定性评价意见，形成综合评价。

三、学生教育管理

思想政治教育工作，实质就是以人为工作对象，做人的思想转化工作。按照马克思的观点，思想政治教育是一种人类社会所特有的社会现象和有意识的活动，是社会上层建筑的重要组成部分。思想政治教育是人在适应自然、改造自然，适应社会、改造社会的过程中逐步形成和发展起来的一种教育人、塑造人的意识观念的教育活动。思想政治教育在人类社会漫长的发展进程中产生、形成和发展，表现出“三性”：一是鲜明的阶级性，即任何阶级和社会都有自己的思想政治教育，任何思想政治教育都服务于一定的阶级和社会，阶级性是思想政治教育的重要特征；二是广泛的群众性，即思想政治教育的对象是人，因此人类社会的任何领域、任何方面都是思想政治教育的工作范围，每个人都是思想政治教育工作的对象，又都是思想政治教育工作的施行者，这种以人为对象的思想政治教育，其本质特征都体现在群众性上；三是很强的实践性，即任何社会工作都是在社会实践中逐步形成其理论体系和基本策略、做法的，思想政治教育在产生、发展的过程中，始终贯穿着一个从实践到认识、从认识到实践的过程，并在不同历史时期形成不同阶级的、系统的思想政治教育理论体系，作为人类社会实践活动形式，思想政治教育只有在实践中才能不断地发展，并保持活力。

（一）独立学院思想政治教育的原则

思想政治教育的原则就是教育者对受教育者进行思想政治教育的准则，是思想政治教育过程的规律性反应。高校思想政治教育的原则，必须遵循和依据党的方针、培养目标和大学生的身心发展特征。高校思想政治教育原则的具体内容是：①方向性原则。社会主义方向性是我国高校思想政治教育的根本要求，也是思想政治教育的根本目的。为此，教育者必须坚定不移地用马克思主义、毛泽东思想和邓小平理论教育学生，把明确的社会主义方向作为开展各种教育活动的首要依据。②疏导性原则。疏导包括疏通和引导两个方面：一方面，要广开言路，让受教育者畅所欲言；另一方面，对各种不同的思想和言论加以积极的引导。③理论联系实际原则。思想政治教育是系统的政治理论教育与社会实践活动相结合的教育过程，只有理论联系实际，才能使大学生的思想政治教育工作开展得有说服力和吸收力。④教育与自我教育相结合的原则。大学生既是教育的对象又是教育的主体，教育和自我教育构成了高校思想政治教育工作中紧密联系、相互制约、相互促进的两个方面。⑤统一要求与个性化结合原则。在保证社会对人才的基本要求的同时，注意保持受教育者个性的多样化。

（二）独立学院思想政治教育的方法

高校思想政治教育的方法多种多样，主要通过以下方法来实现：

（1）调查研究法：是指收集事实、数据，占有材料，熟悉情况，并从现象中寻求本质，从经验中推导出理论的方法。开展调查研究法一般分为五个步骤：①选题和拟定计划；②文献检索和资料收集；③实地调查，取得数据资料；④分析调查数据，完成调研报告；⑤评价与总结。

（2）说理启迪法：是指通过讲事实、摆道理，启发引导教育对象，以理服人的教育方法。运用说理启迪法应把握三点：一是说理不是说教，要以理服人；二是说理不是压服，要便于接受；三是启迪不是硬灌，要结合学生实际经验。

（3）情感交流法：是指通过情感交流触发学生的情感体验，唤起他们自我教育的主动性，促使他们在相互信赖、彼此尊重的基础上，将正确的认识转化为自觉行动的教育方法。在实施中要做到善于了解学生的情感特点，善于排除感情交流的障碍，防止情感交流的片面性。

（4）榜样教育法：是指用他人的良好行为作为榜样来启发、激励学生。它通过将一定的社会行为规范和准则的具体化和人格化来起作用，用具体的人或事来感染学生。运用榜样教育法应把握三点：一是所选择的榜样具有先进性、针对性；二是善于发现和发挥榜样的模范作用；三是要发挥教师自身的榜样作用。

（5）参观访问法：是指利用社会大课堂，有目的地组织学生对典型事物进行实地观察，对典型人物进行采访，从而帮助学生了解社会，扩大视野，树立正确的思想观念。

（三）独立学院思想政治教育的途径

（1）思想政治教育课教学。思想政治教育课教学是指高校对学生进行马克思主义基本理论教育和共产主义思想教育的主要形式，它包括：马列主义理论课教学，即对学生进行马克思主义、毛泽东思想和邓小平理论的系统教育，引导学生完整、准确地掌握和运用其基本原理和方法，确立科学的思想观念以指导社会实践；思想品德课教学，即对学生进行世界观、人生观、价值观等方面的系统教育，培养学生高尚的思想品质和道德观念，形成正确的世界观、人生观和价值观。

（2）教职员工的“三育人”。所谓“三育人”，是指教师要教书育人，教辅人员和行政干部要管理育人，后勤服务人员要服务育人，以不同的方式对学生实施思想政治教育。

（3）党、团、学生会组织活动。通过这些组织开展活动对学生实施思想政治教育，影响面广，学生容易接受，可以收到事半功倍的效果。

（4）校园文化。通过开展各种文化活动，营造学校的文化氛围、文化环境，对学校内成员特别是学生思维方式、思想观念的形成和发展产生积极影响。

（5）社会实践。社会实践是学生理论联系实际的主要途径，也是学生接受思想政治教育由知而行的必经之路。

（四）独立学院学生的社会实践活动

独立学院的大学生从事的社会实践活动，除了学院统一安排到校外实习基地进行的教学实习、生产实习和毕业实习，以及统一组织的其他社团活动和社会调查以外，还有以下主要社会实践活动形式：

（1）军事训练。军事训练是独立学院为了使大学生掌握基本的军事知识、军事技能，而有目的、有计划地接受相应的学习和操练的过程。军事训练的基本内容包括学习军事知识、操练军事技术、体验军营生活、参观军事设施等。军事训练在进行革命传统教育，培养学生国防意识，激发爱国热情，培养纪律观念、集体主义精神和艰苦奋斗的精神方面具有重要价值。

（2）社会调查。社会调查是由大学生出于兴趣或根据社会需要，有目的地针对某一社会问题进行周密系统的调查研究，并对这些问题进行深入分析，以充分了解社会、接触社会，培养实际工作能力，并为有关部门提供一些基础数据或决策依据。社会调查具有一个很广泛的选题范畴，大学生可根据当时当地的具体情况，选择感兴趣和有价值的选题进行调查研究。如各领域取得的成就、专业领域的情况、文化教育情况、民风民俗、社会环境问题、环境污染问题以及各种社会热门话题，都可以作为社会调查的内容。

（3）参观考察。参观考察在开阔大学生的眼界、增长见识等方面有明显的作用，也有利于培养学生发现问题、解决问题的能力，同时还是一种别开生面的思想政治教育活动。

（4）科技扶贫。科技扶贫是大学生利用所学知识和技能，服务于贫困地区、边远山区，帮助农民脱贫致富的一种社会实践活动形式。科技扶贫是大学生接受现实教育的一种很好的形式，在深入贫困地区进行科技扶贫过程中，不仅可将自己所学知识应用于社会、服务于社会，了解导致贫困的深层原因，还可以与农民一起生活劳动，培养劳动观念和艰苦奋斗的精神，锤炼学生的意志，形成良好的个人品质。

(5) 技术服务。大学生面向社会的技术服务活动近年来得到迅速发展，不同专业的大学生，利用自己的技术专长，面向社会从事技术咨询和技术服务活动，既促进了生产的发展，也锻炼了学生本人，巩固了所学专业知识和专业技能，有偿的专业技术咨询和技术服务活动还能产生一定的经济效益，减轻学生家长的经济负担。由于大学生群体数量大，专业门类多，所以大学生技术服务涉及非常广泛的专业领域。

(6) 勤工助学。从某种意义上来讲，有偿形式的大学生技术服务也属于勤工助学的范围。但这里讨论的勤工助学，是指大学生利用节假和寒暑假时间，或利用其余学习之外的时间（如晚上），从事技术含量较低的劳务型服务，从而获取报酬以资助其完成学业。随着我国高等教育体制改革的深入以及教学投入的结构性调整，已经构建了受教育者支付部分教育成本的收费体制，虽然是历史发展的必然，但客观上导致了部分低收入家庭无力承担这部分智力投入。另外，由于公民信用体系建设尚未完善，大学生助学贷款进展缓慢。因此，勤工助学是部分大学生必须考虑的现实问题。

大学生勤工助学有利有弊，作为校方来讲，正确引导和管理是关键。对于家庭困难的学生，校方应尽可能提供较多的勤工助学岗位。同时，也要加强管理，防止大学生从事非法的商业贸易活动和其他不健康的勤工助学活动。

(五) 独立学院的学生工作特色

1. 独立学院学生心理特征分析

独立学院的学生一般在 17—23 岁，处于人体生长发育的“第二生长高峰期”的后期，已全面接近或达到成年人的水平，人体器官的功能已趋于完善和成熟，进入相对稳定期。

独立学院的大学生与同年级的其他大学生相比，心理上具有以下特点：

(1) 具有大学生的一般心理发展特征。观察力的目的性、计划性、组织性已达到了相当的水平，注意力较稳定，记忆的准备性、准确性、持久性和敏捷性都已发展完善，思维能力较强；情感丰富多彩，情感活动的强度大、稳定性差；自我意识的要求和能力显著增强，社会化程度较高。

(2) 社会经验不足。由于目前独立学院的学生绝大部分是从学校到学校，人生经历单纯，对社会了解较少，社会经验严重不足。

(3) 自信心相对不足。在当今十分重视高考考分的情况下，一方面，独立学院的学生大部分是降低分数线录取的，其潜意识中存在着“拿钱买分”的错误概念，与母体高校同年级学生相比，存在着自信心相对不足的问题。而另一方面，独立学院的学生一般家庭条件较好，具有较强的经济后盾，在对生活的追求方面也表现出较明显的高理想化特征。

(4) 个性分化强。主要表现在气质和性格方面，气质和性格逐渐完善和稳定过程中，已具有相对稳定的态度和行为习惯，具备良好的意志品质和理智情感特征，但个体间气质和性格方面的差异较大，要注意气质和性格方面的消极因素，预防各种心理疾病的产生。

独立学院的学生工作，应针对学生心理发展的共同特点，充分注意个体间的差异，实现因材施教，促进学生的全面发展。

2. 独立学院学生管理原则

针对独立学院学生上述心理特征，独立学院的学生管理工作除遵循一般高等学校学生管理规律外，还要特别遵守“亲、严、细、勤”的学生工作原则，将学生的思想政治工作和各项管理工作落到实处。

(1) 亲：体现对学生的关怀和平等，学生工作管理人员要坚持讲事实、摆道理，要做到以理服人、以诚服人、以信服人、以德服人，切忌采用压制、强硬的工作作风。

(2) 严：对学生要求必须严格，以规范学生行为。思想政治工作必须有严肃的态度，严格的要求，不能随声附和，不能马虎。当然，“严”并不意味着高高在上、颐指气使，要把握好“亲”与“严”的辩证关系。

(3) 细：讲究做耐心细致的思想政治工作。独立学院学生正处在世界观、人生观、价值观从形成到稳定的这一关键时期，耐心细致的引导有利于学生的健康成长。细的具体表现：在把握群体心理发展趋势的基础上掌握学生的个体差异，在了解心理发展过程的基础上把握心理发展过程中出现的细微变化，随时消除心理发展过程中消极因素的影响，防微杜渐，消除隐患。

(4) 勤：强调工作到位。要经常与学生交流，及时掌握学生心理发展动向，解决学生的实际问题，使学生充分体会到独立学院这个大集体的温暖。

3. 独立学院的班主任工作要项

(1) 了解和研究学生。既要了解学生个体，又要了解学生集体。了解学生个体，包括品德表现，家庭背景，生活环境，个人经历，身体素质，学习态度、成绩和方法，兴趣和爱好，社会交往，个性特征及特殊缺陷等。了解学生集体（班），包括学生集体的共性特点，传统和作风，班级的发展与变化过程，总的思想动态，学习态度和发展趋势，非正式群体的形成情况与正式群体的关系，班级内的人际关系等。当然，了解学生不是目的，而是把了解学生、研究学生作为教学手段，从而采取适宜的教育行为。既要在了解学生的过程中教育学生，又要使了解学生的过程成为教育学生的过程。了解和研究学生的方法很多，常用的有观察法、谈话法、书面材料研究法、调查访问法等。

(2) 强化学习指导。大学教育不同于中学教育，教师在学业成就方面的影响相对较小，个人的自学具有较重要的位置，加上学习环境相对宽松、学习理念多元化发展等因素，导致部分学生在学习中出现盲目现象，尤其是一年级学生。因此，学习指导在班主任工作中具有重要意义。

(3) 加强生活指导。大学生完全离开家庭独立生活，需要班主任给予必要的生活指导，以避免学生走弯路，帮助学生解决生活中的一些实际问题，当好学生生活问题的参谋。

(4) 社会实践活动指导。很多社会实践活动是以班为单位进行的，这种以班为单位的大学生社会实践活动，班主任当然必须扮演重要的角色。对于个体行为的社会实践活动，班主任也应全面掌握情况，及时给予必要的指导和引导。

(5) 协调各方面教育影响。班主任在学生成长过程中起着重要的桥梁作用，要积极协调学校教育、家庭教育和社会教育之间的关系，促进学生的全面发展。

(6) 其他工作。独立学院的班主任工作还包括学生操行评定、三好学生评定、学生就业指导以及班主任工作总结等内容。

4. 独立学院学生心理问题及其疏导策略

(1) 新生入学的心理适应问题。由于独立学院特殊的招生政策和按办学成本收费的运作机制，使独立学院的学生在家庭背景、个人成长经历、气质性格等方面都表现出明显的差异。独立学院的学生，一般家庭条件较优越，享受着良好的物质生活。但在精神生活方面，由于父母亲忙于事业，陪伴时间较少，家庭教育相对缺乏。与此同时，由于其父母亲一般都属于成功型人物，综合素质普遍较高，有条件和能力实施良好的家庭教育。但这些实施家庭教育的良好条件和能力，往往由于双亲忙于事业而导致教育时间得不到保证（陪伴太少）、学生成长过程的心理问题得不到及时疏导和解决，加上双亲之间的教育观念差异，形成了独立学院学生的特殊成长经历和气质性格，也导致其进入大学学习阶段以后，出现了特殊的新生入学适应问题。

(2) 消费行为及其心理分析。独立学院的学生虽然没有工资收入，但他们一般都具有良好的家庭背景，其购买能力相对其母体高校同类学生更高。总的说来，大多数学生在消费上追求知识、追求科学、追求文明、追求自然、追求美感，体现出健康积极的消费心态。但是，不可否认，其中也有少数学生的消费表现不是很健康。

（3）人际交往心理问题。人际交往是个体之间的一种心理和行为的沟通过程。处于社会转型、体制转轨期的当代大学生，他们既是改革浪潮的推动者，又是新观念、新的行为方式的积极践行者，其人际交往表现出横向化、多样化、理性化、精神化的发展趋势。随着年龄的增长，他们的交往重点从少年儿童的纵向交往为主，转变到以同龄人和社会各方面的横向交往为主，通过学习、工作、娱乐和衣食住行等方面产生频繁的社会交往，逐步形成正确的人际交往观念和技巧。然而，不可否认，当代大学生也存在各种各样的人际交往心理障碍。

四、师资队伍建设与管理

（一）独立学院师资队伍的基本要求

《中华人民共和国教师法》明确规定："教师是在学校及其他教育机构中履行教育、教学职责的专业人员。"可见《教育法》界定的教师是一种广义的涵义，即包括教师和教育工作者。本节所讨论的主要是教师的狭义含义，即专业化的教学人员。建设一支具有良好政治业务素质、结构合理、相对稳定的教师队伍，是保证学院得以健康发展的关键。对于迅猛发展起来的独立学院，师资队伍建设的问题必须引起高度重视。

（1）师资队伍现状急需改变。独立学院的前身是民办二级学院，在开办之初都是依托校本部，利用校本部的师资来保证教学的正常运行。随着学院的发展，单纯依靠校本部的师资资源已经不能满足办学的需要，学院开始引进专任教师，同时需要从其他高校聘请更为合适的教师。目前，国内各独立学院的师资队伍都是由部分专任教师和聘任的兼职教师组成的，东南沿海一些经济发达地区的独立学院专任教师比例接近整个教师队伍的60%，而绝大多数独立学院的专任教师只占整个师资队伍的10%左右。按照教育部对独立学院评估的要求以及确保教学质量的需要，专任教师队伍应该成为整个教师队伍的主体。

（2）必须有数量合适的自有专任教师队伍。教学的全过程包含"备、教、辅、改、考"5个环节，如果缺乏专任教师，主要依靠外聘教师或母体高校兼职教师，就很难保证教学全过程的完整性。外聘教师和母体高校兼职教师的工作仅仅是完成课堂上的教学，也就是完成了"教"的环节。对于备课，除了备大纲、备教材以外，还有在教学论中十分重要的"备学生"的任务，多数外聘教师忽视或者没有认真去做，从而其教学很难做到有的放矢、因材施教，当然把握不了教学效果。至于辅导答疑、作业批改、考试考查工作，对于外聘教师，在管理上也很难到位。独立学院学生入学分数线相对较低，因而在教学上严格把好各个环节，特别是加强辅导和平时答疑工作，了解学生学习情况，有针对性地帮助学生克服学习中的困难，这在独立学院显得尤为重要。因此，建设一支相当数量的专任教师队伍是非常重要而紧迫的事情。

（3）积极构建特色化的教学团队。从教师工作的内涵来看，教师的工作不只是授课，还要教书育人，开展科学研究，参加学科建设等。①独立学院的学生有部分学生在中学阶段没有养成良好的学习习惯。虽然有专门的学生工作人员对他们进行管理、教育和帮助，但是，教师在育人上的作用是巨大的，可起到专职学生工作人员无法起到的作用。教师要用自己的人格力量和智慧帮助、感化和启迪学生，但是这必须建立在充分了解学生思想的基础上才会产生最佳的效果，才会激发学生奋发向上、刻苦学习的精神。外聘教师对此是很难做到的。②高等学校的教师必须开展科学研究工作。目前，各独立学院虽然尚处于教学型而未进入研究型的阶段，但是教学研究工作是确保教学质量必不可少的。在教学对象从公办高校学生改变为民办独立学院学生的变化中，教师在教学内容的处理上、在教学方法的改进上都需要重新审视和研究，在课堂纪律的保证与管理上也会遇到新的问题需要解决，而对这一切工作，外聘教师很难开展起来。③独立学院和所有高校一样，需要打造自己的品牌，需要建设自己的特色学科。教师是学科建设的主力军，没有自己一支具有足够力量的专业教师队伍，学科建设就是一句空话。建设一支高素质的教师队伍是保证独立学院得以生存和发展的头等大事。

（二）独立学院师资队伍建设的主要措施

当前独立学院的师资队伍，不仅专任教师数量不够，而且结构也不尽合理。独立学院的专任教师主要由两部分人组成：一是高校退休教师，二是本科毕业生或研究生。教师队伍在职称结构、学历结构、年龄结构上均不够理想。急需引进人才，强化师资队伍。民办高校较之公办高校，无论是从人们的观念上，还是在个人的发展上或者对保障体系的考虑上，人才引进工作明显处于劣势地位。面对这种严峻形势，独立学院必须采取相应对策。

（1）根据学院自身定位引进人才。每所高校都有自己的定位，学校要按照自身的定位去物色人才，而不能盲目地引进人才。独立学院这一新生事物本身就是市场竞争的产儿，自诞生之日起就投身于教育市场的竞争之中，选择好定位是独立学院生存发展的基础。目前各独立学院尚属于教学型学校，急需引进资历深、知名度高、责任感强、业务精湛的一流人才。

（2）营造良好环境，稳定教师队伍。随着社会上全员聘任制的逐步推广，今后对于公办、民办在人员使用上的区别将逐渐缩小，所以，独立学院要强化师资队伍，在完善保障体系、创造学术氛围、提高教师待遇等方面进一步努力，让教师安心、放心、尽心地工作，让他们到独立学院来可以更充分地实现自身价值，从而稳定教师队伍。

（3）专兼教师结合，活跃学术氛围。过多地聘请兼职教师对保证教学质量存在诸多弊端，但是适当数量的外聘教师的存在不仅在目前是不可避免的，而且是必要的。专任教师队伍是教师队伍的主体，它已经可以克服前面所述的兼职教师过多所产生的各种弊端；适量的外聘教师从各高校带来的各种经验以及他们自身的各种不同风格对于促进学院的教风、学风优化，活跃学院的学术氛围是十分有益的。

（4）加强外聘教师管理。对外聘教师的管理问题是值得探讨的。根据长春大学光华学院的经验，一是对外聘教师做好服务工作，为教师创造良好的工作条件和环境，及时传达有关信息；二是加强督查，学院专门成立教学质量检查中心，由中心主任牵头，连同各系主任、专业负责人以及其他相关人员下班听课，发现问题，及时沟通解决；三是每学期通过学生信息反馈、专家听课评语、质量检查中心检查结果等方面，评出一定比例的优秀教师，学院给予奖励，并与优秀教师签订合同，聘为学院长期兼职教师。民办机制是独立学院获得高效益的核心，民办机制使独立学院具有相对灵活的经济效果和相对彻底的聘任制，独立学院可以充分利用民办机制的优势，建设和优化自己的师资队伍。

（三）独立学院师资队伍管理策略

（1）必须拥有足够数量的专职专任教师。按照国家教育部《关于规范并加强普通高校以新的机制和模式试办独立学院管理的若干意见》和《独立学院设置与管理办法》的要求，独立学院在具备相对稳定的专职教师队伍的同时，还必须具备一定数量的兼职教师。

（2）必须拥有一定数量的名师。这一方面是为了满足广大青年学生对名师、名校的追求和选择的需要；另一方面是独立学院正处在高校激烈竞争的势态下，高校的竞争力、生命力主要不是由教师数量决定的，而是有赖于优秀拔尖人才。学校办学的主体力量是教师中的骨干，尤其是高层次、关键性的名师，他们既可以影响、带动更多教师向高层次攀登，又可以赢得更多青年学生及学生家长的信赖，提高学校的知名度，赢得较好的社会效益和经济效益。

（3）构建教师自我发展平台。独立学院是高教园中的一块新垦区，为广大教师提供了一种自主、宽松的工作环境和自由发展的空间，它急切需要每一位教师充分发挥潜能，实现自我价值。教师的自我发展、自我需要意识的不断满足和提高是独立学院飞速发展的动力源泉。因此，构建教师自我展示平台也应成为独立学院教师管理的重要内容之一。

（4）引入德治理念。将德治理念引入师资管理，不仅增加了师资管理中的情感色彩，也体现了良好的人文关怀。首先是师德建设，新时期师德建设的重要理念就是以人为本，以教师自主、全面发展为本，在这个理念关照下，重新构建师德内容；其次是关注施德，要特别关注教师的所思所想，帮助他们解决在现实生活中遇到的各种问题，让独立学院的每一位教师都有一个愉快、幸福、充实的从教生涯。

第四节 湖南农业大学东方科技学院的办学实践

湖南农业大学东方科技学院由湖南农业大学和湖南丰泽家园房地产开发有限公司联合创办，是国家教育部首批确认的全日制本科独立学院。学院位于中国历史文化名城长沙。经过几年的发展，学院从2002年开始省内招生，拓展到2013年面向全国12个省、市招生；专业从2002年的8个拓展到33个；目前，学院占地面积35公顷，现有在校学生近万人。由于学院注重集成资源构筑新型育人环境，学院的社会认知度不断提高。

一、学院治理结构概述

湖南农业大学东方科技学院是由湖南农业大学和湖南丰泽家园房地产开发有限公司按民办机制联合创办的独立学院。学院不靠政府投入，其投入主要是合作方承担或者以民办机制共同筹措，收费也是按照国家有关民办高校招生收费政策执行。学院申办方为湖南农业大学，合作方共有两个，其中第一合作方为湖南鞭炮烟花进出口公司，第二合作方为湖南丰泽家园房地产开发有限公司。三者在学院筹建时签署的具有法律效力的合作办学协议中，就已明确了各自的责、权、利关系，即湖南农业大学对湖南农业大学东方科技学院的教学和管理负责，并保证办学质量；湖南鞭炮烟花进出口公司和湖南丰泽家园房地产开发有限公司作为合作方，共同负责提供湖南农业大学东方科技学院办学所需的各项条件和设施的投入，并参与学院的管理、监督及领导。多年来三者一直合作良好，尤其是湖南农业大学充分发挥校本部的智力、人才优势，切实加强了学院的教师队伍和管理队伍建设，指导学院建立和不断完善自己的教学水平监督与评估体系。这也是湖南农业大学东方科技学院发展顺利的关键原因之一。

（一）双方合作协议

湖南农业大学与湖南丰泽家园房地产开发有限公司，根据中华人民共和国有关法律、法规的规定，本着平等互利、利益共享、风险共担的原则，合作办学，签订了《双方合作协议》。协议明确，学院是以湖南农业大学为主体举办的具有独立法人资格的独立学院。学院在我国相关政策、法律、法规允许的前提下，实行自主办学、自主经营、独立核算和自负盈亏。

（1）学院的办学宗旨。顺应国际高等教育发展趋势，瞄准高等教育世界领先水平，创办一流教学机构，通过上规模、升档次、形成教育品牌、突出学历教育与职业素质培养一体化特色，培养适应未来人才市场的复合型、应用型管理人才和技术人才；注重教育的国际性，通过吸引国内外高层次人才从教和输送国内学生出国实习与深造，使学院教与学国际化，尤其是通过双学历教育培养国际认可的全球通用型人才。

（2）学院的发展目标。顺应全球经济一体化和高等教育国际化的发展潮流，通过合作双方优势互补、国内外高等教育先进理念与创新机制整合，以及在依托主办学校优质教育资源的基础上按需配置社会教育资源等措施，努力把学院办成中南五省有影响力和知名的品牌学院。

（3）合作办学双方的权利与义务。举办高校（湖南农业大学）的权利与义务：①负责成立学院的报批工作。②负责为独立学院提供教学、科研及生活用地。③负责落实在国家政策许可范围内的国家计划内本科学历教育招生计划指标。④负责选荐优质的师资力量，供学院择优聘用，在学院建设初期适当提供部分其他现存教育资源，如图书等供学院有偿共享。⑤负责提供自有土地合法证明性文件，并协助乙方和丙方开展学院报建及其他相关工作。⑥负责审查学院的总体规划、建筑设计，建筑施工质量，教学设备质量，以及所有工程和设备的概算、预算和决算。⑦负责协助学院统筹规划专业设置和相应的教学计划及管理体制的制定。

投资方（湖南丰泽家园房地产开发有限公司）的权利与义务：①乙方和丙方共同负责投资并建设学院学生公寓、学生食堂、学生澡堂、行政用房、综合教学楼、体育运动场所及其他校园配套基础设施。②依照甲方既定整体规划标准的前提下，乙方和丙方共同负责学院建设规划工作、上述工程的建筑设计与报建、所有工程概算与预算以及工程建设管理工作和日后的物业管理。③乙方和丙方作为同一主体（合作者）有权参与学院人事聘任、办学理念、发展规模和办学方向等重大问题决策。

（4）学院的组织机构。学院设立董事会。学院成立之时，即为董事会正式成立之日。董事会是学院的最高权力机构，决定学院一切重大事宜。董事会在讨论决定事项时，对一般问题实行少数服从多数原则，但对于学院建设规划的决定、学院债权和债务处置等重大事项实行一致通过原则。同时，学院设立监事会。学院成立之时，即为监事会正式成立之日。监事会代表投资者，对董事会及其成员、学院的中上层领导成员、财务管理人员等进行监督，防止其滥用职权，侵犯学院、主办者及合作者的利益，并负责向主办者和合作者联席会报告工作。

（5）学院管理体制。学院实行董事会领导下的院长负责制。举办高校和合作办学方均不得直接干涉学院的一切管理工作。院长由举办高校推荐、经董事会聘用，是学院的法定代表人，院长对董事会负责。学院建立中国共产党基层组织，基层组织负责人由举办高校委派。学院设立院务委员会。院务委员会成员由院长提名，董事会聘任。学院的教职员工一律实行“岗位聘用制”和责、权、利“三位一体”的目标管理。

（二）湖南农业大学东方科技学院章程

为了认真办好湖南农业大学东方科技学院，促进学院教育事业持续健康发展，现根据《中华人民共和国教育法》、《中华人民共和国高等教育法》和国务院颁布的《社会力量办学条例》、教育部《关于规范并加强普通高校以新机制和新模式试办独立学院管理的若干意见》的有关规定，以及湖南省有关文件精神，学院创办之初就制定了《湖南农业大学东方科技学院章程》，明确了学院的发生、办学宗旨和基本权利，并规定学院实行董事会领导下的院长负责制。

（1）业务范围与活动方式。学院的业务范围是面向全省乃至全国招收普高毕业生，主要培养“国际经济与贸易、金融学、法学、英语、日语、信息与计算科学、生物技术、动植物检疫、机械设计制造及其自动化、计算机科学与技术、信息工程、电子商务、环境工程、食品科学与工程、生物工程、园林、动物医学、工程管理、工商管理、会计学、公共事业管理、土地资源管理”等专业的本科学历的技术人才和管理人才。学院活动方式包括如下内容：学院的招生工作纳入普通高等教育招生计划，根据国家计划在各省内划定的本科第三批最低控制分数内录取新生。

（2）人员与组织机构。学院设立董事会和监事会，并在章程中明确了董事会和监事会的职责及工作规程。明确组建中共湖南农业大学东方科技学院总支部委员会，党总支在学院起政治核心和保障监督作用。学院设置党政办公室、教务部、学生工作部、财务部、资产管理中心、招生就业指导中心、团委等职能部门，同时设置公共课部和 4 个学部，公共课部下辖 10 个课程教研室，4 个学部分别管理 15 个系、33 个专业教研室。

(3) 法人与权力。学院为独立法人，学院院长为法人代表，由主办单位推荐，董事会研究决定。院长应具备较高政治素质、学识水平和管理高等教育的能力。一般应具有博士学位和教授职称。院长对董事会负责，行使下列职权：组织实施董事会决议，主持学院的全面工作；拟定并组织实施学院内部管理机构设置方案；提请聘任或解聘副院长，聘任或解聘学院下属机构负责人及教职工；拟定并组织实施学院年度专业设置方案、教学计划、招生计划；组织教学活动、科学研究以及思想品德教育；拟定并组织实施学院的管理办法和具体规章制度；拟定并组织实施学院年度财政预算方案，保护和管理学院财产，维护学院的合法权益；拟定并组织实施学院的建设项目。院长主持院长办公会议或院务会议。

(4) 财务与后勤。学院设置独立的财务，依法建立财务、会计制度和财产管理制度，并按照《会计法》、《行政事业单位会计制度》等规定，依法设置会计账簿。但接受湖南农业大学计财处监管，学院要按照《事业单位财务报告条例》定期制作，并向董事会提交中期、年度财务报告，接受监事会监督。学院对举办者提供的财产、国家财政性资助、受捐赠的财产等，依法进行管理和使用。学院的后勤工作，按照后勤服务社会化和企业化的管理要求进行。

(5) 劳动人事制度。学院每年自主制定或调整用人计划。实行按事设岗、按需定岗、按岗定责，体现人本管理、能本管理的要求，遵循“精简高效”的原则，采取“双向选择”办法，实行全员聘任制。学院坚持专职与兼职相结合的原则，努力建设一支高素质的教师队伍。学院董事会确定东方科技学院的年度工资总额，从学院的运转经费中开支。学院按照聘任合同，对受聘人员定期进行考核。被解聘、辞聘或拒聘者，原属湖南农业大学的可按有关规定申请回湖南农业大学人才交流中心。

(三) 董事会领导下的院长负责制

湖南农业大学东方科技学院在办学之初就明确了学院实行董事会领导下的院长负责制。这一制度在《合作办学协议》、《湖南农业大学东方科技学院章程》和《湖南农业大学东方科技学院董事会章程》都作了具体规定。明确董事会主要职责：贯彻执行中国共产党的路线、方针、政策，坚持社会主义办学方向；讨论决定东方科技学院深化改革、加快发展的基本思路；听取东方科技学院院长的工作汇报，决定东方科技学院发展方向、办学方针、发展规划；对东方科技学院的学科建设、人才培养等重大问题进行审议和指导；审定东方科技学院经费预决算、基建项目、投资计划；根据举办学校提供的建议人选，聘任或者解聘东方科技学院院长、副院长；决定东方科技学院内部管理机构的设置；筹措东方科技学院建设和发展所需资金；讨论和决定加强学院的思想政治工作、德育工作和精神文明建设的意见，保证以培养人才为中心的各项任务完成；协调学院与主办者及合作者的关系；制定学院的基本管理制度；审定学院分配制度和年度分配方案；加强与社会各方面的联系，争取更多的社会力量对学院办学育人工作的支持和帮助。同时明确董事长主要职责：召集、主持董事会会议；检查董事会决议的实施情况；签署学院的出资证书、重大合同及有关重要文件；在董事会闭会期间，对学院的重大问题和重要工作给予指导。

在各章程中，对院长主要职责作了具体规定：组织实施董事会决议，主持学院的全面工作；拟定并组织实施学院内部管理机构设置方案；提请聘任或解聘副院长，聘任或解聘学院下属机构负责人及教职工；拟定并组织实施学院年度专业设置方案、教学计划、招生计划；组织教学活动、科学研究以及思想品德教育；拟定并组织实施学院的管理办法和具体规章制度；拟定并组织实施学院年度财政预算方案，保护和管理学院财产，维护学院合法权益；院长主持院长办公会议或院务会议。

（四）基于教授治学的学术组织

基于教授治学的独立学院学术组织，发展初期的学科建设和学术事务相对较少，学院的中心工作就是教学工作，因此独立学院必须构建特色化的学术组织。湖南农业大学东方科技学院在办学实践中，通过教授委员会、教学工作委员会、学位评定委员会、教学督导团的组建和运行，形成了特色化的学术组织体系，有效地推动和规范了学院的教学和学术行为。

为了完善学院治理结构，充分发挥教授在学院改革、建设和发展中的作用，学院设立了教授委员会。教授委员会是学院教授代表组成的学术决策机构，其主要职责是：①根据党的教育方针、政策和社会发展对人才需求的变化，结合学院办学定位，提出学院教育教学改革与发展的建设性意见与建议，并参与具体改革实施方案的制定；②根据学院教学工作的实际情况，对学院学科、专业、课程、教材、师资、实验室和实习基地等教学基本条件建设提出建设性意见与建议，并指导具体实施方案的制定；③根据学院教育教学改革与发展的需要，与时俱进地对学院教学管理机构设置、规章制度和教学环节质量标准，以及教学建设项目与奖励项目的评价标准与办法，提出改革、完善建议和意见；④指导学院教学管理职能部门和教学单位做好教学管理工作，参与学院组织的教学评估、教学检查等教学质量监控工作，并给出终结性结论供院长办公会议审批；⑤指导学院教学研究与教学改革工作，参与学院教研教改项目及教学成果评审，审议教研教改项目的中期检查和结题验收材料，并给出终结性结论；⑥指导学院开展大学生创新教育工作，参与学院大学生科技创新基金项目、大学生研究性学习与创新性实验计划项目等大学生创新教育项目的立项评审、中期检查和结题验收等工作，并给出终结性结论，评定向上级教育行政部门组织的大学生创新教育项目；⑦指导学院教学质量工程项目建设工作，参与学院教学质量工程项目的立项评审、中期检查、结题验收等工作并给出终结性结论，评定向上级教育行政部门推荐参评的教学质量工程项目；⑧指导学院教学评奖评优工作，参与学院教学质量奖、优秀教师奖、优秀教材奖等教学奖励项目的资格审查与评选工作，并给出终结性结论；⑨指导学院师资队伍建设工作，审议师资队伍建设规划及相关文件和制度，评定年度青年教学能手和优秀教师，评议兼职教授、客座教授的任职资格。

为了加强对学院教学工作的宏观指导，促进学院办学规模、结构、质量、效益的协调发展，促进学院教育教学质量和办学水平的全面提高，学院设立了教学工作委员会。教学工作委员会是在学院领导下的教育教学决策咨询机构，负责指导和监控学院教学管理组织系统的运行。教学工作委员会具有如下职责：①定期对学院情况进行调查研究，广泛了解学生、教师及社会各方面的意见和要求，为学院进一步优化办学结构，提高办学质量和办学效益，提出建设性意见和建议；②参与学院教育教学宏观管理，指导学院规范办学行为，敦促学院加强办学条件建设，审议学院教育事业发展的中长期规划、学科发展规划、专业建设规划、师资队伍建设规划、实验室建设规划、实习基地建设规划等；③指导学院教学规划和教学建设工作，审议学院专业人才培养方案、课程教学大纲等基本教学文件和教学管理制度；④指导学院教学经费的预算编制，监控学院教学经费的预算执行；⑤针对学院教育教学工作中面临的重大问题进行专题调研，并提出指导性意见或实施方案；⑥指导学院教育教学微观管理，审议教育教学管理的重要文件和规章制度。

为了做好学位授予工作，确保学位授予质量，设立了学位评定委员会。学位评定委员会贯彻执行国家有关学位政策和法规，规范学位授予行为，保证学位授予质量，并为学院制定学位授予的相关政策提供咨询意见。学位评定委员会具有以下工作职责：审议申报授予学位的人员名单；作出授予、不授予、破格授予学位的决定；作出撤销学位的决定；审定与学位授予相关的规章制度和管理办法；审定与学位授予相关的其他重大事项，研究和处理学位授予工作中有争议的问题。

为了贯彻落实党的教育方针，加强对教学工作的全面监控，贯彻“积极发展、规划管理、改革创新”的独立学院办学指导方针，促进教学质量的全面提高，学院设立教学督导团。学院督导团在董事会和学院行政领导下，配合学院教学管理职能部门开展教学督导工作，代表学院对教育教学工作进行督促、检查、调研、评估和指导。教学督导团的工作职责：①坚持党的教育方针和社会主义办学方向，积极参与学院的教学管理决策；②指导学院教学管理职能部门、教学单位和教学基层组织的教学管理工作，积极为学院教学管理献计献策；③指导专任教师提高教学水平，为学院师资队伍建设出谋划策；④参与学院教学质量监控，包括随堂听课、实践教学环节（包括实验、教学实习、生产实习、毕业实习和综合实习）检查、专业人才培养方案执行情况检查、作业抽查、实习报告抽查、毕业论文（设计）抽查等；⑤参与学院教学评估相关工作，包括参与学院组织的系部教学工作评估、省级教育行政部门组织的办学情况年度检查或评估、教育部组织的教学工作专项检查等；⑥参与学院组织教学检查，包括开学第一天教学大检查、学期教学工作检查、学期试卷质量检查、毕业论文（设计）检查等；⑦参与学院教学督查，包括学风督查、教风督查、考风督查等；⑧参与学院重大教学问题的调查研究，及时向学院领导、教学单位和教学管理职能部门反馈教学情况并提出建设性的意见或建议。

（五）民主管理与民主监督

根据《中华人民共和国教育法》的要求，学院设立了教职工代表大会（简称教代会）和中国教育工会湖南农业大学东方科技学院委员会（简称院工会），“教代会”是体现民主权力的主渠道，其常设机构为院工会。为了体现民主管理和民主监督，学院的副院长及以下各级管理干部都实行“选任制”，每四年实行一次全员竞聘上岗，由全院教职工投票选举产生中层干部和副院长，体现了良好的民主管理与民主监督机制。为了切实维护师生利益，学院成立了学生申诉委员会和教职工申诉委员会，并建立了配套的申诉制度和工作程序。

二、教育教学管理思路

（一）办学指导思想

全面贯彻党的教育方针，遵循高等教育发展规律，严格按国家法律法规和教育行政主管部门有关独立学院的办学要求规范办学行为；坚持按本科应用型人才培养规格育人，依托母体学校优质教育教学资源和管理经验资源，逐步构建学院自有教育教学资源体系，突出学历教育与职业素质培养一体化特色，强化学生的创新意识、实践能力、学习能力、就业与创业能力培养，逐步打造自己的办学特色；坚持“质量立院、特色兴院、人才强院”的办学理念，加强学院自身建设，逐步形成学院的核心竞争力，为区域经济建设和社会发展提供特色鲜明的高素质应用型技术人才和管理人才。

（二）办学理念

基本办学理念：质量立院、特色兴院、人才强院。

教育教学质量是高等学校的生命线。独立学院创办初期主要依托母体学校的教育教学资源和管理经验资源保障教育教学质量，但随着学院教育事业的发展，相对独立性必然会逐步增强，独立性增强以后如何保证和进一步提高教学质量，是摆在湖南农业大学东方科技学院人面前一个非常艰巨的任务。

办学特色是高等学校核心竞争力的重要表现。10 年的办学实践，学院积累了一定的办学经验，通过校企合作、加强实践能力训练、毕业实习与就业的零距离对接等措施，正在逐步打造湖南农业大学东方科技学院自己的办学特色。但是，一所高校办学特色的形成是不可能一蹴而就的，必须经过长期不懈的努力和全方位的探索，在不断积累经验的基础上逐步形成。

人才是高等学校发展的根本。近年来，学院积极引进人才，充实教学第一线队伍，公共基础课教师已基本能满足教学需求，在心理学、生态学、职业生涯设计等学科领域已具有较强的师资力量。但是，学院师资队伍建设任重而道远，人才引进还必须加大力度，逐步构建学科建设、专业建设和课程建设等不同层面的人才储备库，为提高学院的核心竞争力打下良好的基础。

在办学实践中，学院坚持“以就业为导向、以学生为主体、突出教学中心地位、全方位集成教育教学资源”的管理理念。其中以就业为导向，是从积极创造条件开办市场急需、人才紧缺的专业，适当缩减市场趋于饱和的专业招生规模，直至停止招生，实现毕业生与就业市场的良好对接；以学生为主体，具体表现为“一切为了学生，为了一切学生，为了学生的一切”；突出教学中心地位，具体体现为学院一把手（院长）是教学质量的第一责任人，在经费投入、人员配备、日常管理等各方面切实体现“一切为教学服务”；集成教育资源，即将母体学校优质学历教育资源与行业企业（公司、基地）丰富多彩的职业技能训练资源有机地集成，以全面满足学历教育与职业素质培养一体化运作的需要。

（三）办学思路

在全方位利用学院合作办学双方优质资源的基础上，充分利用民营机制，积极把握发展机遇，坚持办学质量与办学效益协调发展的原则，注重本科学历教育与综合职业素质培养一体化特色，采用强化英语、计算机知识和专业技能集成教学的方式，培养适应区域经济发展的高素质应用型管理人才和技术人才。

（四）发展定位

湖南农业大学东方科技学院是一所本科层次的教学型大学，立足湖南，面向全国，突出本科学历教育与综合职业素质培养一体化特色，强化学生的做人、做事、做学问"三位一体"培养，为区域经济建设和社会发展输送本科层次的高素质应用型技术人才和管理人才。

(1) 学院定位：普通本科层次教育的教学型大学。

(2) 办学特色定位：突出本科学历教育与综合职业素质培养一体化特色，强化学生的创新意识、实践能力、学习能力、就业与创业能力培养。

(3) 人才培养规格定位：以本科层次教育为基准，以综合职业能力训练为主线，以高素质应用型人才培养为目标。

(4) 服务面向定位：以人才市场需求为导向，立足湖南，面向全国，服务区域经济建设和社会发展。

三、教学运行管理体系

（一）教学组织与管理

学院创办之初，按照教育部于 2003 年 4 月印发的《关于规范并加强普通高校以新的机制和模式试办独立学院管理的若干意见》（教发［2003］8 号）要求，实施相对独立的教学组织与管理，不断加强教学管理组织机构建设和教学管理队伍建设，目前已建立较完善的层级制教学管理体系。学院实行学院、学部、系三级教学管理模式，教务部作为学院教学管理的职能部门，负责学院教学工作的安排与协调、教学运行管理、实践教学环节管理、考试与成绩管理、学籍管理、大学生创新教育管理、教材建设与管理、实验室建设与管理、教学研究与教学改革等工作，协助学院财务部进行教学经费预算编制，同时兼管学院科研工作（暂时）。学院的二级教学单位分公共课部、经济管理学部、理工学部、生命科技学部、人文社会科学学部，公共课部下设 10 个全院性公共必修课的课程教研室，4 个学部下设若干个系，每个系下设若干个专业教研室。

（二）教学管理制度建设

为了明确教师和教学管理人员在各教学环节中的职责，实现教学工作的规范化、制度化，保证教学工作的正常运行，促进教育教学质量的稳步提升，学院制定了《湖南农业大学东方科技学院教学运行管理规定》，对基本教学文件的编制和管理、教学任务落实的程序和管理模式、教师任课资格的界定与管理、各类教学环节的规范与管理、教学过程的规范与管理、教学质量管理与评价、教学研究与教学改革等，进行了明确的规范，并配套制定了《湖南农业大学教学工作量计算办法》、《湖南农业大学东方科技学院学分制实施方案》、《湖南农业大学东方科技学院课表编排与调课管理办法》、《湖南农业大学东方科技学院教案管理暂行规定》、《湖南农业大学听课评课暂行规定》、《湖南农业大学东方科技学院任课教师教学质量考核评价细则》、《湖南农业大学东方科技学院教材建设与管理办法》、《湖南农业大学东方科技学院教学档案建设暂行规定》、《湖南农业大学东方科技学院教室管理办法》等文件制度，切实保证教学工作的正常运行和规范管理。

为了规范教学和课程考核行为，提高考核质量，明确工作职责，加强考核监督，强化组织管理，健全考核制度，严肃考核纪律，维护考核秩序，防范违规行为，保证考核的客观、公正和准确，维护学生合法权益，学院制定了《湖南农业大学东方科技学院课程考核管理条例》，对课程或实践教学环节考核工作的领导与组织、考核前期工作（包括命题、试卷印制与管理、考场安排、工作人员安排等）、考核实施、成绩评定、成绩管理、试卷归档等工作进行了明确的规范，并配套制定了《湖南农业大学学生考试违规处理办法》、《湖南农业大学东方科技学院教学工作专项奖励办法》等文件制度，积极加强考风建设。

为了加强实验教学的科学化、规范化管理，不断提高实验教学水平，不断提高人才培养质量，学院制定了《湖南农业大学东方科技学院实验教学管理规定》，对实验教学管理体制、实验教学计划、实验教学教程管理、实验教学研究和实验教学检查与评估等进行了明确的规范，并配套制定了《湖南农业大学东方科技学院“十二五”实验室建设规划》、《湖南农业大学东方科技学院实验建设与管理办法》等文件制度，为提高实验教学质量搭建了良好的平台。

为了加强实习教学（教学实习、生产实习、毕业实习和综合实习）管理，提高实习教学质量，学院制定了《湖南农业大学东方科技学院实习教学管理办法》，对实习教学的管理体制、实习教学过程管理、实习教学经费管理等作了明确的规定，并配套制定了《湖南农业大学东方科技学院“十二五”实习基地建设规划》、《湖南农业大学东方科技学院校内实习基地建设与管理办法》、《湖南农业大学东方科技学院校外实习基地的遴选与管理办法》、《湖南农业大学东方科技学院学生暑期社会调查管理规定》、《湖南农业大学东方科技学院课程论文（设计）管理规定》、《湖南农业大学东方科技学院毕业论文（设计）工作条例》等文件制度，扎实培养学生的实践能力和创新能力，全面提高人才培养质量。

为了加强大学生创新教育，培养创新精神，全面提高学生的实践能力和创新能力，学院制定了《湖南农业大学东方科技学院大学生学科竞赛组织管理办法》、《湖南农业大学东方科技学院大学生素质拓展活动教育学分设置规定》、《湖南农业大学东方科技学院大学生研究性学习和创新性实验计划项目管理办法》、《湖南农业大学东方科技学院学生奖励暂行办法》等文件制度，并设立了学科竞赛专项基金、科技创新专项基金、大学生研究性学习和创新性实验计划项目专项基金等支持大学生创新教育工作，极大地调动了广大师生在大学生创新教育方面的积极性、主动性和创造性。

为了鼓励教师和管理人员广泛开展教学研究和教学改革，学院设立了教研教改专项基金，并制定了《湖南农业大学东方科技学院教育教学改革与研究工作管理条例》、《湖南农业大学东方科技学院优秀教学成果奖励工作实施办法》、《湖南农业大学东方科技学院科研工作量计算办法》等文件制度，有力地推动了学院教学研究和教学改革工作。

（三）教学运行管理特色

为了体现“以本科层次教育为基准、以综合职业素质训练为主线、以高素质应用型人才培养为目标”的独立学院人才培养规格定位，创建了“源头控制搭构架、行业导学明目标、创新教育促发展、全程管理抓质量”的教学运行管理体系（见图 5—2），收到了良好的人才培养效果。

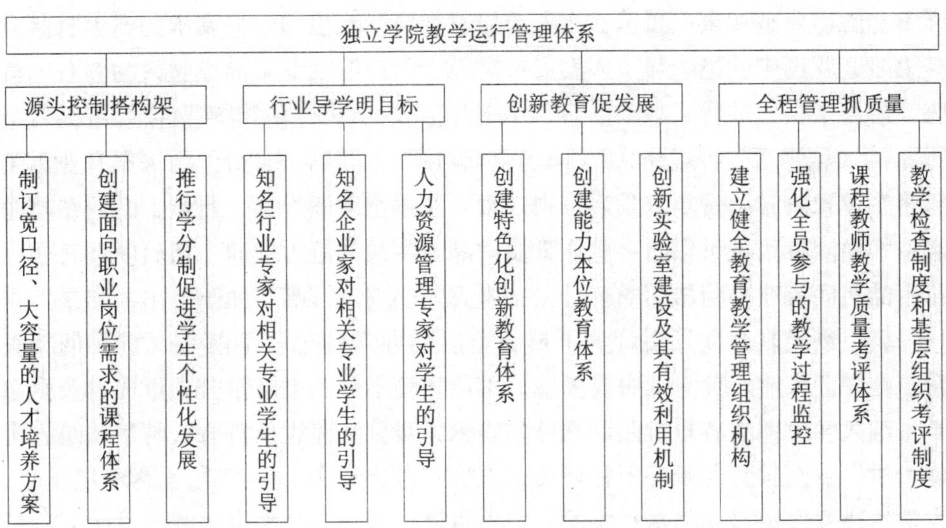

图 5—2　湖南农业大学东方科技学院的教学运行管理体系

（1）源头控制搭构架。湖南农业大学东方科技学院实行学分制改革，规定本科修业年限3—6年，切实保证学生的全面发展和个性化发展。考虑学院办学历史较短，教学改革只能稳步实施，学院实行年度人才培养方案制度，根据教学改革成果和人才需求市场变化情况，每年修订一次专业人才培养方案，并构建基于弹性学分制的宽口径、大容量的专业人才培养方案，切实保证人才培养效果，从教育教学的规划设计"源头"保证教育教学质量。考虑学院的专任教师队伍来源复杂，既有学院自行聘任的专职专任教师（主体为新招聘的年轻教师），又有母体学校委派教师和从社会招聘的兼职教师，学院在加强师资队伍建设和管理的基础上，积极加强教学工作的源头质量管理，编制了《湖南农业大学东方科技学院主要教学环节质量标准》，制定并多次修订课程教学大纲，并编制了每个专业的《专业教学指南》，使教育教学过程的实施有章可循，扎实规范各类教学活动的组织和实施过程，有效地保证了人才培养质量稳步提升。

（2）行业导学明目标。独立学院的学生群体具有一定的特殊性，通常表现为文化基础相对较差，学习目的不明确，自理能力和自制能力较差。为了提高学生的学习积极性和主动性，促使学生提高对所学专业和未来所从事职业的认识，形成培养学生综合职业能力的有效机制，学院全面实施"专业导学"制度，每个专业聘请相关的行业专家、知名企业家、人力资源专家等3—8名，给学生定期或不定期举办"专业导学"专题讲座，按照从低年级到高年级学习过程的相关要求，分别进行行业发展前景、专业应用领域、本专业对应的职业岗位的能力要求和素质要求、用人单位对本科毕业生的一般要求、就业求职应聘策略、职场中的组织与个人发展策略等方面内容的专家或成功人物的专题讲座，产生了很好的育人效果。此外，通过"走出去、请出来"的"东方名企行"（组织学生到本专业的相关知名企业考察）、"名企东方行"（请本专业相关知名企业家到学院现场教学）系列活动，使学生明确社会、行业、企业和职业岗位的要求，实现了以综合职业素质训练为主线的能力培养，从而使近三届毕业生的年底就业率稳居98%以上，并得到用人单位的广泛好评。

（3）创新教育促发展。为了形成自己的办学特色，学院高度重视创新教育，在专业人才培养方案中设置能力本位教育学分和创新学分，形成惠及全部学生的大学生创新教育机制；通过加强创新实验室建设及其有效利用机制，构建大学生创新教育的硬件平台；通过设立科技创新基金、学科竞赛专项基金、大学生研究性项目和创新性实验计划项目资助基金等，积极支持大学生开展科技创新活动，鼓励广大师生积极参加创新教育，使学院的大学生创新教育覆盖面和学生受益面达到50%以上，获得专项基金资助或奖励的学生受益面达到30%以上，各类学科竞赛和创新教育获奖率达到学生总数的15%以上，有效地提高了学院的社会声誉，促进了大学生创新能力的提高和发展。

（4）全程管理抓质量。学院自2004年开始实施教学全面质量管理。按照ISO 9000—2000族标准规范教学活动的组织和管理，形成了全程管理抓质量的管理体制。通过实施学生测评、同行测评、专家测评、教学环节考核的课程教师考评体系，结合教师授课优质高酬的奖励课酬制度，使教学第一线的质量意识得到了强化，形成了特色化的教学质量激励机制；通过开学第一天教学情况大检查、期中教学检查、学期教学大检查、教学环节实施情况抽查和试卷质量专项检查、毕业论文（设计）专项检查等，强化了教学过程质量过程监控，使学院人才培养质量稳步提升；通过加强基本办学条件建设、实验室建设、图书情报资料建设、校内外实习基地建设和教学基层组织建设，合理运用竞争机制和激励机制，促进学院内涵式发展，切实保证人才培养质量。

四、学生教育管理体系

为了推进学院的内涵式发展，学院在继承和发扬母体高校湖南农业大学校训“朴诚奋勉、求实创新”的基础上，明确了学院自己的校训：励能笃行，知新致远，并设计了具有深刻内涵的校徽和校旗，逐步构建特色化的校园文化，形成独特的大学文化氛围和育人整体环境。

（一）学生教育管理组织体系

党建和思想政治工作是学院政治权力核心地位的具体实施体系，学院党委书记及其领导的党委班子是党建和思想政治工作的领导集体，在切实加强学院党组织建设的前提下，积极开展全院师生员工的思想政治工作，维护学院稳定发展局面。

在思想政治工作队伍建设方面，学院组建了针对性的组织机构体系：思想政治工作教学部负责政治理论课的教学工作和思想政治工作理论研究，指导学院学生工作部和团委开展学生思想政治工作；学生工作部负责学生教育管理工作，加强学生日常管理和教育，积极加强学风建设，营造良好的学习氛围和校园文化，并指导学生会开展学生自治和自我管理；院团委是学院学生思想政治工作和学生教育管理的重要组织机构，历年工作的积累和发展性积淀，使学院形成了“东方红”思想政治工作品牌、“东方坛”学术科技活动品牌、“东方韵”学生文艺活动品牌、“东方杯”体育运动活动品牌、“东方行”学生社会实践活动品牌，产生了很好的“学生全面发展”育人效果，这一系列思想政治工作品牌在省内外独立学院获得了很好的推广应用效果。

（二）学生教育管理制度建设

为了维护学院正常的教育教学秩序和生活秩序，保障学生身心健康，促进学生德、智、体、美全面发展，学院制定了《湖南农业大学东方科技学院学生管理规定》，对学生的权利与义务、学籍管理制度、校园秩序管理、学生课外活动管理、学生评奖评优、学生违纪与处分等进行了明确的界定和规范，配套制定了《湖南农业大学东方科技学院学生学杂费管理办法》、《湖南农业大学东方科技学院学生违纪处理办法》、《湖南农业大学东方科技学院学生婚育管理暂行规定》、《湖南农业大学东方科技学院校内申诉处理规定》、《湖南农业大学东方科技学院关于推荐优秀团员作为党的发展对象工作的实施办法》、《湖南农业大学东方科技学院学生公寓管理规定》、《湖南农业大学东方科技学院学生公寓网络及计算机使用管理办法》、《湖南农业大学东方科技学院学生勤工俭学管理条例》、《湖南农业大学东方科技学院家庭经济困难学生资格认定管理办法》、《湖南农业大学东方科技学院奖学金、助学金实施办法》、《湖南农业大学东方科技学院学生综合考证办法》、《湖南农业大学东方科技学院“三好学生标兵”、“三好学生”、“先进班集体”评选办法》、《湖南农业大学东方科技学院“五四”表彰评比办法》、《湖南农业大学东方科技学院优秀毕业生评选办法》等文件制度，并汇编成《湖南农业大学东方科技学院学生手册》印发给学生，使学生的学习和生活行为有章可循，全面提高学生的自理能力和学生群体的自治能力。

（三）学生教育管理特色

针对“本科第三批”生源群体特征，为了有效地实现“强化综合职业素质训练的应用型人才”的培养目标，创建了“身心健康为基础、素质拓展强能力、多元集成育良才、职业指导促就业”的学生教育管理体系（见图5—3），并在实践中取得了良好的育人效果。

（1）身心健康为基础。湖南农业大学东方科技学院创造性的推行“自主选项、分类教学、自主达标”的“俱乐部”式的大学体育课程教学体系和群众性体育活动的开展，全面提高了体育课教学效果，得到了大学体育课教学领域的认可并在湖南省多所高校推广应用。学院高度重视大学生心理健康教育，创建了基于积极心理理念的“以课堂教学为主阵地，以心理测评为基础，以心理咨询与辅导为手段，以心理危机预警机制和干预机制为保障”的“立体交叉式”心理健康教育模式，提高了学生的心理素质，有效地预防和解决了学生心理问题，办学8年未发生学生因心理问题而自杀的案例。同时，项目主持人主编的国家规划教材《大学生心理健康教育》获得国家级优秀教材奖，网络多媒体课

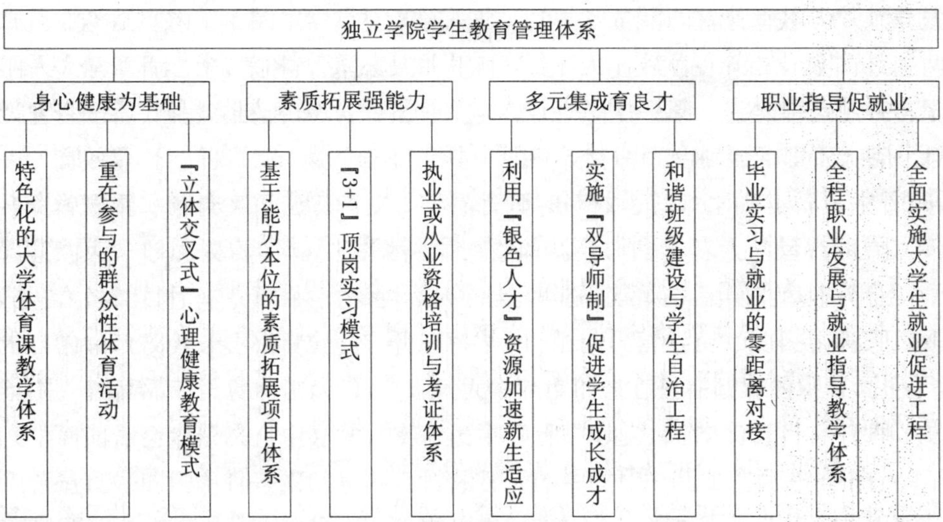

图 5—3 湖南农业大学东方科技学院的学生教育管理体系

件获教育部多媒体课件二等奖，该课程被评为省级精品课程。湖南农业大学东方科技学院自 2006 年开始实施“身心健康为基础”的学生身心健康培养策略，切实保证了学生的身心健康，为其未来事业发展奠定了良好的身心素质条件。

(2) 素质拓展强能力。为了体现以综合职业素质训练为主线的人才培养过程，除专业人才培养方案中规定的“能力本位教育学分”和“创新学生”以外，学生教育管理中充分体现“寓教于业”及其相关实施策略，通过多样化的素质拓展活动强化学生的综合职业能力。学院开设了六大类 189 种素质拓展项目，使近三届毕业生中有 82%取得了第三方认证的执行资格证和从业资格证，提高了学生的就业竞争力，为实现学生毕业后的“多证上岗”奠定了良好的基础。学院自 2008 年开始推行的“3＋1”顶岗实习模式，前三年完成教学计划规定的主要课程，第四年进入生产第一线单位进行为期一年的顶岗实习，同时完成毕业论文（或毕业设计），强化学生的实践能力，提高综合职业素质，缩学生进入社会的适应期。

(3) 多元集成育良才。为了加速新生人校的适应过程，学院充分利用母体学校教授、专家等“银色人才资源”作为低年级学生的专业指导老师，强化其做人、做事、做学问的引导；对高年级学生实行“双导师制”，学院安排相关专业的教师作为本科生导师，并聘请相关行业专家或企业界技术或管理人员作职业发展导师，促进学生成长成才，切实提高学生的学识水平和综合职业能力。为了强化学生自主管理意识，全院实施和谐班级建设与学生自治工程，强化学生的自我管理和自我成长，切实加强学院的学风、考风、校风建设。

（4）职业指导促就业。为了促进学生职业发展，学院实行全程职业发展与就业指导教学体系：第一学期开设大学生职业生涯规划课程，第二至五学期不定期地进行团体职业辅导，第六学期开设就业指导课程，第七、八学期进行求职应聘实战训练，全面实施特色化的全学程大学生职业发展就业指导教学体系，有效地提高了大学毕业生的就业率和未来职业发展能力。基于学院“以本科层次教育为基准，以综合职业能力训练为主线，以高素质应用型人才培养为目标”的人才培养规格定位，学院积极开展教育教学模式改革与探索，自2008年开始实施“3＋1”顶岗实习的同时，实现毕业实习与毕业生就业的零距离对接，使30％以上的学生被毕业实习单位招聘，有效地提高了毕业生的“一次性就业率”，同时为毕业生以后的发展打下了一定的基础。此外，学生招生就业指导中心积极推进全面实施大学生就业促进工程，通过广泛收集社会就业招聘信息、主动建设就业基地、积极拓展就业渠道，全方位服务全体毕业生，为毕业生群体提供3个以上的就业岗位，并通过一系列促进毕业生就业的政策和措施，在全面提高学生就业竞争力、职业适应能力和职业发展能力的前提下，全面推进大学生就业，促进学院内涵式发展。

参考文献

[1] 周志宏．学术自由与大学法（第一版）[M]. 台北：蔚理法律出版社，1989（民国78).

[2] 许纪霖．智都的尊严：知识分子与近代文化（第一版） [M]. 上海：学林出版社，1991.

[3] 汪澍白．二十世纪中国文化史论 [M]. 北京：中国青年出版社，1993.

[4] [德] 汉斯格特·派泽特，格茜尔法·弗拉姆汉．联邦德国的高等教育 [M]. 北京：北京大学出版社，1993.

[5] [美] 克拉克·克尔．大学的功用 [M]. 陈学飞译．南昌：江西教育出版社，1994.

[6] [英] 纽曼．世界教育名著通览 [M]. 武汉：湖北教育出版社，1994.

[7] [美] 伯顿·R. 克拉克．高等教育系统：学术组织的跨国研究 [M]. 王承绪等译．杭州：杭州大学出版社，1994.

[8] [美] 威廉·J. 克林顿，小阿特·戈尔．科学与国家利益 [M]. 曾国屏，等译．北京：科学技术出版社，1995.

[9] 张泰金．英国的高等教育：历史·现状 [M]. 上海：上海外语教育出版社，1995.

[10] 郑也夫．代价论：一个社会学的新视角 [M]. 北京：生活·读书·新知三联书店，1995.

[11] 鲍宗豪．知识与权利 [M]. 上海：上海人民出版社，1996.

[12] 宋林飞．西方社会学理论 [M]. 南京大学出版社，1997.

[13] 中华人民共和国重要教育文献 [M]. 海口：海南出版社，1997.

[14] 陈永明主编．国际师范教育改革比较研究 [M]. 北京：人民教育出版社，1997.

[15] [美] 艾德勒．六大观念 [M]. 郗庆华译．北京：生活·读书·新知三联书店，1997.

[16] [法] 让—弗朗索·瓦·利奥塔尔．后现代状态 [M]. 车槿山译．北京：生活·读书·新知三联书店，1997.

[17] [美] 魏定熙．北京大学与中国政治文化 [M]. 金安平，张毅译．北京：北京大学出版社，1998.

[18] [德] 马克斯·韦伯．学术与政治 [M]. 冯克利译．北京：外文出版社，1998.

[19] [德] 威廉·冯·洪堡. 论国家的作用 [M]. 林荣远，等译. 北京：中国社会科学出版社，1998.

[20] 谢泳. 西南联大与中国现代知识分子 [M]. 长沙：湖南文艺出版社，1998.

[21] 郭丽君. 大学教师聘任制——基于学术职业视角的研究 [M]. 北京：经济管理出版社，2007.

[22] 贺国庆. 德国与美国大学发达史 [M]. 北京：人民教育出版社，1998.

[23] 北京大学校长办公室. 21世纪的大学：北京大学百年校庆召开的高等教育论坛论文集 [M]. 北京：北京大学出版社，1999.

[24] 刘小枫. 现代性社会理论绪论 [M]. 上海：三联书店，1998.

[25] [英] 托尼·布什. 当代西方教育管理模式 [M]. 张海燕主译. 南京：南京师范大学出版社，1998.

[26] [德] 马克斯·韦伯. 社会科学方法论 [M]. 李秋零，田微译. 北京：中国人民大学出版社，1999.

[27] [美] 华勒斯坦. 学科·知识·权力 [M]. 刘健芝译. 北京：生活·读书·新知三联书店、牛津大学出版社，1999.

[28] 钱理群. 学魂重铸 [M]. 上海：文汇出版社，1999.

[29] 涂又光. 中国高等教育史论 [M]. 武汉：湖北教育出版社，1999.

[30] 沈红. 美国研究型大学的形成与发展 [M]. 武汉：华中理工大学出版，1999.

[31] 谢泳. 逝去的年代：中国自由知识分子的命运 [M]. 北京：文化艺术出版社，1999.

[32] 舸昕. 从哈佛到斯坦福：美国著名大学今昔纵横谈 [M]. 北京：东方出版社，1999.

[33] 全国部分高校师资工作联合会. 高校师资工作文集（13）[M]. 上海：复旦大学出版社，1999.

[34] 陈永明. 现代教育论 [M]. 上海：上海教育出版社，1999.

[35] 刘献君. 大学之思与大学之治 [M]. 武汉：华中理工大学出版社，2000.

[36] 杜作润，高烽煜. 大学论 [M]. 成都：四川教育出版社，2000.

[37] 杨东平. 大学精神 [M]. 吉林：辽海出版社，2000.

[38] 谢维和. 教育活动的社会学分析：一种教育社会学的研究 [M]. 北京：教育科学出版社，2000.

[39] 张应强. 高等教育现代化的反思与建构 [M]. 哈尔滨：黑龙江教育出版社，2000.

[40] 袁振国. 中国教育政策评论 [M]. 北京：教育科学出版社，2000.

[41] 廖泉文. 人力资源考评系统 [M]. 济南：山东人民出版社，2000.

[42] 全国部分高校师资工作联合会. 高校师资工作文集（12）[M]. 上海：复旦大学出版社，2000.

[43] [美] 齐格蒙·鲍曼. 立法者与解释者 [M]. 上海：上海人民出版社，2000.

[44] [德] 柯武刚，史漫飞．制度经济学：社会秩序与公共政策 [M]. 韩朝华译．北京：商务印书馆，2000.

[45] [加] 许美德．中国大学 1895—1995：一个文化冲突的世纪 [M]. 许洁英译．北京：商务印书馆，2000.

[46] [英] 安东尼・吉登斯．现代性的后果 [M]. 田禾译．北京：译林出版社，2000.

[47] [加] 查尔斯・泰勒．现代性之隐忧 [M]. 程炼译．北京：中央编译出版社，2001.

[48] 谢绳武．教师职务聘任与队伍建设 [M]. 厦门：厦门大学出版社，2001.

[49] 别敦荣．中美大学学术管理 [M]. 武汉：华中科技大学出版社，2001.

[50] 全国部分高校师资工作联合会．高校师资工作文集 [M]. 广州：暨南大学出版社，2001.

[51] 李晓燕．我国教师的权利与义务及其实现保障机制研究 [M]. 广州：广东教育出版社，2001.

[52] 陈洪捷．德国古典大学观及其对中国大学的影响 [M]. 北京：北京大学出版社，2002.

[53] [美] 唐纳德・肯尼迪．美术责任（第二版）[M]. 阎凤桥，等译．北京：新华出版社，2002.

[54] [美] 刘易斯・科塞．理念人：一项社会学的考察 [M]. 梁方，等译．北京：中央编译出版社，2001.

[55] 熊志翔，等．高等教育制度创新论 [M]. 广州：广东高等教育出版社，2002.

[56] 潘懋元，等．中国高等教育百年 [M]. 广州：广东高等教育出版社，2003.

[57] 杨天平．学校常规管理学 [M]. 北京：人民出版社，2004.

[58] 易自力，等．全日制普通高等学校教学全面质量管理导论 [M]. 长沙：湖南教育出版社，2004.

[59] 卢元锴，等．教育策划概论与案例 [M]. 北京：同心出版社，2005.

[60] 杨寅平．现代大学理念构建 [M]. 北京：中央翻译出版社，2005.

[61] 刘仁镜，等．现代学校制度与治校方略 [M]. 北京：开明出版社，2005.

[62] 郑燕祥．教育领导与改革新范式 [M]. 上海：上海教育出版社，2005.

[63] 李剑萍．校长领导与学校效能的实证研究 [M]. 济南：山东人民出版社，2005.

[64] 陈放，等．教育策划 [M]. 北京：蓝天出版社，2005.

[65] 教育部中外大学校长论坛领导小组．中外大学校长论坛文集 [M]. 北京：中国人民大学出版社，2005.

[66] 邹冬生，朱翠英，等．独立学院教育教学研究与实践 [M]. 长沙：湖南教育出版社，2006.

[67] 栗洪武，肖世民，等．学校教育学 [M]. 西安：陕西师范大学出版社，2007.

[68] 姜继为，韩强．高校治理结构研究 [M]. 成都：四川教育出版社，2009.

[69] 严文清．中国大学治理结构研究 [M]. 北京：人民出版社，2011.

[70] 范国睿．共生与和谐：生态视野下的学校发展 [M]. 北京：教育科学出版社，2011.

[71] 叶凡．地方高校定位研究 [D]. 武汉：华中科技大学，2005.

[72] 花长友．高校内部管理体制创新的理论与模式 [D]. 南京：河海大学博士学位论文，2001.

[73] 陈慧青．中国高校布局结构变革研究 [D]. 厦门：厦门大学，2009.

[74] 邓小泉．中国传统学校教育生态系统的历史变迁 [D]. 上海：华东师范大学，2009.

[75] 郑利霞．我国高等教育布局结构及其逻辑研究 [D]. 武汉：华中科技大学，2009.

[76] 朱婕．教育生态学视野下高职院校发展研究 [D]. 武汉：华中师范大学，2010.

[77] 张凤丽．教学生态学视野中的学校发展研究 [D]. 福州：福建师范大学，2010.

[78] 范倩．地方高校社会服务职能研究 [D]. 济南：山东经济学院，2011.

[79] Faculty and Faculty Issues in Colleges and Universities，Second Edition，SIMON& Schuster Custom Publishing，1996.

[80] Tony Becher. Acdemic Tribes and Territories：Intellectual Enquiry and the Culture of Disciplines. By，Open University Press，1989.

[81] Altbach，P. G. The International Academic Profession：Portraits of fourteen Countries. Princeton：Carnegie Foundation for the Advancement of Teaching，1996.

[82] Abdelal，A.，Blumenfeld，D.，Crimmins，T.，and Dressel，P. Integrating Accountability Systems and Reward Structures. Metropolitan Universities，Spring 1997.

[83] American Association of State Colleges and Universities. Facing Change：Building the Faculty of the Future. Washington，DC.，1999.

[84] American Association of University Professors. On Periodic Evaluation of Tenured Faculty. In AAUP Policy Documents and Reports. Washington，DC：AAUP.，1995.

[85] On Post-Tenure Review. September/October 1997. Academe，83 (5).

[86] Bland，Carol J.，and Bergquist，William H. Snow on the Roof，Fire in the Furnace：The Vitality of Senior Faculty Members. Washington，DC：ASHE-ERIC Higher Education Report，1997，25 (7).

[87] Chan，S. S. and Burton，J. Faculty Vitality in the Comprehensive University：Changing Context and Concerns. Research in Higher Education. 1995，36 (2).

[88] Crawley，Arthur L. Senior Faculty Renewal at Research Universities：Implications for Academic Policy Development. Innovative Higher Education，1995，20 (2).

[89] Edwards，Richard. Can Post-Tenure Review Help Us Save the Tenure System? . Academe，83 (3).

[90] Ferren，Ann S. Senior Faculty Considering Retirement：A Developmental and

Policy Issue. Washington, DC: American Association for Higher Education New Pathways Project Working Paper 11. 1998.

[91] Goodman, Madeleine, J. The Review of Tenured Faculty at a Research University: Outcomes and Appraisals. The Review of Higher Education, 1994, 18 (1).

[92] Holalnder, Patricia A. Evaluating Tenured Professors. The Chronicle of Higher Education, A44, June 17, 1992.

[93] Hubbard, Glenda and Atkins, S. The Professor as a Person: The Role of Faculty Well-Being in Faculty Development. Innovative Higher Education, Winter 1995, 20 (2).

[94] Johnson, Clint, and Kelley, M. Productivity and Competence: Post-Tenure Review in American Universities. Issues in Accounting Education, August 1998, 13 (3).

[95] Johnson, Gail. Post-Tenure Review: Practical Considerations. Journal of Higher Education Management, 1993, 8 (2).

[96] Karpiak, Irene E. University Professors at Mid-Life: Being a Part of …But Feeling Apart. To Improve the Academy, 1997.

[97] Licata, Christine M. Precepts for Post-Tenure Reviews. AGB Trusteeship, November-December 1999, 7 (6).

[98] Licata, Christine M., and Morreale, Joseph C. Post-Tenure Review: National Trends, Outcomes and Concerns. Innovative Higher Education, 1999, 24 (1).

[99] Morreale, Joseph C. and Licata, Christine M. Post-Tenure Review: A Guide Book for Academic Administrators of Colleges and Schools of Business. A Report Commissioned by the American Assembly of Collegiate Schools of Business (AACSB). St. Louis, Missouri, April 1997.

[100] Nelson, Cary. The War Against faculty. The Chronicle of Higher Education, April 16, 1999, B5.

[101] North, Joan. Post-Tenure Review: Rehabilitation or Enrichment. AAHE Bulletin, April 1999, 51 (8).

[102] Oregon State Board of Higher Education. Office of Academic Affairs. Post-Tenure Review. Eugene, OR, 1999.

[103] Plater, William. Using Tenure: Citizenship within the New Academic Workforce. American Behavioral Scientist, February 1998, 41 (5).

[104] Reisman, Bernard. Performance Evaluation for Tenured Faculty: Issues and Research. Liberal Education, 1986, 72 (1).

[105] Richards, Mary P. Preparing for Post-Tenure Review. The Department Chair, Fall, 1997, 8 (2).

[106] Tierney, William G. Academic Community and Post-Tenure Review. Academe, May/June 1997, 83 (3).

[107] Walker, Charles J. and Hale, N. Faculty Well-Being and Vitality. In R. Menges (ed.), Professors Mastering Academic Work. San Francisco: Jossey-Bass Publishers, 1999.

[108] Wells, Coralie. Post-Tenure Review: Department Procedures. The Department Chair, 1999. 10 (1).

[109] William F. Massy, editor, and collaborators; Ann Arbor: Resource allocation in higher education. University of Michigan Press, 1996.

[110] Jurgen Enders. A chair system in transition: Appointments, promotions, and gate-keeping in German higher education Higher Education 41, 2001. 2001 Kluwer Academic Publishers. Printed in the Netherlands.

[111] Lanthan D. Camblin JR. & Joseph A. Steger Rethinking faculty development Higher Education 39, 2000. 2000 Kluwer Academic Publishers. Printed in the Netherlands.

[112] Robert B. Wenger and Dennis M. Girard. A Faculty Merit Pay Allocation Model 1 Research in Higher Education, 2000, 41 (2).

[113] Philip G. Aatbach Academic freedom: International realities and challenges Higher Education 41, 2001. 2001 Kluwer Academic Publishers. Printed in the Netherlands.

[114] James C. Hearn, and Melissa S. Anderson Conflict in Academic Departments: An Analysis of Disputes over Faculty Promotion and Tenure Research in Higher Education, October 2002, 43 (5).

[115] Delaney, IT., & Huselid, M. A. The impact of human resource management practices on perceptions of organizational performance. Academy of Management Journal, 1996, 39 (4).